# LA BOÎTE À OUTILS DE LA LEVÉE DE FONDS



Didier Bernard • Céline Tremblais • Aurélien Magnin,
Elodie Maureau • Guy Barbier • Anne-Sophie Gouzy • Romain Dupuis

Avec la contribution de Lorys Sadir • Illustrations de Camille Lamouille

**67 outils**
**clés en main**

Préface d'Anthony Bourbon
Postface de Grégoire Gambatto

DUNOD

Crédits iconographiques

Outil 27 : © Crowd by Adrien Coquet from NounProject.com – © Venture Capital by Graphic Enginer from NounProject.com – © Start Up by dDara from NounProject.com – © Dollar by Kris Prepiak from NounProject.com ; Outil 36 : © Team by Vectorstall from NounProject com – © Add Cart by andika from NounProject.com – © Target by Puchong Siengcharee from NounProject.com – © Dollar by Linker from NounProject.com – © Graph by Icon Solid from NounProject.com – © Fundraising by Smashing Stocks from NounProject.com.

Illustrations : Camille Lamouille

Mise en page : Belle Page


11 rue Paul Bert, 92240 Malakoff
www.dunod.com

ISBN 978-2-10-083371-9

# VOUS AUSSI, AYEZ LE RÉFLEXE

# *Boîte à outils*

**Des outils classés** par dossiers thématiques

**Une présentation visuelle** de chaque outil

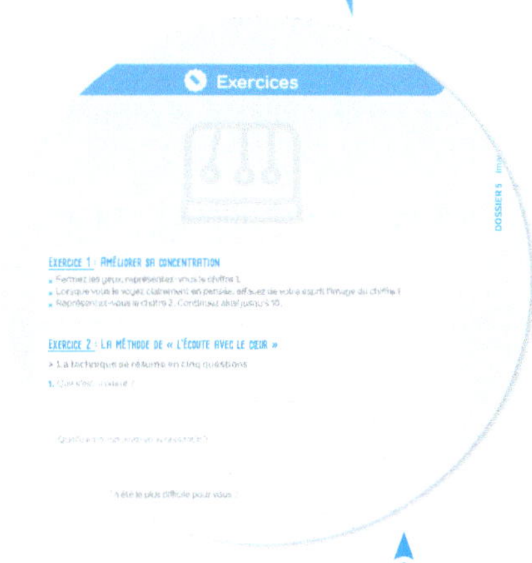


**Des exemples, cas ou exercices** pour approfondir

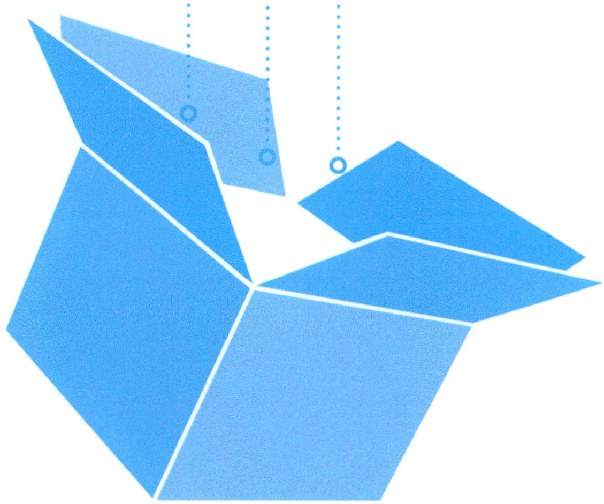

# Remerciements

Un livre, ça ressemble un peu à une start-up.

Alors en bons entrepreneurs, nous allons d'abord nous remercier nous-mêmes, l'équipe sans laquelle rien ne serait advenu. Comme dans toute entreprise incertaine, nous aurons eu nos hauts et nos bas, nos périodes de créativité, de doute, de résilience, de fous rires et de rappels au tempo. Nous savons tous combien nous sommes redevables à tous : merci l'équipe !

Merci à nos familles, aussi et bien évidemment. Nous ne connaissons pas de grand entrepreneur sans proches pour le soutenir et donner sens à son action. Certainement nos mots sont juste une façon d'essayer de briller à leurs yeux pour leur dire notre amour.

Et puisqu'on parle de levée de fonds dans ce livre, nous nous sommes rendu compte qu'un éditeur ressemblait furieusement à un investisseur ! Merci à Dunod de croire en nous, d'exiger le meilleur, et au-delà, de promouvoir dans ses collections le savoir-faire entrepreneurial et financier (entre autres) indispensable à l'essor économique de notre pays.

Merci également à Anthony Bourbon et à Grégoire Gambatto d'avoir accepté d'encadrer nos propos, comme les magnifiques sponsors qu'ils ont bien voulu être pour nous.

Et puis, *last but not least* : merci à nos Clients, à nos Investisseurs, à nos Maîtres qui – chhhhut ! – nous ont tout appris.

# Préface

Mon père était contrôleur de train et violent. Ma mère était vendeuse et dépressive.

À 16 ans, je me suis retrouvé à la rue sans argent, sans réseau, et sans modèle. S'en sont suivies 10 années de projets, de tentatives et surtout d'échecs.

Aujourd'hui, je suis le fondateur et CEO de Feed., une marque de FoodTech fondée en 2017, qui propose de la nutrition pour tous les moments de la journée. En 4 ans, j'ai réussi à m'entourer d'une magnifique équipe, à lever 40 millions d'euros, à intégrer 5 000 points de vente, et à distribuer de super produits dans plus de 50 pays. 2 millions d'euros de chiffre d'affaires la première année, 7 millions d'euros la deuxième, plus de 10 millions d'euros la troisième.

Pourtant, je n'ai rien de plus que vous : je n'ai pas fait de grande école et je ne ressemble en rien à l'entrepreneur classique français, dont je n'ai aucun des codes.

Si j'ai accepté d'écrire la préface de ce livre, c'est que je suis persuadé que vous pouvez tous réussir, mais que vous irez plus vite en vous formant avant de vous lancer.

Ce livre vous donnera le maximum de cartes en main pour comprendre, vous préparer et réussir votre levée de fonds.

Car ne nous voilons pas la face, c'est extrêmement compliqué de faire un tour de financement sans réseaux, sans piston, ou sans un gros CV et sans connaître toutes les subtilités techniques... En France, 1 % seulement des entrepreneurs se sont faits seuls. Ce chiffre est effrayant et nous devons tous faire en sorte qu'il y ait plus de diversité dans l'écosystème (investisseurs, entrepreneurs, politiques ).

N'oubliez pas que la levée de fonds n'est pas obligatoire, et que vous pouvez parfaitement réussir sans investisseur. Le plus important est de générer du chiffre d'affaires et de ne pas faire faillite. Le reste suivra !

Devenez la meilleure version de vous-même, apprenez chaque jour, travaillez dur, ne baissez jamais les bras, et épanouissez-vous au cours de cette expédition périlleuse.

Anthony Bourbon

Fondateur et CEO de Feed.co, foodtech qui a levé des fonds à plusieurs reprises pour un montant dépassant les 40 millions d'euros.
Investisseur/business angel dans plus de 40 start-ups

# Avant-propos

"

Entre entrepreneurs et financiers, c'est souvent « je t'aime moi non plus »[1], pour autant, « l'un sans l'autre, c'est un incendie »[2] !

Le startuper est cet explorateur audacieux, ce créateur de mondes, ce chevalier intrépide. L'investisseur, quant à lui, est armateur prévoyant, calculateur avisé, pourvoyeur et stratège. L'un agit, l'autre planifie. L'un expérimente, l'autre compte. L'un dirige des hommes, l'autre propulse la création de valeur.

Bien qu'ils soient liés par un objet commun, la start-up, ce qu'ils y voient, ce qu'ils en attendent, ce qu'ils y font, et ce qu'ils endurent, tout diffère radicalement. Et pourtant leurs univers cognitifs et émotionnels sont complémentaires, leurs destins sont liés.

Avocate et leveurs de fonds, nous sommes directement au service d'équipes de fondateurs ambitieux dont les projets requièrent des capitaux et des réseaux. Et de fait, indirectement, au service de Business Angels et d'équipes d'investissement en recherche d'aventures entrepreneuriales dont la forte, très forte rentabilité, s'ils réussissent, compensera le fort, très fort, risque d'échec.

Nos métiers, dont nous sommes fiers, consistent à les relier, à tisser entre eux un dialogue fécond, à les faire s'asseoir autour de la même table, à faire en sorte, qu'ensemble, ils s'entendent pour prendre soin, nourrir et faire grandir ce qui, au début, n'est qu'un embryon d'entreprise.

Nous utilisons pour cela des outils, des concepts, des cartes mentales. Ceux-ci sont comme des balises sur le chemin, des convertisseurs, des dictionnaires : ils nous permettent de mieux comprendre, traduire, évaluer, bonifier les projets. Nous en avons inventé certains, d'autres nous ont précédés mais nous avons eu à les interpréter et à nous les approprier.

---

1. « Je t'aime moi non plus », Serge Gainsbourg
2. « L'incendie », Vanessa Paradis

Et ces outils, nous sommes heureux de les mettre à la disposition du plus grand nombre :

- les fondateurs[1] qui n'ont jamais appris et qui souhaitent donner un cadre à leur discours ;
- les dirigeants passés par les grandes écoles qui désirent rafraîchir leurs savoirs ;
- les investisseurs qui ont besoin d'expliquer leurs attentes ;
- les autres parties prenantes ;
- cet écosystème formidable du capital-innovation, lequel a été décuplé ces 10 dernières années : incubateurs, accélérateurs, clusters, banquiers spécialisés.

67 outils pour établir des ponts entre eux, et faire en sorte, nous l'espérons, qu'ils se comprennent mieux et plus vite.

L'ouvrage est organisé en 7 dossiers thématiques, qui correspondent aux différentes étapes d'un processus de levée de fonds, depuis l'appréhension des enjeux, afin de décider en connaissance de cause de se lancer – ou pas ! –, jusqu'au closing et ses suites, car on ne saurait imaginer que la vie s'arrête une fois les actes signés et l'argent déposé sur le compte en banque !

Nous avons vécu, à nous tous, plusieurs centaines de levées. Chacune est singulière, toutes sont d'incroyables aventures humaines, des histoires de rencontres et de rêves partagés.

Puisse ce livre en permettre des milliers d'autres.

1. Pour la lisibilité du livre, les termes entrepreneurs, fondateurs et investisseurs sont utilisés au masculin en référence au groupe d'acteurs désignés dans son ensemble mais réfèrent aussi bien à des fondateurs qu'à des fondatrices ou à des investisseurs hommes et femmes dans leur ensemble.

# Sommaire

1 DOSSIER

# APPRÉHENDER LES ENJEUX DE LA LEVÉE DE FONDS

"

Agir en primitif, prévoir en stratège.

René Char

Combien de fois avons-nous entendu, nous autres professionnels de la levée de fonds : « Il n'y a qu'à aller chercher des investisseurs ! ». Comme si c'était simple, sans enjeux, indolore, immédiat. Évidemment, rien n'est plus faux, ni, d'ailleurs, plus dangereux en termes d'attitude.

Pour des fondateurs, lever des fonds consiste à partager avec des tiers ce qu'ils ont de plus précieux, leur lien ultime avec l'entreprise : la propriété du capital. On ne parle pas par hasard de « dilution » ! Partir en levée de fonds, c'est mourir un peu...

Et souffrir beaucoup ! Tous les témoignages d'entrepreneurs convergent sur la difficulté de l'exercice, la pression qu'il leur a fait subir, l'épuisement qu'ils ont ressenti une fois l'aventure terminée même si c'est très excitant en cas de succès (et instructif sinon).

Alors, quitte à y passer, autant le faire en conscience, au bon moment, de la bonne façon, pour les bons montants.

- **Pour commencer :** faut-il y aller ? Qu'est-ce que l'entrepreneur a à y gagner (et à y perdre) ? en fonction de quels fondamentaux ? Quel sera le timing de l'opération et en quoi sera-t-il compatible avec les roadmaps technologique, commerciale, RH ?
- **Ensuite :** se projeter dans le futur. Quelles conséquences anticiper sur la gouvernance ? sur la structure du bilan ? Comment organiser l'entreprise alors que le dirigeant sera accaparé par de nouvelles tâches ?
- **Enfin :** adopter le bon état d'esprit. S'assurer qu'on est psychologiquement prêt à partager le pouvoir... ou pas, et dès lors établir par avance ce que seront les conditions d'un accord gagnant-gagnant avec des investisseurs.

Une (très) bonne solution est sûrement de se faire accompagner sur ces questions, mais il est également nécessaire de mener sa propre réflexion, à l'aide des six premiers outils que nous soumettons au lecteur désireux de s'engager dans cette aventure.

*« Brace yourself »*, ami entrepreneur, *« winter is coming »*[1]... mais ensuite viendra le printemps.

1. *Game of Thrones*

## Les outils

# Outil 1 Le Go/No Go de la levée de fonds

> *Réfléchis avec lenteur, mais exécute rapidement tes décisions.*
>
> Isocrate

## En quelques mots

Une levée de fonds va apporter à l'entreprise des moyens financiers et humains complémentaires en contrepartie d'un partage du capital et de la gouvernance avec les investisseurs. Le processus de levée est énergivore et incertain. Avant de se lancer dans une telle démarche il est primordial pour le dirigeant d'appréhender l'éligibilité de son entreprise et les chances de succès de l'opération. La levée n'est ni une obligation ni une fin en soi. Des alternatives existent pour le développement de son entreprise tel le bootstrapping ou les financements bancaires traditionnels.

### LES CRITÈRES DU GO–NO GO

**Éligibilité de l'entreprise**

- Preuves de marché
- Barrières à l'entrée
- Modèle économique
- Création de valeur
- Répartition du capital
- Dirigeant(s)

**Efficience de la levée**

- Disponibilité du dirigeant
- Équipe des intervenants
- Trésorerie et Cash Burn actuels
- Formalisation du projet
- Adéquation montants/stade de développement/typologie des investisseurs

## POURQUOI L'UTILISER ?

### Contexte

La levée de fonds doit être la conclusion de l'analyse de la stratégie de financement du projet. Elle ne concerne que quelques milliers d'entreprises en France chaque année. Elle est une voie d'accélération forte mais pas obligatoire. Et de par un taux d'échec élevé (nombre de start-ups ne trouvent jamais d'investisseur) et un caractère énergivore, ce processus mène parfois à des désillusions.

### Objectif

Il est difficile de connaître à l'avance le niveau de réussite d'une levée de fonds. Toutefois cet outil propose quelques prérequis à avoir atteints pour être éligible et efficient avant de se lancer dans une démarche de levée auprès d'investisseurs professionnels (projet qui prendra plusieurs mois).

## COMMENT L'UTILISER ?

### Étapes

**Certains prérequis permettent de valider l'éligibilité du projet à une levée :**

- Quelles sont les preuves de marché acquises et justifiables (montant des ventes ou des commandes, nombre d'utilisateurs, tests précliniques…) ?
- Quelles sont les barrières à l'entrée (technologiques, marketing, compétences…) déjà levées ou qui vont être mises en place ?
- Le modèle économique est-il vérifié et maîtrisé ?
- Le projet de développement génère-t-il une création de valeur pour les actionnaires (perspectives de croissance et de sortie) ?
- La répartition actuelle du capital et les règles de gouvernance sont-elles compatibles avec l'arrivée de nouveaux actionnaires ?
- Le dirigeant a-t-il une capacité à convaincre sur sa vision et son projet ? Est-il prêt à entendre des avis contraires ? Souhaite-t-il partager la gouvernance ?

**Certains prérequis permettent de mener le processus de levée de façon efficiente :**

- Le dirigeant a-t-il suffisamment de disponibilités pour la levée sans compromettre la bonne marche opérationnelle de l'entreprise ?
- L'équipe des intervenants est-elle constituée (membres de l'équipe de direction, avocat, leveur de fonds…) ?
- Y a-t-il une adéquation entre les montants visés, le stade actuel de l'entreprise et la typologie des investisseurs contactés ?
- Le niveau de formalisation du projet (pitch, Business Plan [BP]…) est-il cohérent avec le niveau d'exigence des investisseurs visés ?
- Les niveaux de trésorerie et de Cash Burn actuels permettent-ils de mener le processus de levée dans un planning réaliste ?

### Méthodologie et conseils

Pour répondre à ces questions il est pertinent de « se faire challenger » par des dirigeants expérimentés ou des structures d'accompagnement (leveur de fonds ou incubateur). Une levée ne nécessite pas de cocher 100 % des critères, chaque projet a des failles souvent compensées par ses points forts.

Il existe des alternatives à la levée de fonds, comme le « bootstrapping » qui consiste à développer la société sans investisseurs : cela suppose que les besoins d'investissements sont légers, ou que l'entreprise a une activité parallèle rentable ou encore que le BFR (besoin en fond de roulement) est négatif. Les financements traditionnels (prêts bancaires, prêts d'honneurs, aides ) sont une autre alternative mais ils nécessitent souvent un niveau de fonds propres (« effet levier ») qu'un créateur peut rarement apporter seul.

*Pour aller plus loin…*

✓ **Il existe des tests en ligne de pré-levabilité, tel www.rainmakers.fi/outils/simulateur-de-levabilite.**

# Outil 2 Contrôle et contrôle

> “ *J'ai le droit d'exiger l'obéissance, parce que mes ordres sont raisonnables.*
>
> Antoine de Saint-Exupéry
>
> *Le Petit Prince*

## En quelques mots

Parmi les fantasmes les plus couramment rencontrés chez les fondateurs figure la crainte de perdre le contrôle de son entreprise dès lors que seront entrés des investisseurs. En fait, la relation entre entrepreneur et financier repose certes sur le pouvoir de l'argent et sur les droits contractuels qu'il engendre, mais aussi sur un rapport de force au sein de la gouvernance. Celui qui a le pouvoir réel de faire ou de ne pas faire dispose du contrôle, et ce indépendamment du pourcentage de détention du capital. De ce point de vue, l'entrepreneur « aux manettes » n'est pas en reste, même après une levée de fonds !

### MATRICE DU CONTRÔLE

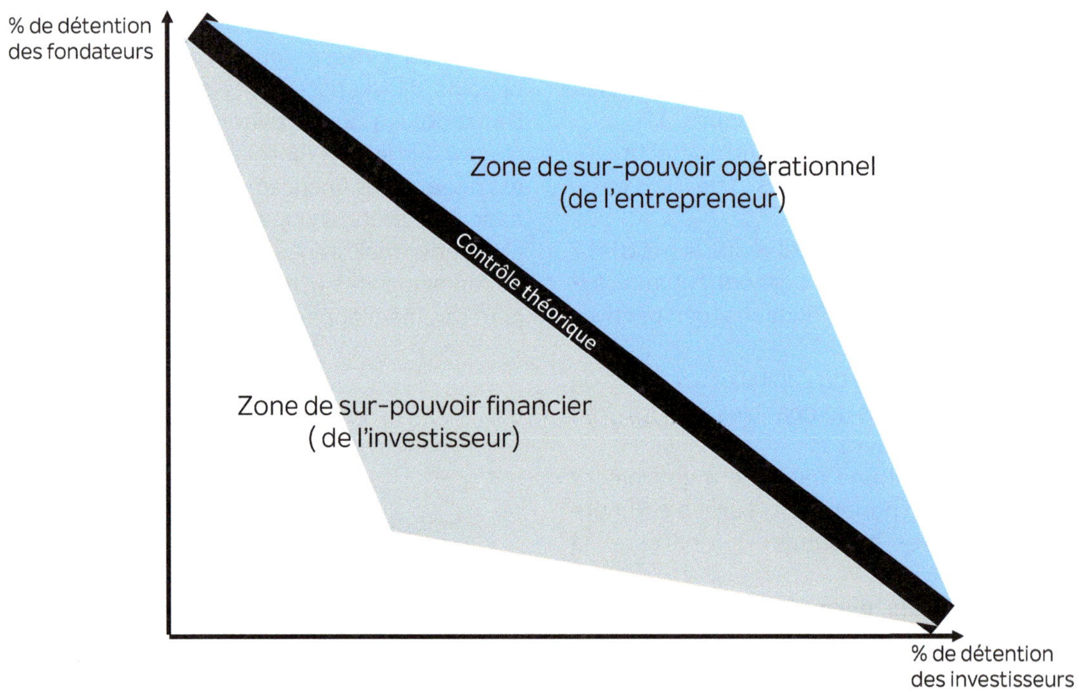

## POURQUOI L'UTILISER ?

### Contexte

Si la start-up était une automobile, le dirigeant en serait le conducteur tandis que le financier incarnerait le passager « à la place du mort ». Ce dernier dispose de protections issues du droit commun, auxquelles il ajoute, lors de la négociation de son entrée au capital, divers coupe-circuits et leviers d'action… comme une sorte de ceinture de sécurité renforcée.

Mais dans les faits, les leviers d'action ne sont pas toujours actionnables (par exemple : on ne remplace pas un dirigeant qui maîtrise la clientèle) ; et inversement il est des cas où le dirigeant doit obtempérer, même en l'absence de contrainte légale… quand il a besoin d'argent, par exemple.

Au sens de la sociologie, le contrôle est un « jeu d'acteurs » portant sur la maîtrise de l'incertitude et des ressources rares.

### Objectif

Il s'agit donc d'anticiper sur ce qui fera le contrôle réel des uns et des autres, par opposition au pouvoir théorique, et aussi – et pour chaque partie ! – de maximiser son avantage en termes de gouvernance.

## COMMENT L'UTILISER ?

### Étapes

1. **Lister les ressources rares que maîtrise spécifiquement l'entrepreneur, et qui nourrissent sa zone de « sur-pouvoir opérationnel » :**

- compétences technologiques particulièrement difficiles à remplacer ;
- accès privilégié aux prospects, clients, fournisseurs ;
- leadership auprès des équipes ;
- maîtrise de l'information et du calendrier.

2. **À l'inverse, lister ce qui risque d'augmenter le pouvoir de l'investisseur (sur-pouvoir financier) :**

- entreprise à bout de cash ;
- emprise psychologique (oui, ça arrive !) ;
- pouvoir de blocage sur les décisions ou actions stratégiques (par exemple : minorité de blocage, droits de veto, droit d'agrément, etc.) ;
- droits spécifiques concernant l'exit.

3. **De même, analyser les rapports de force internes :**

- dans le groupe des investisseurs (sont-ils soudés, divisés ?) ;
- dans l'équipe de direction (est-elle unie autour de son dirigeant ?).

4. **Tout cela posé, hiérarchiser les demandes des investisseurs** lors de la négociation du pacte et des statuts en fonction du rapport de force ainsi décrit.

### Méthodologie et conseils

On se rend compte le plus souvent que :

- L'entrepreneur est en situation de contrôle fort tant qu'il s'inscrit dans la réussite et la compétence. De plus, l'opérationnel est son domaine – en principe – incontestable.
- L'échange et la négociation sur la ligne stratégique sont considérés comme légitimes, s'agissant de copropriétaires. De l'intérêt d'avoir validé au préalable la congruence des visions.
- On remarquera enfin que le « sur-pouvoir financier » se concentre principalement sur l'exit, ce qui est naturel lorsque l'on considère le modèle économique du capital-innovation.

*Last but not least*… Les rapports de force évoluent dans le temps, les pactes vivent de levée en levée. Tout ce qui a été négocié une fois peut se renégocier une seconde fois.

**Pour aller plus loin…**

✓ **Sur les jeux d'acteurs, voir les travaux canoniques du sociologue Michel Crozier (*Le Phénomène bureaucratique*, Éditions du Seuil, 1963).**

# Outil 3 Les enjeux financiers de la levée de fonds

> Le mouvement des marées et le mouvement des capitaux sont les deux mamelles du mouvement perpétuel.
>
> Pierre Dac

## En quelques mots

La levée de fonds est une opération d'obtention de nouveaux financements pour une entreprise, comportant généralement une partie d'augmentation des fonds propres de la société *via* des investisseurs. Ces fonds propres sont les ressources financières les plus importantes pour un projet car ils ont vocation à être laissés longtemps dans la société.
La levée de fonds peut comporter également une composante « non dilutive » (emprunts, subventions...) qui vient faire effet de levier avec l'augmentation de capital et ainsi augmenter encore la trésorerie disponible pour ses projets d'investissements.

### LA STRUCTURE DE BILAN D'UNE ENTREPRISE : EXEMPLE

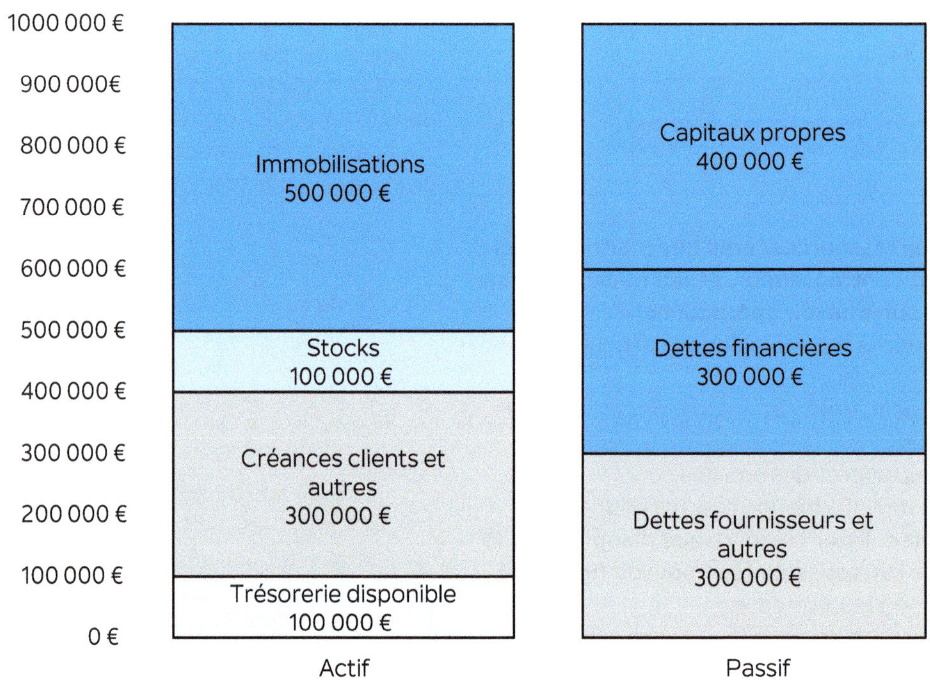

## POURQUOI L'UTILISER ?

### Contexte

Même si une levée de fonds a d'autres avantages (augmentation des compétences et des réseaux à disposition, communication…), l'obtention de nouveaux moyens financiers est la raison première d'une levée. Le financement d'un projet de développement s'appuie rarement sur une source unique, et mixe en général différentes formes de financement dans des proportions à définir sur mesure pour chaque cas.

Ces formes sont principalement l'émission d'actions ou d'obligations, les emprunts, les financements court terme, les subventions et la capacité d'autofinancement de l'entreprise. La clé de voûte du financement de l'entreprise reste la structuration des fonds propres. Cette opération est d'ailleurs la plus complexe et la plus coûteuse.

### Objectif

L'objectif de la structuration financière d'une levée de fonds est de concilier au mieux le montant des différents financements, la dilution du capital détenu par les dirigeants, le coût des différents instruments de financement, et le timing de remboursement des investisseurs et prêteurs.

## COMMENT L'UTILISER ?

### Étapes

1. **Établir le prévisionnel d'activité et d'investissements** (*cf.* Outils « La modélisation financière » et « Le Business Plan »), utiliser les projections de trésorerie pour définir quels montants de financements seront nécessaires et à quel moment (tout en gardant une marge de trésorerie excédentaire confortable pour couvrir des aléas).
2. **Lister les financements** (hors capital) pour lesquels le projet est éligible en fonction des investissements prévus, vérifier leurs conditions d'attribution (montants, niveaux de fonds propres…) et de remboursement (délai, montants…).
3. **Établir le montant de fonds propres nécessaire** pour boucler le plan de financement, vérifier que ce montant est cohérent avec le stade de développement actuel de la société (montants habituels à titre indicatif : levée de fonds propres de quelques dizaines de k€ en pré-amorçage, quelques centaines de k€ en amorçage, quelques millions d'euros quand le CA dépasse 1 millions d'euros).
4. **Si le montant de fonds propres établi à l'étape 3 n'est pas réaliste**, repartir de l'étape 1 en réduisant le prévisionnel d'activité et d'investissements.

### Méthodologie et conseils

L'obtention de chaque type de financement est aléatoire et parfois long. Il est primordial de prévoir des scénarios alternatifs (modulation de ses investissements et recrutements, sollicitation d'autres sources de financements non prévues initialement…) si certains financements ne sont pas obtenus ou si le montant de la levée réalisée est inférieur au montant visé.

**Avant de vous lancer…**

- ✓ Une bonne maîtrise des notions de comptabilité et de finance d'entreprise est nécessaire pour optimiser les enjeux financiers de sa levée de fonds : les conseils d'un expert en financement ou d'un expert-comptable seront bienvenus pour valider le plan de financement et sa présentation
- ✓ Les outils de financements évoluent en permanence notamment concernant les subventions et aides, il existe des guides de référencement tels que https://les-aides.fr/

Outil 4

# Les 7 postures : enjeux relationnels de la levée de fonds

> « Si vous m'avez bien compris, c'est que je me suis mal exprimé. »
>
> Alan Greenspan

## En quelques mots

La levée de fonds, comme l'entrepreneuriat, est une aventure humaine. L'entrepreneur va devoir convaincre, négocier, créer des liens de confiance avec les investisseurs potentiels. Et comme dans toute relation *intuitu personae*, la première impression compte et la posture adoptée par l'entrepreneur aura un impact important sur le ton et l'avancée des discussions ainsi que sur la nature de la relation. L'entrepreneur doit donc être vigilant à l'état d'esprit dans lequel il est pour aborder sa levée de fonds et à l'attitude qu'il adoptera devant ses interlocuteurs. On distingue ainsi 7 grandes postures.

### LES 7 POSTURES DE L'ENTREPRENEUR FACE À LA LEVÉE DE FONDS (1 BONNE ET 6 MAUVAISES)

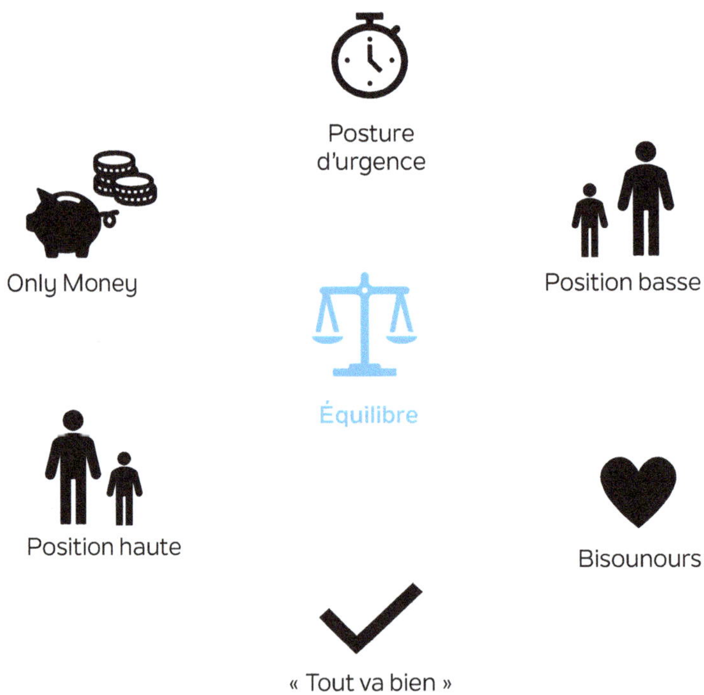

## POURQUOI L'UTILISER ?

### Contexte

Chaque start-up, chaque entrepreneur est unique avec ses propres motivations, son timing et sa personnalité. La levée de fonds peut être un exercice stressant et il est facile de tomber dans le piège de la mauvaise posture. Les intérêts et contraintes de l'entrepreneur peuvent parfois être, au premier abord, très différents. L'entrepreneur doit être vigilant à replacer le projet au cœur de la démarche.

### Objectif

L'objectif est d'identifier les différentes postures de l'entrepreneur face à la levée de fonds afin qu'il puisse éviter les 6 postures « pièges » et démarrer la relation avec son/ses potentiels investisseurs sur de bonnes bases.

## COMMENT L'UTILISER ?

### Étapes

**Voici les 6 « mauvaises » postures de l'entrepreneur dans la levée de fonds :**

- **Posture d'urgence *vs* « Tout va bien » :** la posture d'urgence désigne l'entrepreneur qui, souvent par mauvaise anticipation des délais, est dans une situation de crise avec un besoin financer immédiat. « Il me faut 1 million d'euros pour dans 1 mois ». L'entrepreneur se retrouve en situation de stress, peut devenir pressant et n'est pas dans une bonne position pour mener d'éventuelles négociations.
À l'inverse, on retrouve l'entrepreneur « tout va bien » pour qui la levée de fonds n'est pas une nécessité. Il recherche des fonds dans le seul but d'accélérer son développement. Le projet se porte bien et si la levée échoue, la viabilité de sa boîte n'est pas remise en question : chose qu'il fait bien ressentir à son interlocuteur.

- **« Only Money » *vs* « Bisounours » :** « Tout ce qui m'intéresse c'est le pognon ». Cette posture désigne l'entrepreneur qui ne voit chez l'investisseur qu'un porte-monnaie (ce qui peut poser problème notamment avec des Business Angels). Il ne prend pas en compte les attentes, contraintes et intérêts de l'autre.
*A contrario*, la posture « Bisounours » désigne l'entrepreneur qui oublie ses propres intérêts financiers, ce qui n'adresse pas de bons signaux non plus à l'investisseur. Par peur du conflit ou excès de bienveillance, il en oublie de défendre ses propres intérêts.

- **Position basse *vs* Position haute :** « Quelle heure est-il ? L'heure que vous voudrez Monsieur le directeur ». La position basse désigne l'entrepreneur qui par admiration ou manque de confiance va se mettre dans une position enfant/parent[1] avec l'investisseur et donc créer un déséquilibre.
La position haute, quant à elle, fait référence à l'entrepreneur « je sais tout » qui, par excès de confiance ou ego, se place en position parent/enfant en négligeant l'expertise et le point de vue de l'investisseur : « s'ils ne disent pas oui tout de suite c'est qu'ils ne comprennent rien à mon talent ».

### Méthodologie et conseils

Adopter une position équilibrée, d'adulte à adulte en conjuguant les forces de chacun. Ainsi, le projet reste au centre avec un rapport contribution/rétribution équilibré entre les deux parties et un respect des attentes et rôles de l'autre comme de soi-même.

1. Concept de l'analyse transactionnelle.

**Pour aller plus loin...**

✓ ***Le grand livre de l'analyse transactionnelle*, France Brécard, Laurie Hawkes, Eyrolles, 2014.**

Outil 5

# Timing et processus de la levée de fonds

> “ Tout ce que tu vois obéit aux lois d'un équilibre délicat, en tant que roi tu dois comprendre cet équilibre.
>
> Mufassa dans *Le Roi Lion*

## En quelques mots

Lever des fonds, c'est entrer dans un processus de sélection auquel il est difficile de déroger. Chaque année en France, des milliers de start-ups sollicitent des centaines d'investisseurs. Les plus heureuses passent au travers des premiers filtres, subissent des instructions approfondies, convainquent les comités d'investissement, négocient victorieusement et réussissent les audits pour parvenir enfin au closing. Le parcours est largement codifié, chaque étape est l'occasion pour l'investisseur de challenger et éliminer, mais c'est aussi l'opportunité pour l'entrepreneur de convaincre, séduire et rassurer.

### LES ÉTAPES DE LA LEVÉE DE FONDS

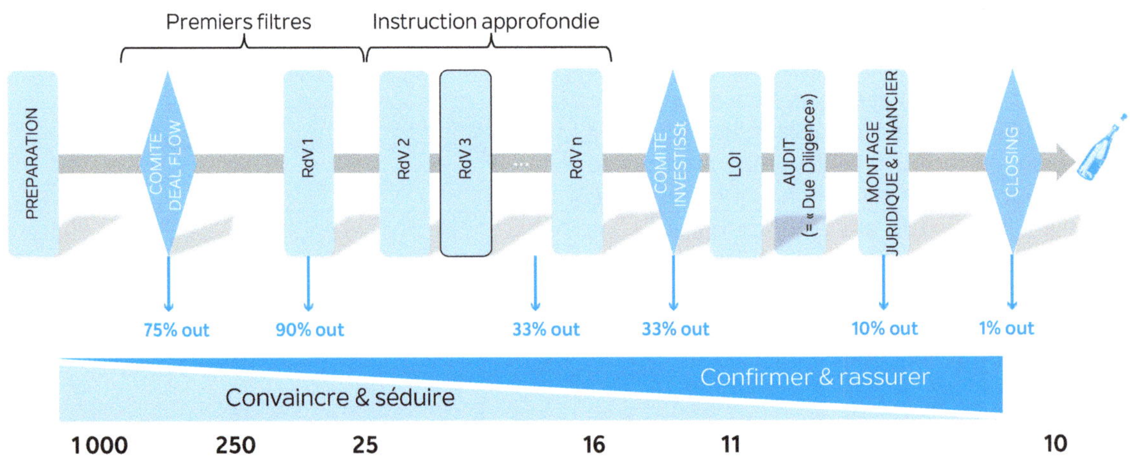

## POURQUOI L'UTILISER ?

### Contexte

Avec le temps, le capital-risque a appris à roder ses méthodes et ses process, notamment celui de la sélection des projets. C'est un jeu aux règles bien établies, rarement négociables, comportant une suite d'épreuves qui chacune sollicite des qualités différentes.
La durée de ce processus donne aussi la possibilité aux investisseurs de mieux connaître les équipes et de jauger au long cours l'évolution de la start-up.

### Objectif

S'agissant d'une compétition particulièrement longue et élitiste – à peine quelques pourcents d'élus –, il est essentiel d'anticiper, et donc de se préparer au plus haut niveau.

## COMMENT L'UTILISER ?

### Étapes

1. **Prévoir à l'avance :** sauf levée express, assez rare, il s'écoule 12 à 24 mois entre le début du processus et sa clôture. Gare à la start-up qui viendrait à manquer de cash pendant cette période.
2. **Préparer son entreprise :** la démarche est particulièrement chronophage pour le dirigeant, lequel sera très vite amené à y consacrer 30, puis 50, et *in fine* 80 % de son temps. C'est le moment de prouver sa capacité à anticiper et déléguer pour que les affaires ne soient pas interrompues.
3. **Anticiper les 7 étapes :**

- La préparation, pour établir à l'avance la stratégie de levée et l'ensemble de la documentation (1-3 mois).
- Le premier filtre, Comité *deal flow* et RdV1 : il faudra être synthétique et séduisant (2-3 mois).
- L'instruction du dossier en profondeur par les investisseurs. Attention aux angles morts ! (4-8 mois).
- Le comité d'investissement, ou « grand oral » (1-2 mois).
- La LOI (*Letter Of Intent* ou lettre d'intention) ou Term Sheet qui fixe les grandes lignes de l'association en gestation (1-2 mois). Plus de détails sur https://www.legalinsight.fr/l-o-i-term-sheet/.
- L'audit, à ne surtout pas négliger (1 mois). Mais cette phase est fréquemment allégée lors des tout premiers tours de financement.
- La rédaction définitive du pacte d'actionnaires et, enfin, le closing ! (2 mois).

### Méthodologie et conseils

Le processus est ici présenté de façon globale. Dans les faits, il s'agirait plutôt d'une arborescence, au fur et à mesure que l'on sollicite de nombreux investisseurs en parallèle, et que chaque relation se développe à son rythme. On veillera à s'assurer que l'ensemble des contacts se situent peu ou prou au même niveau d'avancement (*cf.* Outil « Tableau de suivi des investisseurs »).
Une start-up évolue vite, mais on essaiera toutefois de conserver le même axe narratif pendant la durée du processus. Un pivot pourra être pertinent et bien justifié mais il risque de faire repartir l'instruction en arrière
On notera enfin que le dirigeant fait évoluer subtilement son registre, étape après étape :

- Au début il se montre séducteur au travers de la cohérence, l'intelligibilité, et l'attractivité de son discours.
- Puis il démontre en profondeur : lors de l'instruction, il se fait plus descriptif et pédagogique.
- Il devient enfin négociateur, en position d'égal à égal avec ses interlocuteurs.

**Pour aller plus loin...**

✓ **Ce processus est aussi un véritable ascenseur émotionnel : il est préférable de bien s'entourer, dès le départ.**

Outil 6

# L'effet de levier

> Donnez-moi un levier et un point fixe, et je soulèverai le Monde.
>
> Attribué à Archimède

## En quelques mots

L'effet de levier est une technique courante en finance qui consiste à utiliser l'endettement pour minimiser le recours aux capitaux propres et ainsi accroître la rentabilité des fonds investis par les actionnaires. Cela à condition que la rentabilité économique soit plus élevée que le coût de l'endettement.

Cette technique est apparue plus récemment dans les start-ups et sert notamment à augmenter ou anticiper les capacités de financement de l'entreprise sans pour autant amplifier la dilution des actionnaires, notamment des fondateurs. Mais attention : il faudra rembourser !

**PRINCIPE DE L'EFFET DE LEVIER (QUAND LA BANQUE FAIT PENCHER LA BALANCE)**

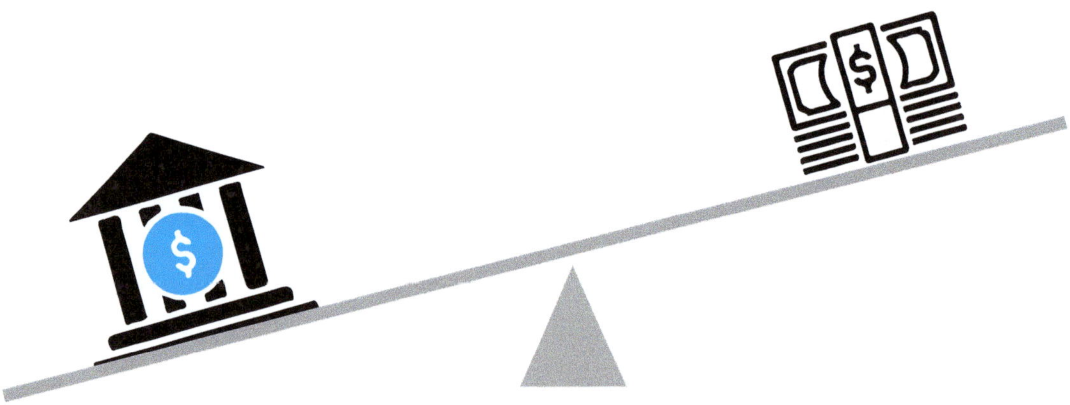

## ? POURQUOI L'UTILISER ?

### Contexte

Un jour, les banques ont découvert que les start-ups étaient des emprunteurs potentiellement tout à fait convenables !

Jusqu'alors, la cause était parfaitement entendue : s'agissant d'entreprises hautement risquées, ne disposant pas – facteur aggravant – de bilans positifs, seuls d'éventuels actionnaires ou financeurs publics pouvaient se permettre d'intervenir.

Avec l'irruption des banques sur ce marché, le plus souvent *via* des départements dédiés, les start-ups ont pu, elles aussi, faire de l'ingénierie financière et distinguer valeur patrimoniale et valeur d'entreprise.

### Objectif

L'effet de levier est donc ce montage financier qui permet d'augmenter le financement de la start-up sans accroître la dilution des actionnaires.

## COMMENT L'UTILISER ?

### Étapes

1. **Le concept est simple, illustré ici par un exemple trivial :** soit une start-up qui a besoin de 2 millions d'euros pour développer sa technologie et entrer sur son marché. Imaginons que celle-ci, 5 ans plus tard, soit revendue 10 millions d'euros à un groupe industriel.

- *Cas n° 1 :* les 2 millions d'euros initiaux ont été entièrement apportés par les actionnaires. Ce sont eux qui reçoivent les 10 millions d'euros finaux, ils ont donc multiplié leur mise par 5, soit une rentabilité d'environ 35 % par an.
- *Cas n° 2 :* l'entreprise s'est financée à moitié sur fonds propres (actionnaires), le solde *via* une dette bancaire. À l'issue victorieuse de l'aventure, la dette est remboursée (1 millions d'euros) ainsi que les intérêts (par hypothèse 200 000 euros), le solde des 10 millions d'euros, soit 8,8 millions d'euros revenant aux actionnaires. Pour un même résultat économique et commercial, les investisseurs ont généré une rentabilité d'environ 55 % par an !

2. **Le principe de l'effet de levier consiste donc à maximiser le recours à l'endettement**, dans la limite toutefois de ce qu'acceptent les banquiers : le standard du marché s'établit en moyenne à « 1 pour 1 », c'est-à-dire pas plus de 1 € de dette pour 1 € de capitaux propres.

3. **Pour autant, l'effet de levier peut se retourner contre ses auteurs.** Ainsi, dans l'exemple précité, si l'entreprise se revend *in fine* 2 millions d'euros au lieu de 10 millions d'euros : du cas n° 1, les actionnaires récupèrent leur mise en totalité, tandis que dans le cas n° 2, ils perdent 20 % de leur mise initiale. On fera le calcul en cas de revente à 1,2 millions d'euros... la catastrophe pour les investisseurs !

4. **Dans les start-ups, l'effet de levier joue non seulement sur la rentabilité du capital investi, mais aussi sur deux paramètres essentiels pour ses dirigeants :**

- Il permet d'accélérer les investissements notamment dans les premières années, lorsqu'on peine à trouver des investisseurs Love Money ou Business Angels.
- Il permet de limiter la dilution des fondateurs.

### Méthodologie et conseils

En pratique, il conviendra de prendre rendez-vous avec son banquier très en amont, muni d'une documentation adaptée à ses critères, ce afin de valider son éventuelle future participation au projet. Et bien sûr le rappeler dès conclusion de la levée !

**Pour aller plus loin...**

✓ **L'effet de levier peut également être réalisé par BPIfrance qui propose souvent des prêts avec des différés de remboursement très intéressants.**

2

DOSSIER

# ÊTRE ÉLIGIBLE ET CRÉDIBLE

“

Ça y est, entrepreneur, vous avez décidé d’y aller ! Bienvenue dans le grand jeu.

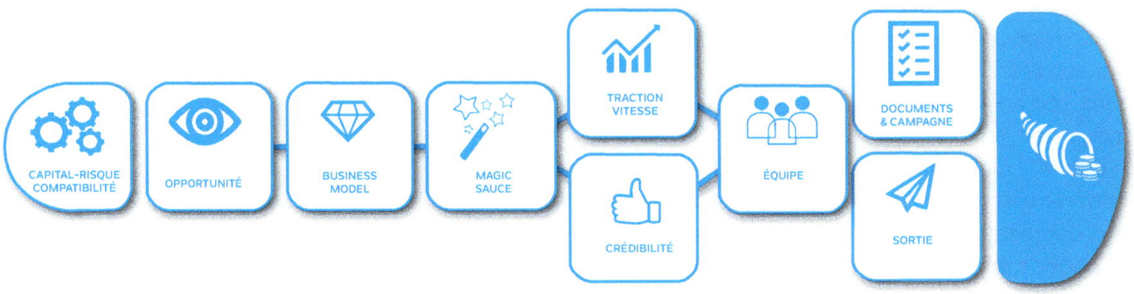

Et comme tout jeu, celui-ci est fondé sur des règles. L'entrepreneur pourra bien sûr les contester, choisir de les ignorer, mais seulement quand il aura fait ses gammes, en aura acquis la maîtrise, voire sera devenu virtuose dans leur maniement. Car il sera confronté à des interlocuteurs *très* exigeants.

Cela se comprend un peu, d'ailleurs : créer une entreprise en « mode start-up » – c'est-à-dire avec une ambition de très forte croissance sur une promesse très innovante et dans un climat d'incertitude maximale – décuple la taille du défi. Ce qui explique que les investisseurs en capital-innovation se montrent spécialement circonspects.

Ils voudront tout savoir, tout comprendre, tout prévoir du projet avant d'y engager de l'argent et du temps. Au-delà, ils seront sensibles à la façon d'en parler, à la maîtrise du discours, à sa cohérence.

Bref, le dirigeant doit se préparer en profondeur aux questions qui lui seront posées, lesquelles peuvent s'ordonner selon un modèle nommé « Les 6 SI du VC » (*cf.* illustration ci-contre) :

- s'assurer que l'entrepreneur saura aligner ses intérêts avec ceux de l'investisseur ;
- s'assurer de l'existence d'une véritable opportunité entrepreneuriale, autrement dit de la rencontre d'une proposition de valeur bien construite avec un ensemble de clients suffisamment important ;
- s'assurer de la pertinence du Business Model, autrement dit de la capacité du client à « créer, capter et délivrer de la valeur »[1] ;
- s'assurer de la robustesse des barrières à l'entrée ;
- mesurer la traction commerciale et les fondamentaux de l'entreprise ;
- qualifier l'équipe à l'aune de l'ambition forte du projet ;
- disposer des bons éléments d'évaluation ;
- et enfin, projeter rationnellement une sortie des investisseurs (Exit) qui soit créatrice de plus-value.

Les entrepreneurs pourront gracieusement faire le test sur https://www.rainmakers.fi/outils/simulateur-de-levabilite

Pour se préparer, voici 12 outils indispensables !

1. *Business Model Nouvelle Génération*, Alexander Osterwalder & Yves Pigneur, Pearson, 2011.

## Les outils

# Outil 7 DUREX : différencier *Must have et Nice to have*

> *Pourquoi y a-t-il quelque chose plutôt que rien ?*
>
> Gottfried Wilhelm Leibniz

## En quelques mots

Faire sa place n'est pas chose facile pour une jeune start-up. Pour réussir à s'imposer sur un marché, faire accepter sa technologie ou encore convaincre les investisseurs, la start-up doit proposer un produit indispensable, incontournable : ce qu'on appelle un « Must have » (en opposition avec un produit « Nice to have »). La méthode DUREX a pour but d'aider l'entrepreneur à savoir si son produit répond aux caractéristiques d'un « Must have » : représente-t-il une solution à un problème douloureux, urgent, reconnu et « énorme » et est-il en mesure de le démontrer par une première expérience ?

### LES COMPOSANTES D'UN PROBLÈME DUREX

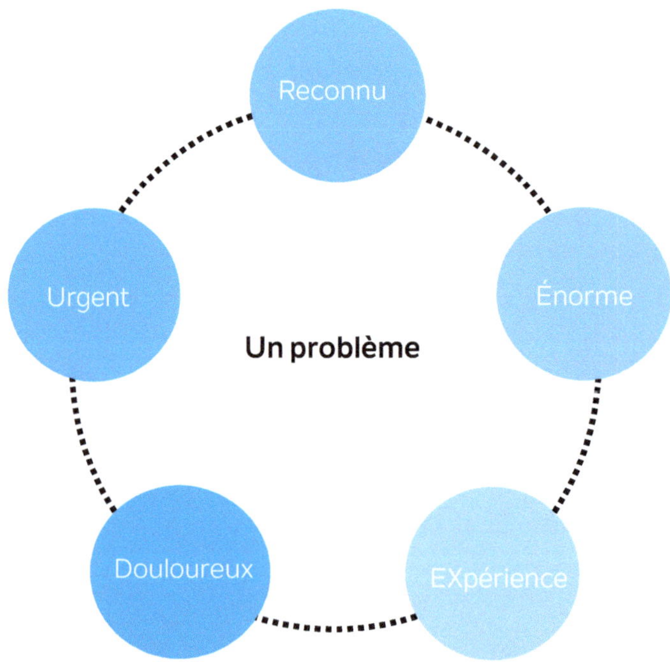

## POURQUOI L'UTILISER ?

### Contexte

Tous les spécialistes de la levée de fonds connaissent le biais cognitif qui pousse l'entrepreneur à sur-évaluer son produit et tous les entrepreneurs qui se présentent à eux leur « vendent » un produit révolutionnaire. C'est pourquoi il est important de travailler et d'argumenter ce point. La levée de fonds est un marathon et la start-up est en concurrence avec de nombreux coureurs. Démontrer de manière concrète et objective qu'elle dispose d'un « Must Have » l'aidera à rester dans la course.

### Objectif

L'entrepreneur est souvent de nature enthousiaste. Il va donc être amené, inconsciemment, à attribuer une plus grande valeur à sa solution que ce qu'il l'aurait fait si le produit était proposé par un autre. L'objectif de cet outil est d'offrir un cadre de réflexion pour permettre à l'entrepreneur de se poser les bonnes questions et d'objectiver la valeur de son offre.

## COMMENT L'UTILISER ?

### Étapes

**Répondre aux questions suivantes, éventuellement noter sur une échelle 1 à 10 chacun des critères :**

1. Le problème auquel je réponds est-il douloureux, suffisamment grave pour qu'il soit nécessaire d'agir (cela doit aller au-delà de la gêne), et pour qui ?
2. Répondre à ce problème est-il urgent ou peut-on se débrouiller en attendant et traiter le problème plus tard ?
3. Ce problème est-il reconnu et conscient ou faut-il en amont sensibiliser la cible ? Le cadre réglementaire, les premières actions menées par des tiers ou encore la façon dont le sujet est traité dans les médias sont de bons indicateurs.
4. Le problème peut-il être considéré comme « énorme » ? Combien de personnes touche-t-il ? Combien de personnes pourront solutionner ce problème grâce à mon produit/service ? Cet élément vous permettra entre autres d'identifier la taille de votre marché.
5. Ai-je déjà expérimenté ma solution, ai-je des preuves à apporter à l'investisseur que mon produit répond bien à la problématique et que c'est réalisable ?

### Méthodologie et conseils

Ne pas hésiter à aller chercher des chiffres clés, des arguments extraits de sources fiables pour illustrer le propos. Pour chaque critère de l'outil, l'entrepreneur peut essayer de trouver un argument, un chiffre qui l'appuie et un exemple concret (témoignage client, étude de marché, commandes, etc.). L'investisseur a besoin de métriques fiables : contrairement à la légende, il est très rare de lever des fonds sur une idée et de belles promesses.
De plus, il faut garder en tête que c'est une démarche itérative. Si le problème ciblé n'atteint pas la note de 35, il faudra dans ce cas « retravailler » le marché cible ou encore les usages possibles de la technologie pour **trouver le point de rencontre entre la solution et le problème DUREX auquel elle répond.**

*Pour aller plus loin...*

- ✓ Pour savoir si votre problème est douloureux, vous pouvez utiliser l'analogie de l'aspirine et des vitamines : l'aspirine répond à une douleur, les vitamines apportent un confort.
- ✓ L'outil peut aussi vous aider à construire votre argumentaire et une partie de votre « storytelling ».

Outil 8

# L'UIVP ou *Unique Investor Value Proposition*

> “
> *La simplicité est la sophistication suprême.*
>
> Léonard de Vinci

## En quelques mots

Le marketing a recours à la notion de « proposition de valeur », pour énoncer la promesse faite aux clients, le fondement de la mission de l'entreprise, sa raison d'être au regard du marché. Énoncer celle-ci de façon synthétique permet de démontrer que l'on dispose d'une offre forte, convaincante pour les prospects et clients.
De la même façon, il s'agit de communiquer à un investisseur une promesse puissante et lisible. En pratique, on s'assurera que l'on est capable de résumer en une seule phrase – séduisante ! – ce qui fait la désirabilité et la spécificité de la levée de fonds en cours.

### STRUCTURE DE L'UNIQUE INVESTOR VALUE PROPOSITION

< **STARTUP** >
développe < **OFFRE** >
qui aide < **CLIENTS** >
à résoudre < **PROBLÈME** >
en utilisant < **MARTINGALE** >

Nous avons déjà **< 1ERS SUCCÈS >**
Et nous recherchons **< k€ >**
pour **< PROCHAINE ÉTAPE >**
*[et/ou **< AMBITION >**]*

## POURQUOI L'UTILISER ?

### Contexte

**L'investisseur est toujours une personne pressée, très sollicitée**. Pour lui donner envie d'aller plus loin dans la prise en considération d'un dossier, il est impératif d'être percutant, de faire preuve de clarté et de simplicité. En général, ce n'est pas inné et cela se travaille à l'avance.

### Objectif

L'UIVP permet à l'interlocuteur, d'identifier très rapidement si le projet a des chances de faire partie de ses domaines d'intervention, et si oui de préparer ses premiers questionnements. C'est également l'opportunité pour le startuper de présenter une image séduisante, sécurisante de son projet et, pourquoi pas, d'engendrer un coup de foudre !

## COMMENT L'UTILISER ?

### Étapes

Derrière la simplicité apparente de la formule se cache une redoutable exigence de tri, de synthèse et de maîtrise du sujet. C'est d'ailleurs ce qui en fait l'intérêt tant heuristique que de communication.

1. **Offre :** il n'est pas possible ici de détailler toutes les fonctionnalités du produit. Pour autant, il convient de se mettre à la place de quelqu'un qui n'a jamais entendu parler du projet. Est-ce un service, un produit ? Quelle est sa principale caractéristique, quel « effet waouh » ? Idéalement l'énoncé propose un attracteur sous-jacent, par exemple : « un logiciel SaaS » (= revenus récurrents), « un produit X aux performances inédites » (= la concurrence est loin derrière), etc.
2. **Clients :** on décrit ici la typologie de clients adressés (il faut avoir segmenté au bon niveau : ni trop lâchement car ce ne sera pas crédible, ni trop strictement afin de rester attractif).
3. **Problème :** on doit comprendre que celui-ci est majeur (on pourra se référer à l'Outil 7 : la méthode DUREX).
4. **Martingale :** il s'agit ici de mettre en évidence ce qui vous confère un avantage sur les concurrents : une technologie brevetée, une combinaison unique de savoir-faire, une connaissance intime du marché, etc.
5. **Premiers succès :** c'est ce qui vient crédibiliser la première partie de l'UIVP. Du chiffre d'affaires (le Graal), des reconnaissances publiques, un crowdfunding réussi..., tout ce qui peut prouver que la start-up est déjà sur la bonne voie.
6. **Montant recherché :** préciser s'il s'agit de *pure equity*, ou bien si le montant indiqué comprend aussi les effets de levier.
7. **Next step/ambition :** le rêve, le pont vers le futur ! Mais attention à rester spécifique. Si l'ambition est de prendre le leadership du marché, préciser le montant de celui-ci !

### Méthodologie et conseils

- S'entraîner auprès de publics différents. Le plus possible. Les mots précis viendront avec la répétition.
- L'UIVP est le contenu qui sert de base pour élaborer l'Elevator Pitch, cette capacité à faire en sorte qu'en une minute l'investisseur ouvre son agenda.
- Mais la levée de fonds ne saurait se limiter à cette seule UIVP ! Il faudra aussi briller lors des rendez-vous suivants, justement !

**Pour aller plus loin...**

✓ ***Business Model Nouvelle Génération*, Alexander Osterwalder & Yves Pigneur, Pearson, 2011.**

Outil 9

# La matrice d'opportunite

> « On obtient des résultats en exploitant des opportunités, non en résolvant des problèmes.
>
> Peter Drucker

## En quelques mots

À la base de tous les projets entrepreneuriaux se trouve une « opportunité », c'est-à-dire la rencontre d'un besoin et d'une solution (ou l'inverse). Et c'est aussi ce que les investisseurs regardent en premier ! En effet, plus le besoin est intense, plus la solution est puissante, plus les chances de succès sont importantes. La matrice d'opportunité est un outil qui permet de réfléchir individuellement ou collectivement à la qualité de sa proposition de valeur et de l'optimiser pour la rendre plus immédiatement attractive aux yeux – entre autres – des investisseurs que l'on cherche à séduire.

LA MATRICE D'OPPORTUNITÉ

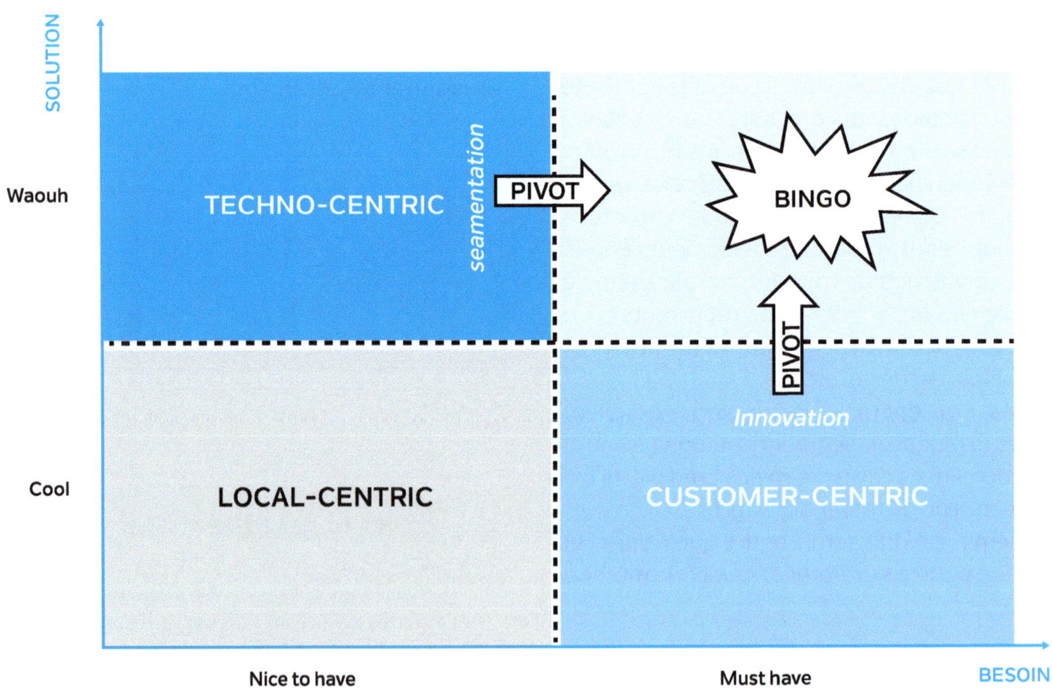

## POURQUOI L'UTILISER ?

### Contexte

Un investisseur est par définition une personne très sollicitée. Lorsqu'un projet lui est proposé, il doit décider très vite le temps qu'il lui accordera. Il est donc essentiel de présenter une opportunité « au top ». Ce qui suppose qu'elle soit vraiment au top, mais aussi que la façon de la raconter crée la magie.

### Objectif

Qualifier et bonifier sa proposition de valeur lors de la phase d'adéquation besoin-solution, c'est-à-dire en amont du « Product Market Fit », afin d'accroître la séduction de son projet.

## COMMENT L'UTILISER ?

### Étapes

Cette matrice invite à considérer l'opportunité dans son ensemble et à qualifier/bonifier en parallèle ces deux fondamentaux de la start-up que sont le besoin auquel elle répond, la solution qu'elle apporte, et surtout leur rencontre.

A. **La première phase consiste à évaluer la situation sur chacun des axes**, si possible à plusieurs. Le besoin et la solution sont évalués en fonction des critères décrits dans les fiches du chapitre : DUREX, « Magic Sauce », modèle économique, etc.

1. Établir une grille d'appréciation pour chacun de ces critères, par exemple de 0 = « Nous ne sommes absolument pas convaincants sur ce critère » à 3 = « Nous sommes absolument incontestables sur ce critère ».
2. Faire la somme sur chacun des axes et la reporter sur la matrice avec un symbole qui schématise le point de départ.

*Tant que l'on n'a pas atteint le quart supérieur droit, et ce très nettement, inutile de chercher à lever des fonds* auprès de professionnels, voire de Business Angels, vous risquez malheureusement de ne pas passer le premier rendez-vous.

B. **Vient donc ensuite, le plus souvent, la phase de bonification :** pousser vers la droite relève d'une démarche de pur « marketing de l'innovation », il faudra alors définir les segments de marché qui risquent d'être les plus impactés par l'offre de la start-up.

1. Segmenter et évaluer la taille de chaque segment.
2. Établir une carte d'empathie[1] pour chacun des segments, en commençant par les plus importants.
3. Choisir le ou les segments pour lesquels les enjeux sont les plus importants et réitérer l'évaluation DUREX.

- « L'effet waouh » sur un produit ou un service ne vient pas toujours (en fait, rarement) sous la forme d'une épiphanie. Il résulte plus souvent d'une démarche de créativité consciente et organisée, intégrant des itérations clients/prospects et beaucoup de Post-it… l'art du pivot !

### Méthodologie et conseils

- Le débat fait partie du processus ; prévoir le cas échéant un régulateur tiers, car « l'œil ne se voit pas lui-même ».
- Le processus fait partie du processus ! On peut mener cette démarche en plusieurs fois, entrecoupée de tests terrain.

1. La carte d'empathie est un outil marketing qui permet de représenter graphiquement ce que le client voit, entend, ressent, pense, etc. On en trouve de nombreuses disponibles sur Internet. L'ouvrage en référence *Value Proposition* Design (*cf.* Pour aller plus loin) est également une ressource précieuse.

### Pour aller plus loin…

- ✓ ***La Boîte à outils de la créativité*, Debois, Groff & Chennevier, Dunod, 2019.**
- ✓ ***Value Proposition Design, How to Create Products and Services Customers Want*, Osterwalder, Pigneur, Bernada & Smith, Wiley, 2014.**

# Outil 10 Le marché – TAM SAM SOM

> *La porte fermée, on est empereur dans son royaume.*
>
> Proverbe mongol

## En quelques mots

**Ni expression exotique, ni rythme musical, ces acronymes permettent de délimiter le marché et décrire l'environnement de la start-up :**

- TAM (*Total Available Market*) : c'est la verticale, la filière, le terrain de jeu global.
- SAM (*Serviceable Available Market*) : le marché directement concerné par le métier de l'entreprise.
- SOM (*Serviceable Obtainable Market*) : le segment que la société peut raisonnablement viser avec sa proposition de valeur, compte tenu de ses moyens, de la concurrence, de la maturité des produits et de la disponibilité du marché.
- SAM = SOM en cas de monopole.

### LA LOGIQUE TAM SAM SOM

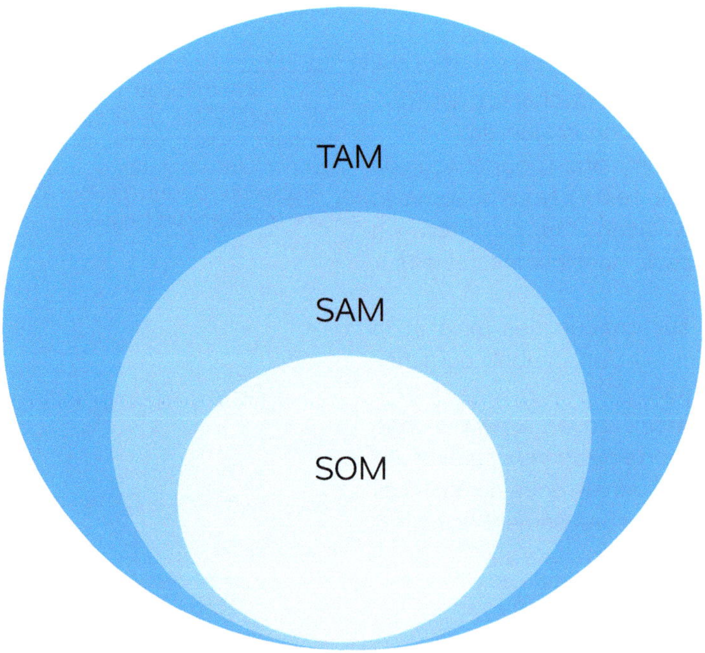

## POURQUOI L'UTILISER ?

### Contexte

Définir correctement la taille du terrain de jeu est crucial pour convaincre un investisseur, car c'est une des clés d'évaluation du potentiel économique de l'entreprise et du poids qu'elle peut représenter sur ce marché : si le marché visé représente plusieurs milliards d'euros en France, les chances de réussir seront plus élevées que s'il s'agit d'une niche de quelques dizaines de millions. « Il est plus facile de viser (et d'atteindre) un éléphant qu'un moineau » ! Pourquoi peu de projets de recherche sur les maladies rares trouvent-ils du financement ? Parce que leur potentiel économique est faible. Si le SOM montre le potentiel à court terme de l'entreprise, le TAM et le SAM montrent un potentiel futur soit de croissance soit d'Exit. Donc, chacun représente des facteurs clés dans la décision d'investissement.

### Objectif

Partie prenante d'une réflexion stratégique globale de l'entrepreneur, cet outil permet de mieux définir et de comprendre la structure de son marché, les clients atteignables et les prévisions de ventes correspondantes. Par ailleurs, le ciblage d'un SOM cohérent avec les capacités de l'entreprise permet de concentrer l'effort sur la bonne cible : rien ne sert de viser un marché trop large, au risque de se perdre. Se concentrer sur une proposition de valeur précise et (é)prouvée.

## COMMENT L'UTILISER ?

### Étapes

1. **Le marché n'est pas une donnée exogène au projet : il en fait partie.** Et si le terrain de jeu (TAM) relève souvent de l'évidence, le SAM et le SOM dépendent du métier et de la proposition de valeur ! Affiner son offre est un prérequis avant de débuter.
2. **Vient ensuite la recherche documentaire, l'évaluation quantitative des marchés et segments concernés.** Attention à croiser les sources et les archiver, de sorte à se montrer crédible lors du Roadshow.
3. **Intégrer cette réflexion dans la roadmap business :** « d'abord je vais viser SOM, puis dans un second temps je rencontrerai des relais de croissances dans SAM ».
4. **Parfois, le résultat est décevant**, le SOM, voire le SAM, s'avèrent trop peu élevés pour attirer l'intérêt des investisseurs traditionnels. Deux options se présentent alors :

- Revoir la proposition de valeur, chercher un « grand bain ».
- Rester sur l'offre initiale, de niche, assumée… et revoir sa stratégie de financement à la baisse.

Cette notion est incompatible avec la notion même d'innovation de rupture, lorsque l'offre crée la demande : lors du lancement des premiers Smartphones en 2007, le TAM était difficilement quantifiable.

**Exemple : le cas Uber** (oui encore lui)

- Le TAM de Uber est le transport.
- Le SAM premier de Uber est la mobilité des individus.
- Le SOM premier de Uber c'est le véhicule de transport avec chauffeur. Principalement dans les centres urbains.

Ce n'est que beaucoup plus tard que la logistique des repas (UberEats) est apparue, dans une logique d'augmentation de revenus, d'utilisation de nouveaux types de véhicules et d'optimisation du remplissage des véhicules, se déployant de fait sur un second SAM.

### Méthodologie et conseils

Certaines définitions peuvent varier et intègrent la part de marché dans le SOM. Reste que prétendre gagner 30 % du marché la première année et 60 % la deuxième semblerait au mieux très ambitieux.

**Pour aller plus loin…**

✓ ***Stratégie Océan Bleu, comment créer de nouveaux espaces stratégiques*, Renée Mauborgne, W. Chan Kim, Pearson, 2015.**

# Outil 11 Le gouffre de Moore

> Entrer sur le marché grand public est un acte de cambriolage, d'introduction par effraction, de tromperie, souvent même de furtivité.
>
> Geoffrey A. Moore

## En quelques mots

Dans la théorie de Geoffrey Moore développée dans l'ouvrage *Crossing the Chasm*, une start-up innovante rencontre chronologiquement différentes cibles de clients (en fonction de leur appétence et de leur « consommation » de l'innovation). Le gouffre représente cette période de différé entre les premiers clients, considérés comme représentant 15 % du marché total et ayant (assez facilement) adopté le produit, et la difficile appropriation de la nouveauté par le reste des clients du marché (soit environ 70 % des clients potentiels). Entre ces deux clients, la start-up a fait évoluer son produit jusqu'à une version qui séduit le plus grand nombre : le Product Market Fit.

### CYCLE D'ADOPTION DES INNOVATIONS : LE GOUFFRE DE MOORE

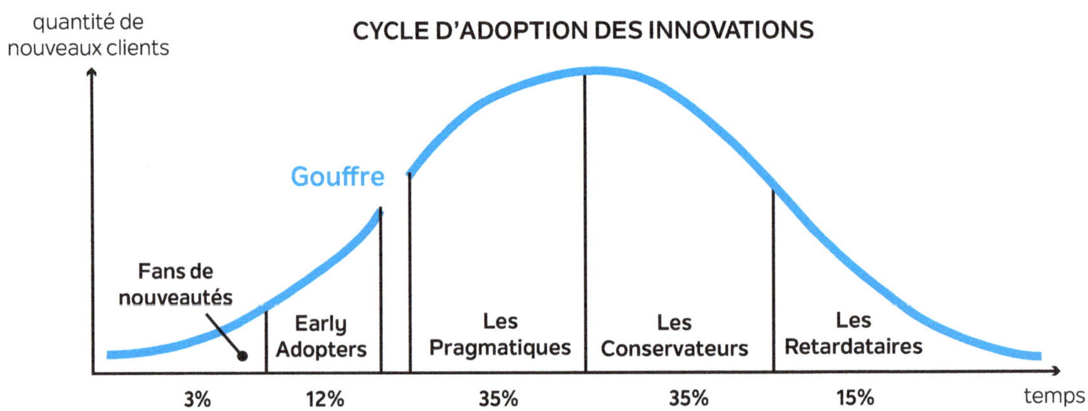


Inspiré de Geoffrey Moore, *Crossing the Chasm*, HarperCollins, 1991

## POURQUOI L'UTILISER ?

### Contexte

Dans ce concept, Moore décrit les phases d'appropriation de l'innovation par les clients. Se référer à ce concept permet de modéliser la phase de croissance de la start-up et d'apprécier le degré d'avancement de la conquête de son marché ainsi que le niveau d'incertitude dans lequel elle est en train d'évoluer. Cette dernière information permet d'envisager la nature des investisseurs prêts à s'engager à ce stade dans la start-up.

### Objectif

Jauger de manière assez consensuelle l'étape de conquête du marché dans laquelle la start-up se trouve afin d'évaluer la nature des investisseurs qui peuvent l'accompagner à ce stade.

## COMMENT L'UTILISER ?

### Étapes

Geoffrey Moore a décrit des comportements de clients différents dans le temps :

- Premiers clients de la start-up : les **fans de nouveautés**, de technologies, à l'affût de toute innovation pour la tester. Leur driver : être les premiers à « tester » même s'il y a des bugs d'utilisation (produit souvent en version bêta).
- Puis les **Early Adopters** ou visionnaires, qui viennent à l'innovation *via* une communication virale, le bouche-à-oreille et les recommandations. Eux aussi se contentent d'une version bêta s'il y a innovation. Ces clients sont ceux avec qui travailler le MVP (Minimal Viable Product) afin de progressivement construire le panel de fonctionnalités du produit nécessaires au déclenchement de l'achat par un plus grand nombre.
- Ici débute une étape de vie de la start-up que Moore appelle le **gouffre** en référence au faible taux de pérennité des start-ups à 5 ans (20 % selon l'INSEE).
- Les **pragmatiques** se laissent convaincre d'acheter avec des explications tangibles sur l'utilité du produit, sa fiabilité, ses caractéristiques techniques, son caractère innovant… Ils se réfèrent à l'avis de leurs pairs et adoptent un produit aux fonctionnalités irréprochables même à haut prix si les promesses révolutionnaires sont au rendez-vous.
- Les **conservateurs** ont l'esprit pratique et cherchent donc le bon produit au bon prix.

L'ensemble de ces deux dernières catégories représente le **marché de masse.**

- Les **retardataires** suivent de loin les tendances de marché et arrivent au produit par « hasard ».

Là commence la véritable « traction » du marché.

### Méthodologie et conseils

Le gouffre de Moore représente l'étape à partir de laquelle, **les investisseurs en Série A rentrent en confiance avec la start-up.** La traction du marché devient visible. Mais c'est aussi là que commence une phase potentielle de stagnation du chiffre d'affaires, donc délicate pour la relation entrepreneur-investisseurs.

Afin que le gouffre soit le plus petit possible, les stratégies qui ont fait leur preuve présentent un fort attrait chez les investisseurs. Un choix judicieux de stratégie est donc à développer et à présenter dans son Business Plan pour lever des fonds. Mais là, une autre histoire s'écrit.

### Pour aller plus loin…

- ✓ *Crossing the Chasm*, Geoffrey Moore, HarperCollins, 1991.
- ✓ *Lean Start-up*, Eric Ries, Pearson, 2011.
- ✓ Vidéos de Geoffrey Moore :
  - *The technology adoption lifecycle mode* : https://www.youtube.com/watch?v=YxCOYwV7fNI
  - *Crossing the Chasm refreshed with examples of the xxi^st century* : https://www.youtube.com/watch?v=Zwh8ThUqeC8

# Outil 12 Le Business Model

> *Un Business Model décrit les principes selon lesquels une organisation crée, délivre et capture de la valeur.*
>
> Osterwalder & Pigneur

## En quelques mots

Le Business Model, ou modèle économique ou modèle d'affaires, décrit comment l'entreprise gagne de l'argent. Ce concept de formalisation est revenu au premier plan en 2010 sous l'influence des chercheurs suisses Osterwalder & Pigneur et de leur ouvrage séminal *Business Model nouvelle génération* qui propose un tableau à 9 cases (le Business Model Canvas) permettant de travailler en mode collaboratif sur ce qui auparavant constituait le chaînon manquant entre la stratégie (analyse de l'environnement, axes principaux) et la tactique (mise en œuvre).

**LE BUSINESS MODEL CANVAS**

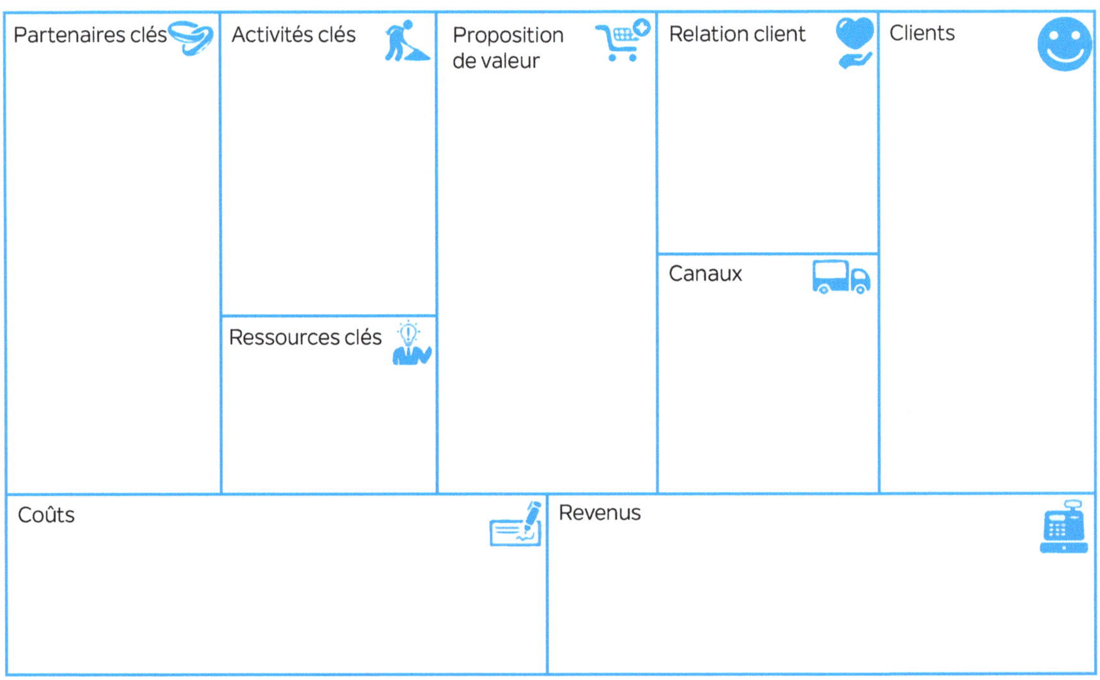

## POURQUOI L'UTILISER ?

### Contexte

Il existe des centaines de Business Models différents qui sont regroupés en grandes familles (ex : SaaS Freemium BtoB, Marketplace BtoC... ). L'intérêt dans cette segmentation est de retrouver une modélisation économique quasi similaire pour toutes les entreprises de la même famille. Cela permet d'une part de ne pas partir de la feuille blanche quand on construit la modélisation, et d'autre part de s'inspirer des ratios propres à chaque famille (ex : coûts d'acquisition, taux de marge...) que souvent des investisseurs professionnels connaissent eux aussi.

### Objectif

Établir son Business Model revient à se catégoriser parmi les modèles économiques bien connus de tous, puis à établir des projections personnalisées de son modèle de revenus. C'est une preuve de la pérennité de l'entreprise.

Travailler son Business Model présente plusieurs avantages pour le dirigeant :

- Rendre apparent ce qui est parfois peu visible dans le fonctionnement de l'entreprise.
- Penser les hypothèses de base de la croissance et les liens qui unissent les paramètres entre eux.
- Communiquer sa vision de façon construite et cohérente.

En somme cela permet à l'investisseur de comprendre puis d'adhérer aux prévisions.

## COMMENT L'UTILISER ?

### Étapes de la modélisation économique

1. **Remplir le Business Model Canvas en commençant par la case centrale** puis en continuant de la droite (les clients) vers la gauche.
2. **Sélectionner**, parmi les familles de Business Models les plus courants (*cf.* Exemple « Quelques Business Models classiques » p. 39), celle qui correspond le mieux à son entreprise.
3. **Se documenter sur les hypothèses clés habituelles du Business Model sélectionné** (taux de marge, taux de conversion, panier moyen, délai du processus commercial, taux de charge du personnel...) soit au travers d'analyses du secteur, soit au travers de l'étude de cas d'entreprises de référence. Il est parfois possible de récupérer sur internet ou dans son réseau des trames directement adaptées à son Business Model.
4. **Construire un tableur reprenant les hypothèses principales chiffrées de développement,** leur évolution sur 5 ans, la justification des évolutions (notamment comparaison avec les performances historiques de sa société ou avec celles du secteur).
5. Sur la base des hypothèses clés, **synthétiser le modèle de revenus (le CA) et le modèle des charges variables** (les coûts affectés directement à l'exécution de son activité : acquisition client, production...).

### Méthodologie et conseils

Il est essentiel de structurer son tableau simplement et d'automatiser les liens entre les hypothèses clés et les cellules synthèses. Ainsi, lorsqu'une hypothèse évolue il n'est pas nécessaire de recalculer manuellement l'impact sur son CA et sa marge opérationnelle : cela facilite les analyses d'impact réalisées par le dirigeant ou les analystes tiers, notamment lors des Due Diligences.

Suite outil 12 →

*Pour aller plus loin...*

- ✓ **Les tableurs standards tels qu'Excel ou Google Sheet présentent l'avantage, par rapport à certains logiciels spécialisés, de pouvoir structurer sur mesure ses hypothèses et d'être simples d'approche pour les analystes tiers.**
- ✓ **Voir Outil 33 : La modélisation financière**

Suite outil 12

# Le Business Model

## COMMENT ÊTRE PLUS EFFICACE ?

### Limiter le nombre de Business Models présentés

Il est courant, lors des réflexions initiales sur son Business Model, que l'entrepreneur imagine plusieurs modèles différents (ex : un logiciel vendu à des professionnels pour gérer leur logistique mais qui leur permettra de distribuer également leurs produits vers des particuliers *via* Internet et qui proposera aussi de la publicité pour les sociétés de transport, ce qui revient à combiner les Business Models de SaaS BtoB + Marketplace BtoC + régie publicitaire). Le risque est alors de faire davantage d'erreurs dans ses modélisations et de perdre en lisibilité auprès des investisseurs. Pour commencer il est conseillé de se focaliser sur seulement un ou deux Business Models complémentaires (donc éviter de mixer des modèles BtoB et des modèles BtoC) et de formaliser seulement ceux-ci.

### Réfléchir à sa scalabilité

La scalabilité signifie pour une start-up qu'elle peut réaliser des économies d'échelles avec la croissance de son activité. Ainsi les plateformes, à l'instar de Facebook, sont réputées être fortement scalables puisqu'elles ont la capacité de croître d'un facteur 10, 100 ou 1 000 sans que leurs charges directes (serveurs, modérateurs, acquisition, etc.) soient impactées dans les mêmes proportions. À l'inverse, une activité de service, même à très fort potentiel (le métier de leveur de fonds ou d'avocat par exemple), ne pourra augmenter son chiffre d'affaires qu'à condition d'accroître sa masse salariale dans des rapports comparables : la croissance ne crée pas une valeur exponentielle.

### Maîtriser les hypothèses plutôt que les résultats

Lors des discussions avec les investisseurs, il est plus important de maîtriser les hypothèses de base ainsi que les raisons qui ont conduit au choix de ces ratios et de ce modèle, plutôt que les résultats finaux des projections réalisées.

### Faire vivre son Business Model

Le modèle de revenus est amené à évoluer en permanence sur les premières années de la société, que ce soit sur le choix des hypothèses clés (par exemple des taux de conversion qui évoluent significativement par rapport aux prévisions), voire pour pivoter. Le pivot constitue une modification de la stratégie initiale d'une start-up quand la réussite tarde à venir et que la croissance n'est pas en phase avec les projections, donc un changement significatif du Business Model (pour passer de BtoC à BtoB par exemple). Un des enjeux du pivot est de bien gérer son timing : pas trop tôt pour laisser le temps à l'idée première d'être bien testée et évaluée *via* un MVP, pas trop tard pour avoir encore la possibilité de changer de trajectoire.

### Faire le lien avec les projections financières complètes

Le Business Model concerne principalement les hypothèses de revenus et de charges directes. C'est un élément de base du prévisionnel financier complet, dans lequel seront ajoutés les chiffres concernant les charges fixes, les investissements et financements, et surtout les analyses de trésorerie.

# Exemples

## Quelques Business Models classiques

**1. La première catégorisation la plus classique pour son Business Model est de définir si on vise une clientèle :**

- directe d'entreprises (BtoB = Business to Business) ;
- de particuliers (BtoC = Business to Consumer) ;
- de structures publiques (BtoG = Business to Government) ;
- voire mixtes (ex : CtoC pour les plateformes entre particuliers, ou BtoBtoC pour des produits destinés à des particuliers mais revendus par des intermédiaires professionnels).

**2. La seconde catégorisation correspond à la façon dont le profit est généré :**

- *via* une marge sur les produits vendus ;
- *via* un abonnement ;
- *via* la publicité ;
- *via* une commission ;
- *via* une prestation de service…

Le tableau suivant regroupe quelques exemples classiques de Business Models ainsi que les hypothèses clés à utiliser pour les projections de revenus et de charges directes.

| Famille de Business Model | Exemples d'entreprises ayant ce modèle principal de revenus | Hypothèses clés spécifiques |
|---|---|---|
| Software as a Service (SaaS) BtoB | Hubspot, Prestashop, Typeform… | Montant de l'abonnement mensuel ou annuel, taux de rétention mensuel ou annuel, taux de conversion « Formule gratuite → Formule payante » (si modèle freemium), coût d'acquisition… |
| Plateforme/ marketplace BtoC | Amazon, Cdiscount, ManoMano… | Nombre d'inscrits, coûts d'acquisition, taux de rétention, nombre de transactions, panier moyen, taux de commission, frais logistiques (dont transport et stockage)… |
| Plateforme/ marketplace CtoC | Vinted, BlaBlaCar… | Nombre d'inscrits, coûts d'acquisition, taux de rétention, nombre de transactions, panier moyen, taux de commission… |
| Régie publicitaire | Facebook, Google, Waze, TF1, Doctissimo… | Nombre de visiteurs, nombre d'annonceurs, coût par clic (CPC) ou coût par millier (CPM)… |
| Services BtoB | Expert-comptable, avocat, intérim… | Nombre de clients, panier moyen, taux de rétention, taux horaire, taux de charges de personnel, délais de paiement… |
| Produits e-commerce BtoC (DNVB : Digital Native Vertical Brand) | Tediber, Made, Les Miraculeux, Le Slip Français… | Nombre de clients mensuel ou annuel, panier moyen, taux de marge, coût d'acquisition… |
| Produits avec consommables BtoBtoC | Cartouches d'impression (Canon, HP…), consoles de jeux (Sony, Nintendo…) | Nombre d'utilisateurs, fréquence de réassort, panier moyen, taux de marge, frais logistiques, délais de paiement… |

# Outil 13 La Magic Sauce

> “
> *Ella, elle l'a*
> *Ce je n'sais quoi*
> *Que d'autres n'ont pas*
> *Qui nous met dans un*
> *drôle d'état*
>
> France Gall,
> « Ella, elle l'a »

## En quelques mots

Il s'agit de cette combinaison de droits et savoir-faire qui confère à une start-up « *an unfair advantage* » par rapport à ses concurrents. On lui associe deux notions très proches :

- l'avantage concurrentiel ou **avantage compétitif**, théorisé par le célèbre Michael Porter et décrit dans le best-seller des livres de marketing le *Mercator*[1] ;
- la **défensibilité**, conceptualisée par Peter Thiel, le co-fondateur de PayPal.

Le côté « *magic* », ou « *unfair* » traduit la sidération et l'impuissance censées saisir les concurrents à la perspective de copier les produits de la start-up.

1. *Mercator, Tout le marketing à l'heure de la data et du digital*, de Baynast, Lendrevie, Lévy, Kretz, 13e édition, Dunod, 2021.

### LES COMPOSANTS DE LA MAGIC SAUCE

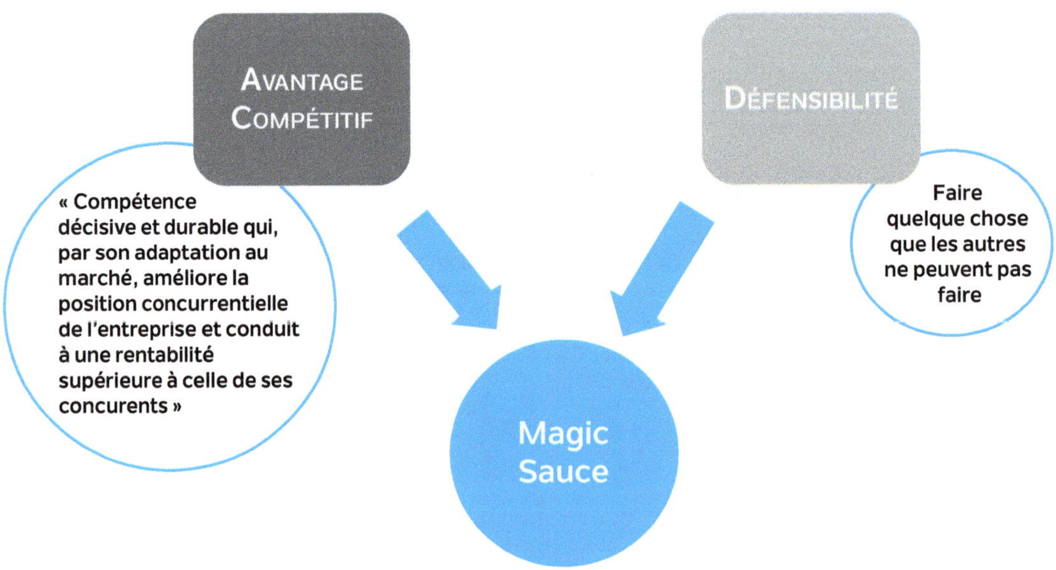

## POURQUOI L'UTILISER ?

### Contexte

Pour lever des fonds, une start-up a besoin de prouver non seulement qu'elle va réussir sa conquête commerciale, mais aussi qu'elle sera la plus performante (face à des nouveaux arrivants comme face aux anciens titulaires du marché).
Parallèlement, l'investisseur a besoin de s'assurer, une fois qu'il a validé la pertinence d'un concept, que celui-ci ne sera pas copié par d'autres ou pas trop rapidement, le temps de faire fructifier son investissement dans la start-up. Il a besoin de vérifier que l'entreprise a identifié sa Magic Sauce et saura protéger ses actifs.

### Objectif

La Magic Sauce est à expliciter en décortiquant tous les avantages concurrentiels développés et tous les outils de maintien de ces avantages comme concurrentiels (« défensibilité »).
Présenter, prouver que l'on dispose d'une Magic Sauce démontre que l'on ne risque pas d'être immédiatement copié en cas de succès. Cela donne donc de la valeur à sa start-up.

## COMMENT L'UTILISER ?

### Les étapes

- **Lister les composants défensifs dont l'entrepreneur dispose,** c'est-à-dire ceux qui empêcheront les concurrents de copier la start-up ou, à tout le moins, donneront à celle-ci une avance significative sur ses concurrents. Exemples : brevets, conjonction de compétences, etc.
- **Lister les éléments dynamiques qui viennent renforcer ces avantages :** autrement dit ceux qui s'accroissent dans le temps, tels que la taille de la base de données, l'effet réseau (loi de Metcalf : « la valeur d'un réseau croît avec le carré du nombre de ses membres »), mais aussi la courbe d'apprentissage, c'est-à-dire l'avance acquise sur la concurrence, le nombre d'années (ou de mois, mais c'est moins bien) que cette dernière mettrait pour rattraper la start-up.

**Points de vigilance pour l'entrepreneur comme pour l'investisseur :**

- différenciation par les coûts *via* des économies d'échelle ;
- qualité des communautés créées par l'entreprise ;
- maîtrise de la protection réglementaire et de l'accès à un marché réglementé ;
- dépendance du client au produit (complexité du retrait des produits…) ;
- notoriété et stratégie de marque (rarissime en amorçage) ;
- storytelling de la start-up et capital sympathie des dirigeants (*cf.* Michel & Augustin) ;
- dans le cas d'une technologie propriétaire, la maîtrise de celle-ci peut être une Magic Sauce à part entière ;
- réunion concomitante de ressources clés, souvent techniques mais pas seulement ;
- modèle économique disruptif, cas plébiscité par les secteurs des services et du SaaS jusqu'ici.

### Méthodologie et conseils

Penser à inscrire dans le plan d'actions et de financement les actions qui permettront de maintenir et renforcer ces avantages. Ex : politique de brevet, budget R&D etc.

### Pour aller plus loin…

- ✓ *Mercator, Tout le marketing à l'heure de la data et du digital,* de Baynast, Lendrevie, Lévy, Kretz, 13e édition, Dunod, 2021. On lira à profit la section consacrée à l'avantage concurrentiel (p. 668-672).
- ✓ *Avantage concurrentiel,* Michael Porter, Dunod, 1999.
- ✓ *Wall Street Journal,* « Competition Is for Losers », Peter Thiel, article du 12 septembre, 2014.
- ✓ *Zero to One: Notes on Start-ups, or How to Build the Future,* Peter Thiel & Blake Masters, JC Lattès, 2014.

# Outil 14 Le Product Market Fit

> “ *C'est l'adéquation entre le style et ce qu'on a envie de raconter qui fait qu'une histoire peut naître et se boucler vraiment.*
>
> Christine Avel

## En quelques mots

Le Product Market Fit (PMF) est un terme popularisé par l'emblématique entrepreneur et investisseur américain Marc Andreesen : c'est le résultat de l'adéquation parfaite entre un marché et le produit/service qui est apte à le satisfaire tout en répondant à ses usages. Atteindre cette adéquation parfaite, ce « Fit », permet de s'extraire des règles et des coûts du marketing de masse comme si le produit se vendait de lui-même, sans effort. Il y a donc un avant et un après Product Market Fit.

**LE PRODUCT MARKET FIT**

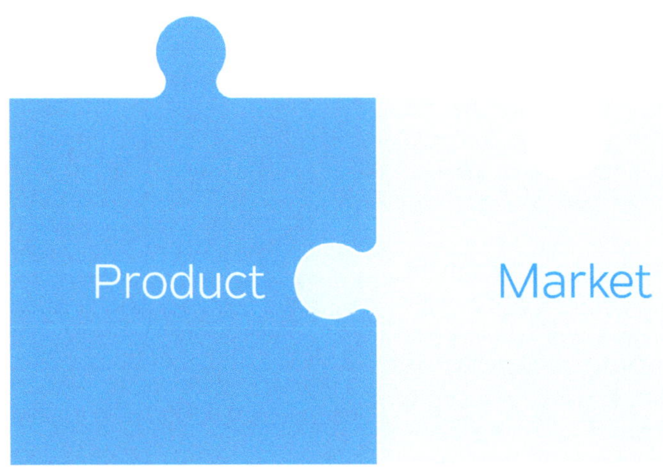

## POURQUOI L'UTILISER ?

### Contexte

Trouver une adéquation produit/marché est l'essence même de toute start-up en phase d'amorçage. Les entrepreneurs arrivent rarement à la bonne adéquation produit/marché du premier coup. En effet, 90 % des start-ups à succès ont réalisé un ou plusieurs pivots qui leur ont permis de trouver le bon PMF. Lors de leurs pivots, elles ont soit modifié leur produit, soit changé de marché, voire les deux. Le PMF fait partie des « Must Have » pour un investisseur lorsqu'il s'intéresse à une start-up.

### Objectif

Toute entreprise qui génère de la valeur vend un produit ou un service avec succès sur un marché. À l'inverse, tous les nouveaux produits ou services créés ne trouvent pas d'acheteur, ou alors en nombre trop limité, ou avec un faible taux de recommandation. Selon CB Insights, 38 % des start-ups ont échoué à cause de l'absence d'une adéquation produit/marché. Pour un entrepreneur, il est donc indispensable de trouver le bon Product Market Fit à la fois pour la pérennité de son entreprise et pour convaincre des investisseurs.

## COMMENT L'UTILISER ?

### Étapes

**Un bon Product Market Fit répond obligatoirement à 4 caractéristiques.** L'adéquation produit/service avec une cible est évaluée sur chacun de ces critères :

1. **La compréhension :** la règle d'or est la simplicité, l'intérêt d'un produit doit être immédiatement compris par sa cible.
2. **L'engouement :** le produit doit générer du buzz et/ou de la traction, ce qui traduit que l'attente du marché est forte et satisfaite.
3. **Le partage :** la forte utilisation du produit fait qu'il se diffuse par le bouche-à-oreille sans communication coûteuse de la part de l'entreprise et les ventes croissent de manière exponentielle, très rapidement.
4. **L'usage :** le produit est aisément et régulièrement utilisé par les clients de la start-up, il n'est pas abandonné, au contraire il est adopté et peut même devenir un indispensable.

### Méthodologie et conseils

Pour connaître au mieux son marché, il faut aller à sa rencontre, très concrètement, et valider des hypothèses. Comme le dit Steve Blank, autre gourou californien : « *Get out of the building!* »[1]. Une des méthodes issues des principes du Lean Start-up répondant bien à ce principe, réside dans la mise en place d'un Minimum Viable Product (MVP), c'est-à-dire une version minimaliste du produit imaginé afin d'observer l'accueil qui lui est réservé par le marché cible. À partir de ce test, si les hypothèses du dirigeant sont validées, la start-up peut passer à l'étape suivante, et le cas échéant, faire preuve d'agilité pour trouver un pivot.

1. « Sortez de votre bureau ! »

Suite outil 14 →

### Pour aller plus loin...

- ✓ *Lean Start-up*, Eric Ries, Pearson, 2011.
- ✓ *Value Proposition Design, How to Create Products and Services Customers Want*, Osterwalder, Pigneur, Bernada & Smith, Wiley, 2014.
- ✓ Marc Andreesen, *The Pmarca Guide to Start-ups, Part 4: The only thing that matters* (2007) : https://pmarchive.com/guide_to_startups_part4.html

Suite outil 14

# Le Product Market Fit

## COMMENT ÊTRE PLUS EFFICACE ?

### La méthode MVP

Minimum Viable Product ou Produit Minimum Viable est un produit non finalisé dont la version est suffisamment avancée pour être vendue ou mise à disposition de ses clients. L'intérêt de cette méthode est d'obtenir le maximum de retours clients, souvent sur un nombre limité de fonctions et ainsi d'évaluer la facilité de compréhension et d'usage du produit. Suite à ces retours qualitatifs, l'entreprise dispose d'éléments de réponse déterminants sur :

- La valeur ajoutée/perçue par les clients : le produit répond-il à un besoin ?
- Les points faibles/bugs à corriger.
- Les points forts/fonctions à conserver.
- Le prix de vente et plus largement l'offre : les clients sont-ils prêts à acheter le produit à ce prix ?
- Comment est utilisé le produit ?

Mettre un MVP entre les mains de prospects/clients permet de se confronter à la réalité du marché. Un MVP qui n'est pas validé par le marché, participe *in fine* à un gain de temps et d'argent puisque le produit n'aura pas été développé en version finale. Il sera alors plus facile d'effectuer un pivot et d'essayer de trouver un fort PMF.

### Organiser des Focus Groups

Un Focus Group est un entretien collectif de 7 à 10 personnes ayant pour but de recueillir les avis des clients. Les participants parlent librement sur un thème préalablement défini (exemple : l'usage du produit). Un animateur veille au bon déroulement de l'entretien. Il s'assure que tous les clients invités participent (attention aux leaders charismatiques) et qu'ils soient en confiance pour donner librement leurs opinons sur « le cœur du problème ». À l'issue du Focus Group (durée moyenne 2 à 4 heures), l'entreprise organisatrice obtient des retours concrets de ses clients sur ses produits. Il est important de récompenser les participants (cadeaux, bons de réduction, etc.). Faire appel à un cabinet spécialisé dans les Focus Group est recommandé, *a minima* pour les premiers entretiens.

La réalisation de Focus Group est appréciée par les investisseurs. Les pivots ainsi réalisés à l'issue de Focus Groups doivent être retranscrits dans le dossier pour investisseurs, par exemple dans la slide « timeline » du Pitch Deck.

### Mesurer l'engouement et le partage

Mettre en place des outils de suivi de KPI (Key Performance Indicator) ou ICP en français (indicateur clé de performance) est indispensable pour mesurer le PMF et s'en servir pour convaincre des investisseurs. Les KPI peuvent être financiers. Par exemple :

- chiffre d'affaires ;
- panier moyen ;
- récurrence des commandes.

Mais également opérationnels :

- note du produit ;
- délais de livraison ;
- nombre de followers sur les réseaux sociaux.

Le KPI à suivre pour l'évaluation du PMF est la croissance du chiffre d'affaires corrélé aux dépenses en communication. En effet, un bon PMF est un produit dont la communication est faite directement par ses utilisateurs en « bouche-à-oreille » sans dépense coûteuse de la part de la start-up.

# Cas pratiques

## PMF non trouvé - Renault Vel Satis

La Renault Vel Satis créée en 1998 est un échec pour le constructeur français. Ce modèle devait remplacer la Safrane et positionner la marque sur un segment de marché plus haut de gamme. La marque Renault et sa voiture haut de gamme n'ont pas réussi à trouver leur marché. Seulement 62 000 exemplaires ont été vendus pour un investissement de 630 millions d'euros. La production a été arrêtée en 2009.

## On peut s'en relever et pivoter - Les 3 pivots de Criteo

En 2005, Criteo a créé un site de recommandations de films qui s'est avéré être un échec. En 2006, la start-up effectue un premier pivot en proposant un service de recommandations de produits pour les sites e-commerce, leur premier client était PriceMinister. Deux ans plus tard, Criteo effectue un dernier pivot sur le « retargeting » publicitaire qui permettra à la start-up de trouver son Product Market Fit. Ce dernier pivot a été effectué suite aux retours de PriceMinister. Olivier Mathiot, cofondateur de PriceMinister : « J'ai pensé que cela pouvait être une bonne idée pour PriceMinister d'utiliser ces algorithmes de reciblage [...] de façon à personnaliser les bannières chez nos affiliés, et donc d'augmenter les taux de clic et les taux de transformation ». Cotée depuis 2013, Criteo a réalisé un chiffre d'affaires de 2,3 milliards de dollars en 2019.

## Pour un même produit, deux adéquations marchés différentes - Jimini's et Ÿnsect

Jimini's et Ÿnsect sont deux start-up françaises positionnées sur le marché de la nourriture à base d'insectes. Fondé en 2012, Jimini's est un des pionniers de la production d'insectes comestibles par les humains. La société créatrice de plusieurs marques s'est positionnée sur le marché BtoC en vente directe et *via* des revendeurs. Jimini's a levé 1 million d'euros en 2016 auprès du fonds Le Comptoir de l'innovation et de BPI France et a réalisé un chiffre d'affaires de 550 000 euros.

Ÿnsect a été fondé en 2011 et s'est lancé sur le marché du BtoB. La start-up crée et vend de la nourriture protéinée pour les animaux et les plantes. Ÿnsect a réalisé une première levée de fonds de 1,8 million d'euros en 2014. Depuis, 4 autres ont suivi pour un total de 425 millions d'euros levés.

Jimini's et Ÿnsect sont deux start-ups créées il y a environ 10 ans. Elles ont choisi deux marchés/cibles différentes. À ce jour, le potentiel de développement d'Ÿnsect semble être plus important que celui de Jimini's compte tenu des différences de montants levés et du carnet de commande d'Ÿnsect (70 millions de dollars sur les 4 prochaines années d'après le communiqué de presse de 2019 de la société).

Outil 15

# Les leaders d'opinion

> “ *L'exemplarité n'est pas une façon d'influencer, c'est la seule.*
>
> Albert Schweitzer

## En quelques mots

Un leader d'opinion est un individu dont la parole, les idées sont susceptibles d'influencer les opinions, les actions d'un grand nombre d'autres individus et notamment ses pairs. Cette influence résulte de sa notoriété, de la reconnaissance de son expertise. Il est pris à témoin par les instances du secteur concerné, il appartient à des réseaux d'influence et en mène certains sur ses idées.

Il est reconnu dans son secteur d'activité, technologique, médical, sociologique, économique, où il est soit aux plus hautes responsabilités (directeur de laboratoire de recherche, directeur d'institut d'opinion...), soit un indépendant invité au sein des commissions référentes du secteur.

### CARACTÉRISTIQUES PRINCIPALES DU LEADER D'OPINION

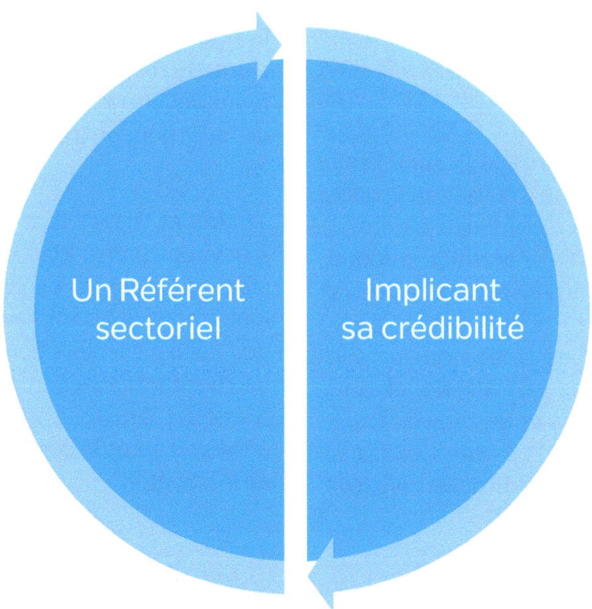

## POURQUOI L'UTILISER ?

### Contexte

Quelle que soit la nature de l'innovation (technologique, usage ou sociale) proposée par la start-up, elle reste une inconnue pour ceux qui la découvrent, notamment pour l'investisseur. Souvent les premières ventes témoignent de la traction du marché et servent de base à l'extrapolation en prévisionnels. Cependant dans certains secteurs technologiques (médical, Deeptech) cette situation n'est pas envisageable en amorçage. Il faut faire encore des études de fiabilité, d'efficacité avant de lancer la commercialisation. L'entrepreneur n'a pas d'autres choix que de faire appel à des référents « leaders d'opinion » du secteur concerné pour valider la viabilité de l'innovation développée.

### Objectif

Bien identifier le caractère « leader d'opinion » des référents présentés aux investisseurs et justifier de leur croyance dans la pertinence du projet.

## COMMENT L'UTILISER ?

### Étapes

Deux niveaux d'appréciation du leader d'opinion : son statut de référent et son implication dans le projet.

1. **Qui sont les référents d'un secteur donné ?** Dans chaque secteur d'activité, il y a des consensus sur les méthodes, les usages, les process à utiliser. Tous les experts du secteur sont des référents techniques mais tous ne sont pas des leaders d'opinion. On définit ces derniers comme :

- ceux qui publient le plus et dans les revues scientifiques les mieux notées ;
- ceux interrogés lors des congrès des sociétés savantes concernées (les professeurs de médecine, les directeurs de recherche CNRS, INSERM) ;
- les plus gros vendeurs de livres, les plus médiatisés sur un sujet donné.

**Attention,** il ne suffit pas de disposer du savoir technologique ou médical pour être un référent aux yeux des « sachants » du secteur. Par exemple, un médecin *lambda* n'est pas un leader d'opinion pour un projet « santé », à moins d'être aussi un chercheur à la tête d'un laboratoire de recherche clinique. De même, les influenceurs ne sont pas des leaders d'opinion.

2. **Quelle nature d'investissement doit avoir le ou les leaders d'opinion ?** Pour que le leader d'opinion soit un outil de réassurance pour l'investisseur, il est capital que son implication soit significative, c'est-à-dire qu'elle doit mettre en jeu des éléments qui lui sont personnels :

- soit le leader d'opinion a investi financièrement pour des sommes significatives par rapport à son train de vie ;
- soit le leader d'opinion met sa crédibilité en jeu dans son secteur d'activité de par son implication (représentation du projet devant ses pairs, signature d'articles scientifiques connexes...).

### Conseils et méthodologie

Attention : ne pas confondre le temps qu'un expert consacre à des comités consultatifs avec l'énergie qu'on attend d'un référent à défendre le projet face aux critiques.

Parfois, la déontologie d'un secteur freine la mise en lumière publique du leader d'opinion. C'est pourquoi, une implication financière conséquente marque sa « croyance » en la réussite du projet. Et à ce titre elle est un élément facilitateur de la relation avec l'investisseur.

### Pour aller plus loin...

- ✓ *On becoming a leader*, Warren Bennis, 4ᵉ ed., Basic Books, 2009.
- ✓ *Effectuation, les principes de l'entrepreneuriat pour tous*, Philippe Silberzahn, Pearson, 2020.

Outil 16

# Le Coût d'Acquisition Client

> “
> *La vente commence quand le client dit : Non.*
> Elmer G. Leterman

## En quelques mots

Le Coût d'Acquisition Client (CAC) représente la somme moyenne investie pour acquérir un nouveau client en marketing et en ressources commerciales. Considérée seule, cette mesure est insuffisante : il faut la ramener à ce que ce client rapporte au total à l'entreprise, la Customer Lifetime Value (LTV), et le temps nécessaire pour rembourser le coût d'acquisition, le Retour sur Investissement Commercial (*Return on Investment*, ROI). Les investisseurs seront particulièrement attentifs à ce que ces indicateurs soient les meilleurs possibles afin d'évaluer la rentabilité et l'efficacité de l'entreprise.

LES INDICATEURS DE L'ACQUISITION CLIENT

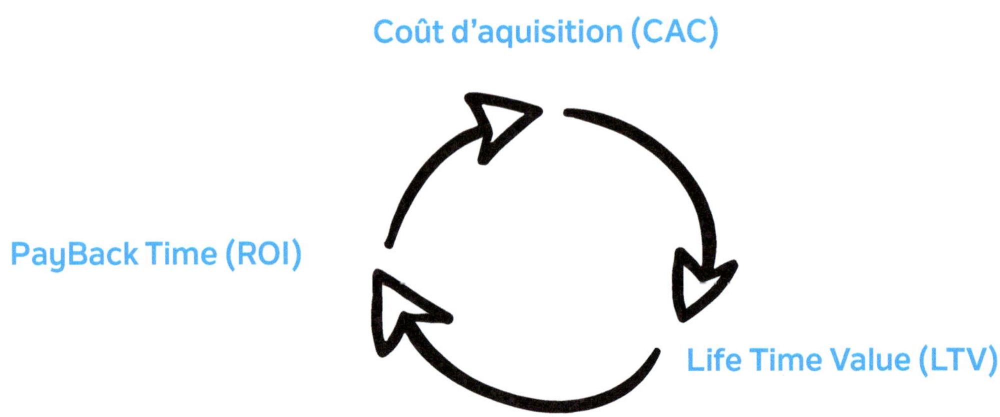

## POURQUOI L'UTILISER ?

### Contexte

Il s'agit de démontrer à des investisseurs la capacité à se développer (acquisition), à générer structurellement les revenus nécessaires (rentabilité) dans un horizon de temps le plus court possible (ROI) et ainsi à délivrer le retour sur investissement attendu.

### Objectif

L'acquisition client est une des priorités pour les entreprises qui veulent lever des fonds. Connaître précisément les indicateurs CAC, LTV et ROI permet à ces entreprises de mieux gérer leur croissance en évaluant avec précision l'efficacité des canaux d'acquisition. L'objectif est d'identifier les plus efficaces pour pouvoir cibler, mais aussi et avant tout pour valider que leur croissance est rentable ou le sera dans un avenir défini.

## COMMENT L'UTILISER ?

### Étapes

**Opérationnellement, il s'agit d'identifier pour chaque vente :** le canal d'acquisition, le client, la date de vente, le revenu généré, et d'être capable d'allouer les dépenses engagées. Ceci peut nécessiter de déployer un CRM pour être en mesure de réaliser ces mesures.

**Exemple :** imaginons qu'un client dépense en moyenne 100 euros à chaque passage, qu'il passe trois fois par an et que le « Churn » soit de 30 % (autrement dit, chaque année, 30 % des clients « disparaissent » ; le taux de rétention est de 1-30 % = 70 %). Un client dépensera en moyenne au total 100 × 3/30 %, soit 1 000 euros. L'opération n'a aucun sens si l'acquisition de ce même client moyen coûte 1 500 euros. En revanche, une dépense de 350 euros/nouveau client pourrait être justifiée.

**Ainsi :**

- Coût d'acquisition (CAC) = (Coûts Marketing Totaux + Coûts Commerciaux Totaux) / Nombre de clients acquis.
- Churn = taux de clients perdus.
- Life Time Value (LTV) = (Panier Moyen × Nombre moyen par client par an) / Churn.
- PayBack Time (ROI) = (Coûts/Revenus annuels) × 12 = nombre de mois pour rembourser le CAC.

Si la LTV justifie des dépenses marketing, on veillera quand même à garder un ROI conforme aux bonnes pratiques de son secteur. Par exemple dans le SaaS, on s'attend à ce que le ratio LTV/CAC atteigne 3 ou plus.

### Méthodologie et conseils

- Pour avoir des métriques stables, il faut du recul, suffisamment de clients. Autant dire que l'indicateur deviendra pertinent au fil du temps.
- Tous les clients ne se valent pas : attention aux premiers clients au stade de POC, ou des clients « étendards » servant à acquérir de la visibilité et de la crédibilité.
- Isoler les Coûts d'Acquisition Client peut s'avérer moins simple qu'il n'y paraît : dépenses marketing non spécifiques ? frais fixes types salaires ? etc.
- Mesurer la LTV nécessite de suivre ses clients, ce qui n'est pas toujours possible selon les canaux de distribution. Ce ratio a donc plus de sens pour certains Business Models (SaaS, Marketplace...).
- *Last but not least !* S'il peut ainsi être pertinent de faire de l'acquisition client à marche forcée, il n'en demeure pas moins nécessaire de trouver un point de croissance rentable. À l'inverse, cela indiquerait qu'un ou plusieurs des piliers du triptyque (CAC, LTV, ROI) ne fonctionne pas.

### Pour aller plus loin...

✓ ***Customer Lifetime Value: The Path to Profitability*, V. Kumar, Now Publishers Inc, 2008.**

# Outil 17 La Dream Team

> “ *Les performances individuelles, ce n'est pas le plus important. On gagne et on perd en équipe.*
>
> Zinedine Zidane

## En quelques mots

Il en est des entreprises comme des sports collectifs ou des films de super-héros : les hommes et les femmes font la victoire, le succès provient d'acteurs qui excellent à titre individuel et qui collectivement atteignent des sommets ! Dans un contexte de levée de fonds, les investisseurs se situent en prise de risque lourde et en ambition maximale. Aussi privilégieront-ils – et ils le clament *urbi et orbi* – le critère de l'équipe : la combinaison gagnante des bonnes compétences, des excellences, expériences et réseaux qui permettra au projet d'atteindre les objectifs fixés.

LA DREAM TEAM

## POURQUOI L'UTILISER ?

### Contexte

Un investisseur réfléchit en termes de risques et de potentiel. L'équipe est d'autant plus déterminante pour lui, notamment lors des premières levées de fonds, que les éléments factuels sont souvent rares, et que dans une start-up, il n'y a pas ou peu de processus organisationnels, tandis que rien, ou presque, ne se passe comme prévu.
Pour autant, il serait vain d'imaginer qu'il existe une « Dream Team absolue », valable pour tous les secteurs, tous les modèles économiques, toutes les étapes de développement. Telle équipe qui, par exemple, serait de rêve dans le cadre d'une Cleantech en amorçage s'avérerait probablement un cauchemar pour une Fintech s'internationalisant.

### Objectif

Le concept de « Dream Team » signale que l'on dispose d'une équipe structurée, disposant d'expertises complètes, complémentaires, harmonieusement combinées, en phase avec le projet, garantissant ainsi la capacité de pivoter avec agilité, de croître rapidement, de saisir les opportunités et de limiter la casse en cas de difficultés.

## COMMENT L'UTILISER ?

### Étapes

1. **L'évaluation de l'équipe fait partie du processus de préparation de la levée.** On s'interrogera notamment sur les 10 points suivants :
- La vision est-elle partagée de tous ?
- Existe-t-il un leader naturel et reconnu ?
- L'équipe dispose-t-elle de l'ensemble des compétences nécessaires à ce stade du projet et au prochain ?
- Les niveaux hiérarchiques et les processus de décision sont-ils cohérents avec la maturité du projet ?
- L'information circule-t-elle à bon escient ?
- Les membres de l'équipe sont-ils autonomes ?
- Qu'en est-il de sa cohésion ? Est-elle solidaire ?
- Les rétributions (en salaires et/ou en actions) sont-elles en phase avec les contributions réelles et sont-elles alignées avec la vision ?
- L'équipe partage-t-elle les mêmes valeurs ?
- La diversité est-elle suffisante pour couvrir l'ensemble des points de vue ?

2. **Sur chacun de ces points, il sera nécessaire de déterminer les actions à mener,** préalablement aux premiers contacts investisseurs :
- Y a-t-il un vrai manque, auquel il faut remédier (par exemple, un recrutement) ?
- Existe-t-il une situation incertaine ou peu claire, qui réclame des ajustements (par exemple revoir la répartition des tâches) ?
- Y a-t-il une situation plutôt satisfaisante, mais qu'il convient de plus mettre en valeur (formaliser un processus, trouver des exemples...) ?
- Rien à changer, tout est lumineux !

### Méthodologie et conseils

Ces questions sont sensibles et prennent du temps : il faut les traiter le plus en amont possible. Recourir à des regards extérieurs est souvent bénéfique pour pointer les faiblesses et les travailler : coachs, formateurs, etc.

### Pour aller plus loin...

- ✓ Modèle Tuckman relatif à la formation des équipes (Forming, Storming, Norming, Performing, *cf.* https://www.manager-go.com/management/dossiers-methodes/les-etapes-de-developpement-d-une-equipe)
- ✓ *Optimisez votre équipe*, Patrick Lencioni, Un monde différent, 2005.

# Outil 18 Les perspectives d'Exit

> Nul ne peut apprendre aux autres à se libérer s'il n'a pas commencé à se libérer lui-même.
>
> Mariano Picon Salas

## En quelques mots

L'Exit est un terme utilisé pour désigner l'opération de sortie d'un ou plusieurs actionnaires du capital d'une société. C'est le moment où l'investisseur espère constater son bénéfice avec une rémunération souhaitée importante et proportionnelle au risque pris. Le timing de la sortie est souvent dicté par les contraintes de fonctionnement des investisseurs.

Même s'il est utopique de prétendre connaître les modalités exactes de sortie dès l'arrivée des investisseurs, il est important de leur présenter différents scénarios et de vérifier que ce sont des conditions avec lesquelles tout le monde est confortable.

### LES MODALITÉS D'EXIT

**Conditions d'Exit**

- Timing de sortie
- Taux de rémunération

**Formes d'Exit**

(*cf.* Outil 59)

- Cession de l'entreprise
- Arrivée d'un nouvel investisseur
- Introduction en Bourse
- Rachat par un actionnaire actuel (le plus souvent un fondateur) ou par les salariés clés
- Réduction de capital (parfois liée à la cession d'une branche d'activité)

## POURQUOI L'UTILISER ?

### Contexte

La levée de fonds propres constitue une ressource financière à long terme pour la société sans que cette ressource soit toutefois illimitée dans le temps. Il faut prévoir un retour sur investissement pour les investisseurs, en général sous forme de plus-value à la revente, plutôt que des dividendes réguliers (les dividendes sont rares dans des sociétés en forte croissance). La création de valeur pour l'investisseur peut se faire tout au long du développement de la société (la valorisation des actions étant alors amenée à augmenter), mais elle ne se constate réellement en liquidités que lors de l'Exit.

### Objectif

Cet outil vise à partager les pratiques sur les modalités de sortie attendues par les investisseurs. Ces pratiques sont utiles pour anticiper les projections financières, ainsi que pour les négociations des clauses afférentes du pacte d'associés.

## COMMENT L'UTILISER ?

### Étapes

1. **Anticiper le timing de sortie :** le mode de fonctionnement des fonds d'investissement les amène à viser un Exit dans les 5 à 8 ans après leur arrivée au capital. Même s'ils présentent davantage de liberté de fonctionnement, les Business Angels ou Family Office se projettent également sur le même horizon afin d'avoir une rotation régulière de leurs participations. Il existe toutefois certains investisseurs (Evergreen) qui ont vocation à rester actionnaires sans limite de temps et qui recherchent une rémunération différente (dividendes, partenariats...).
2. **Connaître la rémunération attendue par l'investisseur** : celle-ci dépend du risque pris. Elle est donc basée principalement sur la maturité de l'entreprise lors de la levée de fonds, mais aussi sur les modalités de partage de la plus-value (*cf.* Outil 49 sur le Waterfall).

- Pour des investisseurs en amorçage, le TRI (Taux de Rentabilité Interne) attendu dépasse parfois les 50 % par an.
- Pour des investisseurs en capital-risque, la moyenne attendue est de 35 % par an.
- Sur du capital-développement l'objectif peut descendre en dessous de 15 % par an.

### Méthodologie et conseils

L'investisseur calcule son TRI en tenant compte de l'ensemble de ses flux financiers, tant négatifs (montant d'achats des actions, apports complémentaires...) que positifs (montant de ventes des actions, dividendes...). L'Exit peut se faire en une seule fois (vente de la totalité de ses actions) ou progressivement (sortie à chaque levée de fonds successive par rachat par le fondateur par exemple).

Un TRI de 35 % par an sur une période de 5 ans revient à attendre un multiple de 4,5 entre les montants investis et les montants récupérés : c'est pourquoi la rapidité de développement de la société est primordiale.

### Pour aller plus loin...

✓ **Le marché de l'Exit reste compliqué en France (marché avec peu de transactions d'envergure, concernant surtout les entreprises qui ont dépassé le seuil de 10 millions d'euros de CA), cette contrainte de liquidité explique également les hauts niveaux de TRI attendus par les investisseurs.**

3 DOSSIER

# CIBLER LES ACTEURS DE LA LEVÉE DE FONDS

“

Vous êtes les arcs par qui vos enfants, comme des flèches vivantes, sont projetés.

Khalil Gibran, *Le Prophète*

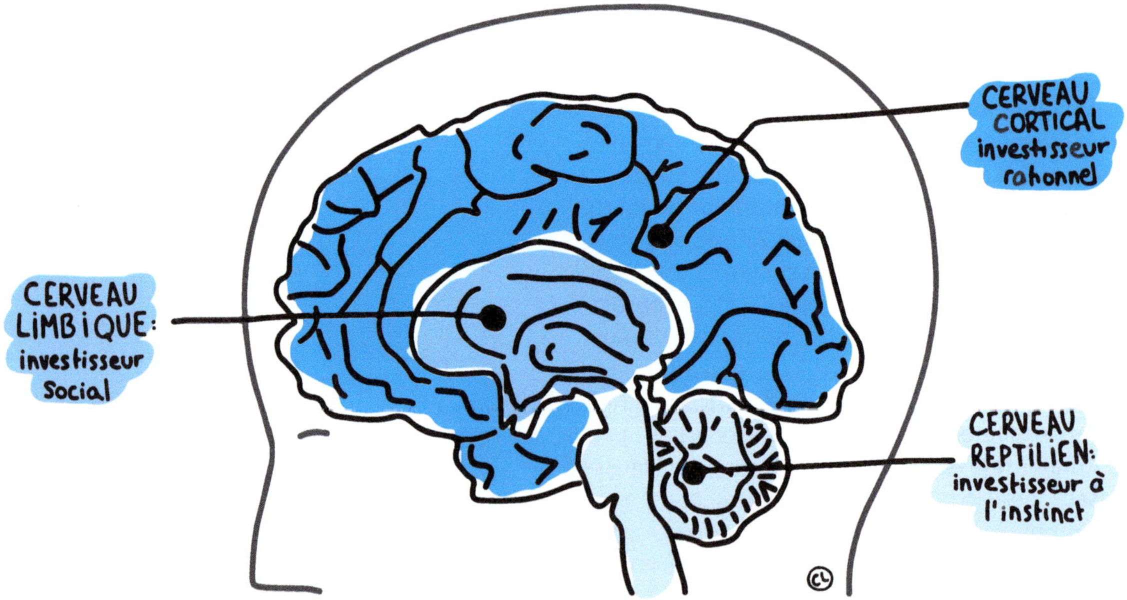

Le startuper en levée de fonds ressemble à un archer dont la flèche serait le projet entrepreneurial. Ainsi, après un premier dossier relatif à la découverte de l'épreuve et un second consacré à tailler le projet, voici le troisième dossier, que nous dédions à la pertinence de la cible. Cette question est essentielle, car bien sûr il ne servirait à rien de solliciter un investisseur potentiel dont le « *mindset* » ou le cahier des charges seraient trop éloignés de ce que la start-up peut lui offrir.

Les outils suivants décrivent donc chacun des acteurs du financement en capital-innovation : d'où vient leur argent, ce qu'ils attendent de leurs participations, leurs grilles d'analyse des dossiers, etc. On peut les classer en trois grandes catégories qui se regrouperaient, métaphoriquement, en « trois cerveaux de l'investisseur » :

- À la base, l'investisseur « reptilien » : il investit sur un coup de cœur, à l'instinct ou parce que les fondateurs font partie du cercle familial ou amical. Il s'agit essentiellement du Love Money, comme son nom l'indique.
- Au milieu, l'investisseur « limbique », plus social : il investit en meute, faisant confiance à l'appréciation de ses pairs. Trouvez les leaders, le reste viendra ! Ce sont par exemple les Business Angels, notamment lorsqu'ils sont en club, ou les crowdfunders.
- Au sommet et le plus développé, l'investisseur « cortical » : c'est le plus exigeant, le plus analytique, il est avide de données, de preuves. On retrouve notamment dans cette catégorie tous les fonds d'investissement, acteurs professionnels dont les gestionnaires doivent rendre des comptes.

Il appartiendra donc au dirigeant d'évaluer la cible la plus à même d'accueillir son projet, en fonction notamment du degré de maturité de celui-ci. Il s'attachera à travers son argumentation à nourrir avec subtilité chacun des trois cerveaux, selon le persona visé.

## Les outils

# Outil 19 Bien s'entourer pour sa levée

> « Seul, je suis bon. Avec mon équipe je suis imbattable.
>
> Colonel Hannibal Smith, *L'Agence Tous Risques*

## En quelques mots

Lever des fonds passe souvent pour le Graal de la start-up, et il est tentant pour l'entrepreneur de se saisir à lui tout seul de cette opération stratégique, relationnelle, intimement liée à l'identité de l'entreprise… engageante économiquement. Rien ne serait plus dangereux, car ce serait se soumettre à de multiples biais cognitifs et angles morts, quelques impasses juridiques et/ou financières, une surcharge de travail entraînant potentiellement une baisse de CA et des turbulences d'équipe. Il est donc impératif de constituer une équipe-projet qui assurera, accélérera et/ou optimisera l'opération.

BIEN S'ENTOURER POUR SA LEVÉE

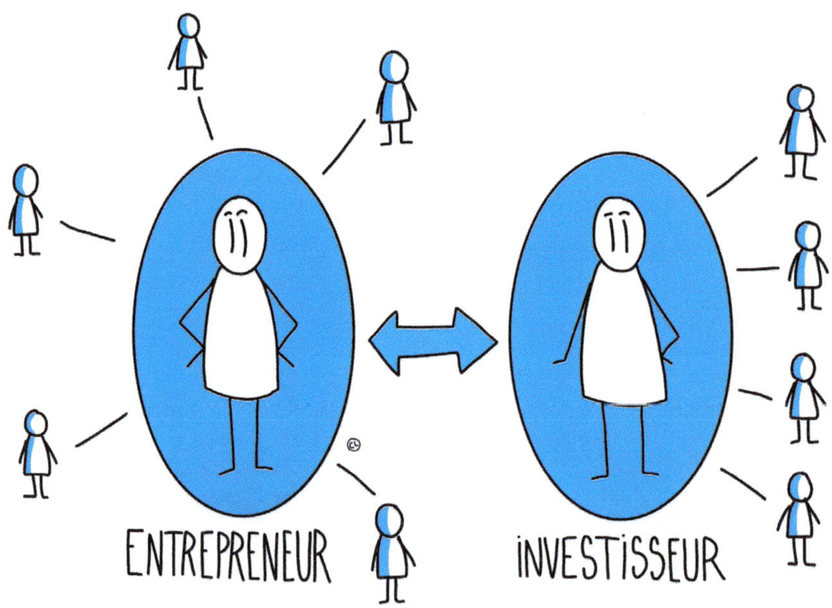

## POURQUOI L'UTILISER ?

### Contexte

Le processus de levée confronte un entrepreneur rarement expérimenté à cet égard à des investisseurs madrés qui disposent de plusieurs centaines d'opérations en référence. Considérer également que, « l'œil ne se voit pas lui-même », et le dirigeant se retrouvera inévitablement, s'il opère seul, en situation de multiples pressions et de confusion des enjeux.

### Objectif

La réussite d'une levée se mesure à l'aune des montants collectés et de la qualité des investisseurs, de la valorisation et des clauses obtenues, mais aussi de sa fluidité et de sa durée.
Bien lever, c'est d'abord s'entourer d'une bonne équipe-projet.

## COMMENT L'UTILISER ?

### Étapes

1. **Quels acteurs ?**

- **Incubateurs, accélérateurs, clusters :** il s'agit de structures d'accompagnement principalement centrées autour du business. Au-delà, ils font bénéficier les start-ups de leur notoriété, attirant ainsi l'attention des fonds d'investissement lors de séances de pitchs groupés. Mais ils sont rarement dotés des compétences nécessaires à la suite du processus.
- **Pairs, boards et actionnaires existants :** ils sont les meilleurs alliés lorsqu'ils ouvrent leurs réseaux et aident l'entrepreneur à structurer discours et décisions. Ou les pires ennemis, quand ils font passer leurs intérêts avant ceux de l'entreprise ou lorsqu'ils se comportent en psychopompe (oui, ça arrive...).
- **Leveur de fonds :** c'est le chef de projet, le maître d'œuvre. Non seulement il fait gagner un temps précieux à l'entrepreneur, mais il assure également, *via* son expertise, un storytelling complet pour séduire des investisseurs qu'il aura auparavant ciblés et qualifiés. Il est aussi le message passé aux investisseurs que la levée sera encadrée et le rapport de force équilibré. Attention en revanche aux faux professionnels qui se contentent de mises en relation et ne participent que de loin au processus.
- **Avocats :** une évidence ! Pas de levée sans avocat, et si possible un spécialiste de ce domaine de fait très technique. Attention à bien choisir un professionnel qui saura identifier et évaluer les risques sans pour autant se comporter en « deal-breaker ».
- **Experts-comptables :** ce sont surtout des spécialistes de la mise en lumière du passé, là où la levée de fonds implique une projection vers l'avenir. Leurs modélisations sont rarement au niveau de ce qu'attendent les investisseurs. Ils sont en revanche des alliés essentiels en termes de présentation des comptes et de réponse aux audits.

2. **Comment les sélectionner ?** Pour cette aventure au long cours, l'idéal est de rencontrer et de confronter plusieurs candidats au regard de quelques qualités indispensables à la réussite commune : expérience et « track record », valeurs communes et plaisir à travailler ensemble et en équipe.

### Méthodologie et conseils

Il ne faut pas oublier d'inclure la famille. Non seulement victime collatérale du processus, mais aussi ressource ô combien essentielle aux heures sombres, et il y en a toujours. Entrepreneur, ne sacrifiez pas votre famille !

**Pour aller plus loin...**

✓ Le fondateur reste et doit rester le leader et maître d'ouvrage.

# Outil 20 Les différents tours de financement et leurs acteurs

> « Quel est votre secret pour avoir du succès ? Offrir du bon miel à la bonne mouche au bon moment et au bon endroit. »
>
> Salvador Dalí

## En quelques mots

Comme l'illustre la citation de Dalí, la start-up doit savoir à quel stade de développement elle se trouve, à quel tour de financement elle en est, pour pouvoir s'adresser aux acteurs correspondants. On distingue 5 étapes de financement qui sont chacune associée à un stade d'avancement précis de la start-up : le Love Money, l'amorçage, la Série A, les Séries B, C, D (aussi appelées « Growth ») et le capital-développement. À chaque tour de financement, on retrouve un type d'investisseur particulier : il est donc important de bien se positionner pour s'adresser au bon interlocuteur.

### TYPES D'INVESTISSEURS *VS* ÉTAPES DE MATURITÉ

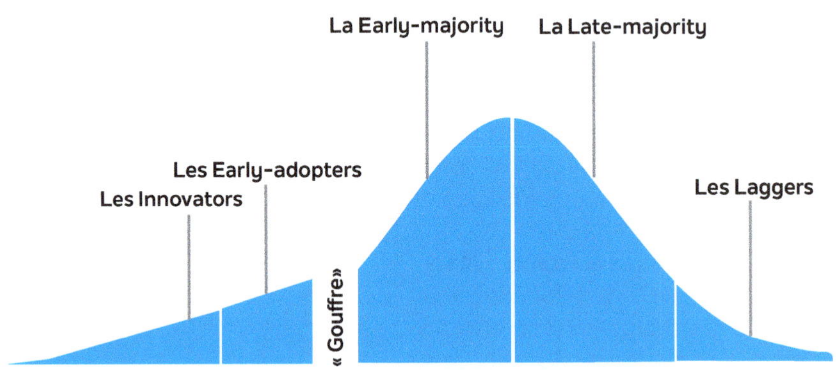


| Adéquation BESOIN/SOLUTION | Adéquation PRODUIT/MARCHÉ | Développement COMMERCIAL | SCALE UP | RENTABILISATION |
|---|---|---|---|---|
| FFF & F (... et fonds publics) Love Money | Fonds d'amorçage, BA crowdfunding SEED | Fonds de capital-risque SÉRIE A | Fonds de capital-risque SÉRIE B, C ... | Fonds de capital-développement et de LBO |
| Faire advenir le projet | | Nourrir la croissance | | Accroître la rentabilité |

## POURQUOI L'UTILISER ?

### Contexte

La start-up devra adapter sa levée de fonds au type d'acteur auquel elle s'adresse. Elle ne présentera pas les mêmes arguments, la même documentation, et les mécanismes de financement seront différents.

### Objectif

L'objectif est simple : identifier à quel acteur s'adresser, selon le stade d'avancement de la start-up.

## COMMENT L'UTILISER ?

### Les étapes

Identifier, selon le stade d'avancement de l'entreprise et ses éventuelles précédentes levées de fonds, à quel « stade » de financement la start-up en est et par conséquent, à quel type d'acteur elle doit s'adresser.

1. **Le Love Money :** c'est le premier tour de financement, lorsque la start-up est encore à la recherche de l'adéquation besoin/solution. À ce stade, les financeurs du Love Money font partie du réseau personnel de l'entrepreneur (famille, amis, réseau professionnel) et investissent sur l'entrepreneur lui-même et sur son idée.
2. **L'amorçage :** l'entrepreneur a démontré que sa solution répond bien à un besoin DUREX et doit maintenant trouver son marché. On distingue trois grandes catégories d'acteurs pour cette étape : Business Angels, fonds d'amorçage et crowdfunding.
3. **La Série A :** la start-up a validé son marché et son Business Model, elle a commencé à réaliser du chiffre d'affaires et souhaite accélérer son développement commercial. Elle s'adressera principalement à des fonds d'investissement appelés VC (Venture Capital). Les montants levés sont généralement compris entre 800 000 euros et 6 millions d'euros.
4. **La Série B, C, D ou « Growth » :** la start-up commence à atteindre sa « majorité tardive » et souhaite passer à l'échelle et se développer sur de nombreux marchés. Là aussi, elle pourra s'adresser à des VC pour des montants cette fois compris entre 5 et 30 millions d'euros.
5. **Le capital-développement :** la start-up se consolide et cherche la rentabilisation. Ayant déjà fait ses preuves, elle représente un risque moins élevé et s'adressera à des fonds spécifiques comme les banques d'investissement ou fonds de capital-développement.

**Le cas du bridge :** on nomme *bridge* le tour financier – fonds propres, quasi-fonds propres ou dette – qui permet de surmonter une mauvaise passe. Il couvre en général les besoins de trésorerie de la start-up pour 6 à 18 mois. Les perspectives d'amélioration doivent être tangibles et argumentées car un bridge sollicité sur le seul espoir des fondateurs que « ça va aller mieux d'ici 6 mois » a peu de chance d'aboutir.

### Méthodologie et conseils

Pour être sûr de s'adresser au bon acteur, il est conseillé de se fier au stade d'avancement du projet plus qu'aux tours précédents. Il faut aussi être vigilant à ce que les montants recherchés soient en cohérence avec le tour de financement et le secteur. Si les Deeptech ou Biotech peuvent lever des millions sans chiffre d'affaires, il est peu probable qu'une start-up plus classique lève 15 millions d'euros en amorçage.

Suite outil 20 →

**Pour aller plus loin...**

- ✓ ***Finance entrepreneuriale : Le créateur d'entreprise et les investissements en capital*, Jean Rédis, De Boeck, 2009.**

# Suite outil 20 Les différents tours de financement et leurs acteurs

## COMMENT ÊTRE PLUS EFFICACE ?

### Les enjeux du Love Money

Le Love Money intervient à un moment où ni la technologie, ni les ventes ne sont suffisamment attractives pour les investisseurs dits traditionnels. D'où l'intérêt de faire appel à ses proches. On conseillera aux fondateurs d'éclairer leurs proches tant sur les opportunités de succès que sur les risques encourus.

### Zoom sur l'amorçage

Il s'agit souvent de la séquence la plus difficile à financer. D'une part, elle requiert beaucoup plus de moyens que l'idéation, d'autre part, la société ne dispose encore que de preuves et d'arguments partiels et peine donc à rassurer les investisseurs. Trois types d'acteurs peuvent être mobilisés sur ces types de financement :

- **Les Business Angels :** souvent anciens entrepreneurs à succès qui souhaitent faire un investissement personnel et partager leur expérience et leurs conseils.
- **Les fonds d'amorçage :** peu nombreux, ils sont très exigeants et demandent souvent à la start-up d'avoir un minimum de chiffre d'affaires.
- **Les plateformes de financement participatif (ou crowdfunding) :** le projet est présenté sur la plateforme et va réunir plusieurs « petits investisseurs », majoritairement des particuliers et souvent regroupés en une holding qui est l'actionnaire de la start-up.

### Les enjeux de la Série A

Il arrive que des sociétés réalisent une Série A (qualifiée comme telle au regard de son objectif et de sa taille) sans faire de levée d'amorçage. Ce qui définit une Série A tient donc plus du stade d'avancement du projet et du montant recherché que du tour de financement. Pour intéresser les fonds d'investissement, l'entrepreneur doit montrer des métriques (notamment une traction) attrayantes et rassurantes.

### Les enjeux du Growth Capital et du capital-développement

Les acteurs du Growth Capital peuvent être les fonds de capital-risque qui souhaiteraient poursuivre leur participation dans la phase de croissance de la start-up ou bien des fonds « Growth » spécialisés dans les séries B, C, etc. À ce stade, on peut considérer que le risque marché et produit est à peu près maîtrisé. Reste le risque management, extrêmement sensible à cette étape.
Le capital-développement, quant à lui, s'intéresse aux PME, devenues rentables et stables, et dont le besoin de financement concerne par exemple une nouvelle ligne de production, une nouvelle acquisition ou encore une internationalisation.

### Zoom sur le bridge

La start-up qui sollicite un bridge n'est, en général, pas dans la meilleure position pour négocier : le retard où les difficultés rencontrées ne lui ont pas permis d'atteindre les jalons nécessaires pour solliciter de nouveaux investisseurs ! Les investisseurs en place se retrouvent dans une disposition inconfortable : soit ils « rallongent » une enveloppe financière pour permettre à la start-up de survivre, augmentant ainsi leur exposition, soit ils risquent de perdre leur investissement en totalité. Cependant, c'est une étape parfois indispensable pour permettre à la start-up de « survivre » entre deux tours.

# Exercice

## Énoncé

> **Pour chacun des exemples suivants, déterminer :**

- à quel stade de financement se trouve la start-up ;
- à quels types d'acteurs il serait pertinent de s'adresser.

> **Start-up A :** elle a déjà fait ses preuves sur le marché français et commercialise une plateforme collaborative pour la gestion de projet en entreprise. Elle compte aujourd'hui plus de 1 million d'utilisateurs pour un chiffre d'affaires annuel de 32 millions d'euros. Elle prévoit maintenant d'attaquer le marché américain et d'adapter son produit à des marchés spécifiques comme le travail collaboratif entre professionnels et clients.

> **Start-up B :** la start-up a été créée il y a 6 mois par deux fondateurs, amis de longue date. Ils souhaitent commercialiser un drone innovant qui permet de résoudre le problème des invasions de moustiques en période estivale. Ils ont déjà réalisé une étude de marché et identifié les éléments techniques nécessaires pour développer leur produit. Ils recherchent un premier financement afin de construire leur MVP.

> **Start-up C :** la start-up a été créée il y a 5 ans et a déjà réalisé une levée en amorçage de 500 000 € et une levée en Série A de 2 millions d'euros. Elle commercialise du matériel dans le secteur de l'hôtellerie. La crise du Covid, événement externe imprévu, bloque son activité durant plusieurs mois. L'entreprise a besoin d'un financement afin de « survivre » en attendant que l'activité reprenne (et sa traction avec). Elle pourra ensuite, avec la reprise de sa traction, réaliser un nouveau tour de financement pour se développer au niveau européen.

## Réponses

> **Start-up A :** capital-développement. La start-up peut s'adresser à ses investisseurs historiques, à des fonds d'investissement Growth ou à des fonds capital-développement selon le montant recherché.

> **Start-up B :** Love Money. Ni la technologie, ni les ventes ne sont suffisamment attractives pour les investisseurs dits traditionnels. Il s'agit d'un premier financement qui se basera uniquement sur l'idée et les entrepreneurs. Ils pourront s'adresser à leurs proches : amis, famille ou réseau professionnel proche et éventuellement rechercher des subventions.

> **Start-up C :** bridge. La start-up est dans le cas d'une nécessité de financement pour couvrir ses besoins de trésorerie pour les quelques prochains mois. Les perspectives d'amélioration semblent tangibles et argumentées. Elle pourra s'adresser à ses investisseurs historiques.

Outil

# 21 Le Love Money

> “
> *C'est impossible,*
> *dit la Fierté.*
> *C'est risqué,*
> *dit l'Expérience.*
> *C'est sans issue,*
> *dit la Raison.*
> *Essayons,*
> *murmure le Cœur.*
>
> William Arthur Ward

## En quelques mots

Le Love Money désigne un investissement fait dans une start-up par les « proches » des dirigeants : la famille, des amis, des camarades de promotion et des anciens collègues (Smart Money), etc. Faute de disposer d'éléments probants sur le projet, la motivation première à investir est sous-tendue par l'« amour », la « considération », l'« estime » qu'ils portent à l'un des dirigeants de la start-up. Bref les investisseurs Love Money misent davantage sur les personnes que sur le projet. Né dans les années 1960 aux États-Unis, le concept est aussi qualifié de « 3 F » (*Family, Friends and Fools*).

### LE LOVE MONEY DANS LA VIE DE LA START-UP

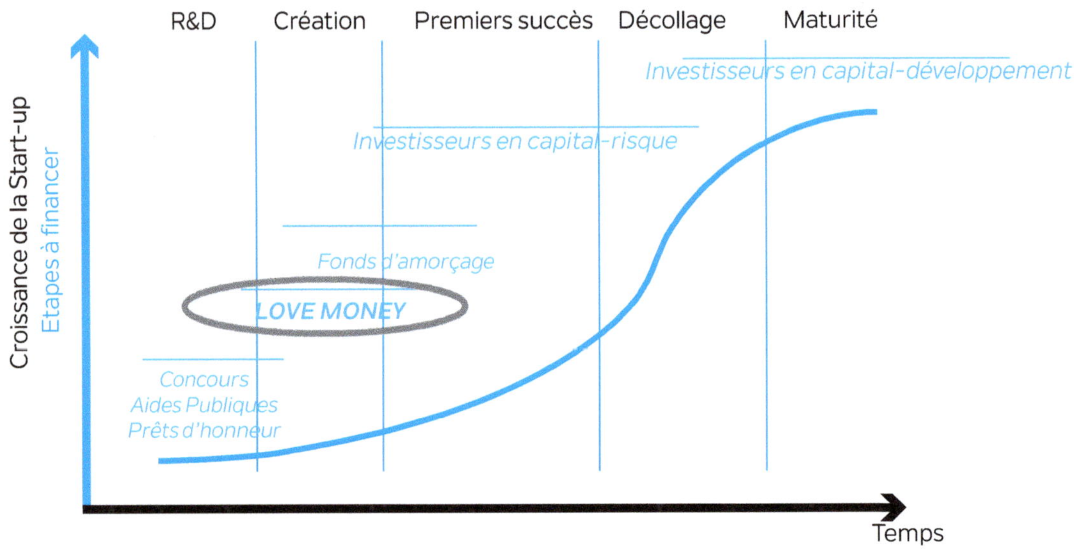

## POURQUOI L'UTILISER ?

### Contexte

Dans les premières étapes de croissance de la start-up, quand le cash vient à manquer et que les banquiers voient encore trop de risques pour prêter de l'argent et les investisseurs traditionnels trop peu d'éléments de traction (pas assez de ventes ou une technologie encore un peu immature), l'entrepreneur peut réaliser une levée de fonds auprès de son réseau personnel et professionnel. Il s'agit de la plus précoce des levées d'une start-up.

### Objectif

Même si les donations ou prêts aux fondateurs nourrissent le développement précoce de l'entreprise, le Love Money constitue une augmentation des fonds propres. La première qui, avec les effets levier (prêts), permet de passer les premières étapes : réalisation de prototypes, de preuves de concept, voire la conquête des premiers clients.

## COMMENT L'UTILISER ?

### Étapes

L'entrée au capital de ces nouveaux actionnaires pose des prérequis et introduit certaines complications. En amont de la sollicitation :

1. Travailler la valorisation de l'entreprise et le prix des actions à cause des risques de dilution immédiate des fondateurs et d'impossibilité, qui en découle, de pouvoir faire un nouveau tour de table ultérieur avec ces mêmes personnes.
2. Réfléchir au format de cette entrée au capital des amis/famille/collègues : en leur nom propre ou au sein d'un véhicule type holding, 100 % en Equity ou plus en moins en compte courant d'associés ?

Dans le premier cas, le capital de la start-up est alors atomisé (1 actionnaire = 1 personne physique). Cette situation ne plaît pas beaucoup aux investisseurs professionnels qui seront sollicités plus tard dans le développement de la start-up.

L'option holding des « 3F » apporte un cadre plus favorable tant au fonctionnement immédiat (1 seule personne physique pour représenter la personne morale), que sur le fonctionnement futur pour de nouvelles entrées ou de futures sorties de capital.

### Conseils

Dans tous les cas, dès ce stade, il est suggéré d'établir un pacte d'actionnaires pour définir les règles du jeu des futures relations. L'investissement précoce rime avec « risque féroce ». Nous recommandons de traiter la levée de fonds en Love Money avec le même professionnalisme que pour rechercher des investisseurs professionnels. Cela signifie utiliser le même formalisme de l'argumentation, la documentation, les projections, les ambitions.

Cependant, parce que l'interlocuteur n'est pas un professionnel de l'investissement, une attention particulière doit être portée au consentement éclairé dans la prise de risque et donc à l'intelligibilité du discours et aux éléments de crédibilité de la réussite.

L'enjeu de ce professionnalisme requis est le maintien de la qualité relationnelle au-delà de la relation contractuelle.

**Pour aller plus loin...**

- ✓ **Attention à soigner sa documentation autant que pour un investisseur professionnel.**

# Outil 22 Le crowdfunding

> Jouir de la foule est un art.
>
> Charles Baudelaire, *Le Spleen de Paris*

## En quelques mots

Le crowdfunding est un moyen de financement participatif « désintermédié », qui permet de lever des fonds auprès d'un public large (*crowd*, la foule) *via* des plateformes servant de support. Ce mode de financement peut intervenir à différentes phases : genèse, financement du début de l'activité, lancement de nouveaux produits, en s'appuyant sur une communauté qui aime l'idée et va la soutenir. L'adhésion de la foule est clé pour le succès de la campagne, mais c'est aussi un indicateur avancé de preuve de marché. Le crowdfunding peut être utilisé en complément d'autres modes de financement.

**LE CROWDFUNDING**

## POURQUOI L'UTILISER ?

### Contexte

Pour les start-ups, c'est un excellent moyen de tester l'adéquation d'un produit au marché, puisque l'accueil du public et les différentes remarques permettront des ajustements pour trouver son Product Market Fit et permettront de crédibiliser le projet aux yeux des investisseurs. Un projet sera d'autant plus facile à financer par ce biais qu'il sera évocateur ou porteur de sens pour le grand public. Nouvelle forme d'épargne/placement, il met en évidence la crédibilité au projet en vue du tour de financement suivant.

### Objectif

Pour l'entrepreneur, l'objectif est d'obtenir du financement du grand public car les autres acteurs ne sont pas disposés à financer des projets au stade de l'idée : ni les banques, ni les Business Angels, encore moins les VC. L'objectif est donc de convaincre le plus largement possible afin de lever des fonds pour un premier prototype, pour financer un démarrage d'activité, etc. Les tours de financement en crowdfunding peuvent commencer à 10 000 à 20 000 euros et monter jusqu'à 500 000 à 600 000 euros. Les tickets peuvent être assez faibles mais un plancher peut être défini sur les plateformes.

## COMMENT L'UTILISER ?

### Étapes

**Il existe actuellement 4 formes de financement participatif :**

- **Préventes** (Reward Crowdfunding) : financer un projet dans lequel on croit en échange d'une contrepartie future.
- **Prêt** (Crowdlending) : prêter de l'argent pour une durée maximale de 7 ans à des taux attractifs.
- **Investissement** (Crowdequity) : souscrire des parts de capital, comme une levée de fonds.
- **Royalties :** apporter des fonds puis espérer récolter un pourcentage sur la croissance du CA.

**La marche à suivre est la suivante :**

1. **Avant tout, il s'agit de bien définir les objectifs**, en termes de proposition, de méthode, et de montant. Si on vise trop haut, la campagne se soldera par un échec, si on vise trop bas, cela marquera un manque d'opportunité et un manque d'ambition.
2. **Choisir la plateforme :** il en existe une multitude avec diverses spécialisations. On ne finance pas une machine à pain révolutionnaire sur une plateforme spécialisée dans l'immobilier.
3. **Se préparer :** c'est une véritable campagne de promotion, il est indispensable d'être à l'aise avec les outils de communication et les réseaux sociaux, de prévoir un bon storytelling pour convaincre et rassurer, de travailler un plan de communication, d'affecter des moyens financiers, de mobiliser les réseaux personnels pour amorcer la pompe et le buzz.
4. **La campagne :** après avoir mobilisé les parties prenantes les plus proches (amis/famille/partenaires...) pour qu'elles investissent dès le début et partagent l'information (viralité), on veillera à maintenir la communication en apportant des ajouts réguliers, impactants et convaincants jusqu'au terme de la campagne.

### Méthodologie et conseils

Voici quelques conseils et questions à se poser :

- Le projet est-il assez mature pour une campagne de financement participatif ?
- Ai-je assez de réseau pour assurer un démarrage puissant ?
- Puis-je me faire accompagner pour préparer et organiser ma campagne ?
- Comment utiliser au mieux les retours utilisateurs que cette campagne m'apportera ?
- Il est primordial d'allouer du temps pour animer la communauté et pour répondre aux questions posées.

**Pour aller plus loin...**

✓ **La liste des plateformes référencées par BPIfrance : https://tousnosprojets.bpifrance.fr/crowdfunding-projets-plateforme**

# Outil 23 Les Business Angels

> “
>
> *Le bonheur est un ange au visage grave.*
>
> Amedeo Modigliani

## En quelques mots

Que font les anges ? Ils accompagnent les Valeureux (entrepreneurs). Le BA, que les Canadiens appellent « investisseur providentiel », est une personne qui investit très tôt (en amorçage) dans les start-ups, parce qu'elle est convaincue de leur succès futur. Elle investit de l'argent, du temps, et ouvre ses réseaux pour favoriser le développement de la société.  Que veut-elle en retour ? Non seulement un enrichissement financier en cas de succès, mais aussi de la reconnaissance personnelle et de la satisfaction . Tout en étant bien au fait des avantages fiscaux découlant de cet investissement.

### LES APPORTS DU BUSINESS ANGEL

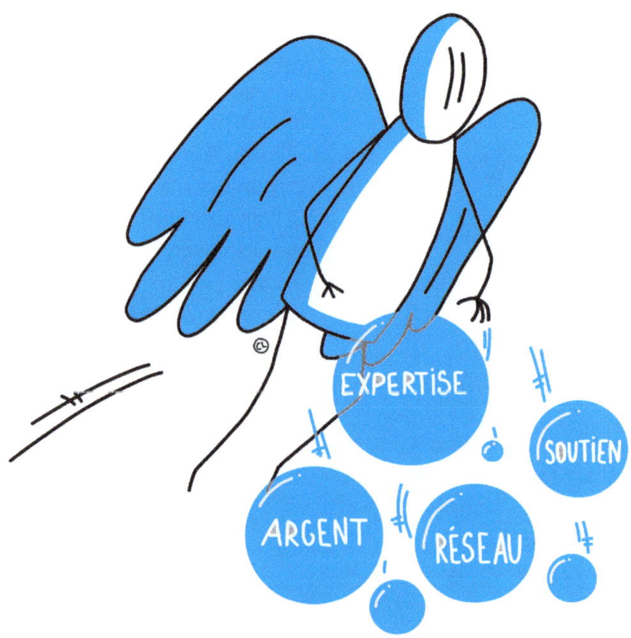

## POURQUOI L'UTILISER ?

### Contexte

Une fois son idée aboutie et les premiers éléments de preuves de marché acquis (Early Adopters), le valeureux entrepreneur va, la plupart du temps, avoir besoin de moyens pour développer son produit et faire sa mise sur le marché. Or, à ce stade, les investisseurs professionnels (VC) ne disposent pas d'éléments suffisants pour s'engager. Ils attendront que la start-up atteigne des étapes technologiques et commerciales plus avancées. Seuls des investisseurs qui auront une conviction sur le projet accepteront de s'engager : les BA.

### Objectif

Pour ne pas tomber dans un « creux de financement », la start-up peut s'adresser à des BA. Ils interviennent typiquement sur des tours de financement de 100 000 à 800 000 euros, et si certains « gros BA » peuvent mettre à titre individuel 50 000 à 100 000 euros, les tickets moyens sont de l'ordre de 5 000 à 20 000 euros. Les BA peuvent dans certains cas compléter un tour de crowdfunding.

## COMMENT L'UTILISER ?

### Étapes

Avant d'approcher les BA, l'entrepreneur devra définir clairement les besoins et le timing pour éviter de les contacter trop tard, de trop en vouloir, de cibler la mauvaise typologie d'investisseur.... Autant de raisons de refus ou d'échec.

1. **Identifier les BA qui seront les plus intéressants.**
Les BA sont utiles à de multiples égards pour l'entrepreneur, car ils apportent :

- de l'argent : investi en capital (Equity) pour le développement ;
- leur présence et leur expérience : ils apportent de la crédibilité au projet ;
- leurs expertises : ils apportent des savoirs qui pourraient manquer ou le recul nécessaire dans les prises de décisions stratégiques ;
- leurs réseaux : ils peuvent ouvrir certaines portes : business, recherche de financement....

2. **Parfois difficiles à identifier, cela nécessite de s'appuyer sur tous les réseaux possibles.**
D'où l'existence de clubs de BA dans lesquels ils se retrouvent, et peuvent interagir pour décider ensemble :

- grandes écoles ou Business Angels des Grandes Écoles ;
- régionaux ;
- thématiques (santé, logiciels...).

Tous n'investissent pas de la même manière : certains s'impliquent directement dans les start-up avec une présence au Board, voire opérationnellement, d'autres restent plus silencieux.
Le BA est actionnaire mais il ne fait pas partie intégrante de l'entreprise.
Contributeur clé, il reste « au service » du projet et ne prend en aucun cas les rênes.
Les BA sont souvent investisseurs pendant un temps donné (réemploi de leurs produits de cessions), donc pas nécessairement capables de réinvestir sur un tour suivant.

### Méthodologie et conseils

Il est primordial de comprendre les motivations et attentes des BA, voire leur pouvoir de nuisance éventuelle (gouvernance), tout comme leurs expertises et leur réseau. L'entrepreneur devra aussi cibler la bonne typologie de BA : s'adresser à Health Angels (Santé) alors qu'il fait de la vente en ligne échouerait. Il devra se demander s'il a les éléments et documents nécessaires pour convaincre (Crédible, Intelligible, Ambitieux) et si des intermédiaires peuvent l'aider dans sa levée de fonds avec des BA.

**Pour aller plus loin...**

- ✓ France Angels, l'association qui regroupe les Business Angels.
- ✓ Les SIBA, Sociétés d'investissements de Business Angels.

# Outil 24 Le Club Deal

> “
> *Tu sais, quand les types de 130 kilos disent certaines choses, ceux de 60 kilos les écoutent !*
>
> Michel Audiard, *Cent mille dollars au soleil*

## En quelques mots

Il s'agit de la réunion d'un groupe d'investisseurs qui forment un véhicule d'investissement collectif et syndiqué leur permettant d'acquérir des actifs pour la prise de participation dans une start-up (apports de cash). On parle de Club Deal par capitalisation.

Souvent, un fonds d'investissement réunit des investisseurs pour un projet dédié. Cette structuration n'a pas de limite de taille. Les montants récoltés peuvent représenter de quelques milliers à quelques millions d'euros.

### CARACTÉRISTIQUES DU CLUB DEAL

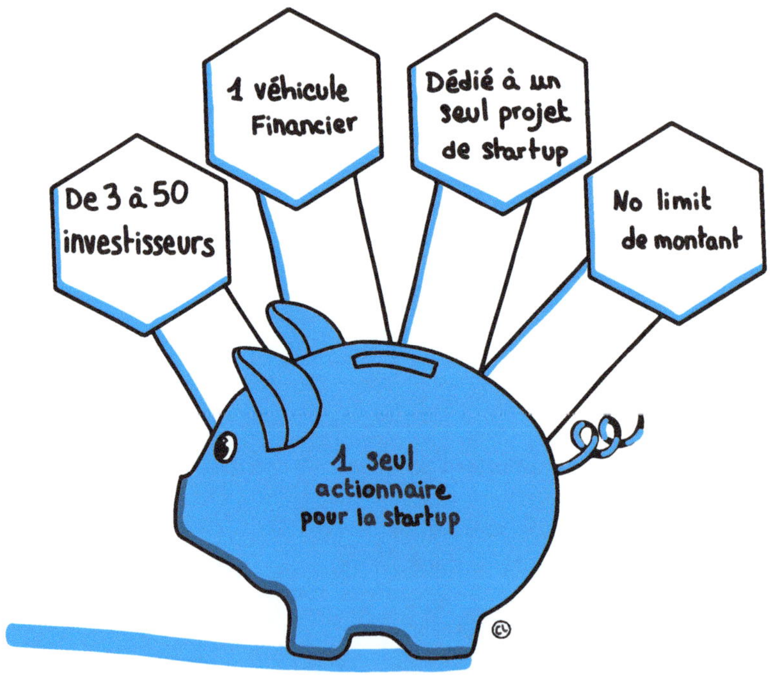

## POURQUOI L'UTILISER ?

### Contexte

Pour l'entrepreneur, l'organisation de son capital avec des regroupements d'actionnaires est tout aussi stratégique que son plan d'action opérationnel. Le Club Deal répond à un risque potentiel de problématique de gouvernance lié à une atomisation de son capital en de nombreux BA.

### Objectif

Maîtriser les rouages de cette nature d'investisseurs pour en disposer de manière la plus efficiente.

## COMMENT L'UTILISER ?

### Étapes

Le Club Deal s'organise à l'occasion d'un tour de table d'une start-up qui est en levée de fonds.

- **Cas de figure, le plus fréquent :** le Club Deal est structuré par un fonds d'investissement qui souhaite investir dans la start-up mais ne dispose pas de suffisamment de fonds pour cela. Le directeur de participation recherche alors d'autres fonds, des Business Angels ou des Family Offices qui investiraient à ses côtés spécifiquement dans cette start-up en se regroupant en un actionnaire unique.
- **Cas de figure, occasionnel et parfois incité par l'entrepreneur lui-même :** un investisseur individuel leader d'opinion aimerait investir mais reste dubitatif sur le risque et recherche cette formule comme facteur de rassurance (grégarisme des investisseurs). Parce qu'il est leader d'opinion, son pouvoir d'attractivité vers d'autres investisseurs (dans ce cas souvent des Business Angels) est tel que l'organisation collective de l'investissement a de bonne chance d'aboutir.

La formule en Club Deal correspond parfois aux souhaits de certains investisseurs qui souhaitent rester maîtres du choix d'investissement fait avec leur argent sans désirer devenir actionnaires à titre individuel et cherchent à faire gérer leur investissement une fois réalisé.

- **Fonctionnement :** chaque investisseur devient alors associé dans une structure juridique *ad hoc* ainsi formée, souvent une SAS. Le fonctionnement reste discrétionnaire car inscrit dans le pacte d'associés. Ce dernier reste une information privée à laquelle l'entrepreneur de la start-up n'a pas nécessairement accès. Les tickets d'entrée sont variables et discutés entre futurs associés du Club Deal. La durée de vie de la SAS est fixée à l'avance et n'excède généralement pas 10 ans. Le véhicule est souvent liquidé à l'occasion de la levée de fonds ultérieure, et les fonds sont rarement réinvestis tels quels.

### Méthodologie et conseils

Notons que certains membres du Club Deal, comme n'importe quel BA peuvent s'immiscer de manière intempestive dans la vie de la start-up et perturber le bon fonctionnement des instances de gouvernance de la start-up dans laquelle le club a investi.

Pour l'entrepreneur, il peut être opportun avant toute prise de participation d'un Club Deal :

- de s'informer des leaders du Club Deal, des membres qui vont le représenter au sein de la gouvernance de la start-up et de vérifier comment ils se comportent avec les start-ups dans lesquelles ils ont déjà investi *via* d'autres Club Deals ou en leur nom propre ;
- d'élire un représentant du Club Deal qui sera l'interlocuteur principal pour les dirigeants.

**Avant de vous lancer...**

✓ **S'informer sur tous les membres du Club Deal et s'assurer qu'aucun ne présente de conflits d'intérêts avec la start-up.**

# Outil 25 Le Family Office

> Tu verras que certaines familles de sorciers valent mieux que d'autres, Potter.
>
> Drago Malefoy dans *Harry Potter à l'école des sorciers*

## En quelques mots

Un Family Office est une structure qui gère le patrimoine d'une ou plusieurs familles/clients fortunés. La place de ces structures dans le financement des start-ups françaises s'accélère depuis une quinzaine d'années, notamment par l'arrivée des « entrepreneurs à succès » comme clients. C'est donc une piste de financement à considérer, même si elle est difficile à localiser. C'est une opportunité de bénéficier d'un réseau qualifié, notamment dans le cas de deals directs où les investisseurs privilégient les start-ups évoluant dans un secteur qu'ils connaissent bien en lien avec leur expérience passée.

### AVANTAGES ET CONTRAINTES DES FAMILY OFFICES

#### Avantages

- Bénéficier d'un réseau qualifié
- Accéder à des fonds plus importants que ceux des Business Angels classiques (notamment dans le cas d'un second tour de financement)
- Bénéficier d'un accompagnement

#### Contraintes

- Souvent difficile d'identifier et de contacter les interlocuteurs
- Évaluation des dossiers très sélective et spécifique à chaque Family Office

## POURQUOI L'UTILISER ?

### Contexte

Les personnes ou familles fortunées sont confrontées à deux « problèmes de riches » : d'une part, elles sont très sollicitées, tout le monde souhaitant les aider à dépenser leur argent, d'autre part elles se demandent comment placer correctement et faire fructifier celui-ci. Certaines personnes choisissent de déléguer complètement cette dernière tâche à des professionnels : c'est là le rôle du Family Office. On distinguera les Mono Family Offices (qui gèrent le patrimoine ou conseillent une seule famille) des Multi Family Offices. À la croisée entre Business Angels et fonds, les Family Offices investissant en Private Equity sont une source de financement intéressante pour les start-ups.

### Objectif

Les Family Offices ont souvent une capacité de refinancement (second tour) plus élevée que des BA classiques. De plus, investissant souvent dans des secteurs d'activité précis et ayant de plus en plus de clients « entrepreneurs à succès », ils apportent un soutien, un réseau qualifié et un accompagnement qui peuvent être particulièrement intéressants pour une start-up en amorçage/Série A.
La bonne compréhension des enjeux de ce (petit) milieu permettra au dirigeant de start-up de s'orienter, de prioriser ses cibles, de parler le bon langage et d'éviter les impairs qui à ce niveau pardonnent rarement.

## COMMENT L'UTILISER ?

### Les étapes

La principale difficulté est d'identifier les différents Family Offices pouvant être intéressés par le dossier (secteur d'activité, stade d'avancement, etc.). À défaut, l'entrepreneur peut identifier des intermédiaires pouvant le guider dans cette recherche (leveur de fonds, incubateurs, personne dans le réseau de l'entrepreneur ayant des liens avec des Family Offices...).

En effet, tous les Family Offices n'investissent pas dans le Private Equity ou pas de la même manière : certains s'y impliquent de manière indirecte en investissant dans des fonds capital-risque et d'autres investissent directement dans les start-ups avec ou non une implication au Board. Certains investissent sur des thématiques spécifiques, d'autres sur des stades d'avancement précis. D'une manière générale les Family Offices se positionnent peu sur la phase d'amorçage/capital-risque.
Il conviendra bien sûr d'adapter le discours au statut « hors norme » de cette population.

### Conseils et méthodologie

Le monde des Family Office reste très opaque. Ne mettez pas tous vos œufs dans le même panier. Si les Family Offices sont une source de financement de plus en plus présente dans le Private Equity, cela reste une cible complexe à atteindre. Un bon conseil serait de l'inclure si c'est pertinent dans la stratégie de financement sans négliger pour autant les autres acteurs.

**Pour aller plus loin...**

- **Liste de quelques Family Offices : https://funds360.euronext.com/acteur/societes/liste/family-office**
- **« Private Equity Investment Criteria: An Experimental Conjoint Analysis Of Venture Capital, Business Angel, And Family Offices », Block *et al.*, *Journal of Corporate Finance*, vol. 58, 2019.**

# Outil 26 Le Corporate Venture

> “ Quand le diable vous invite, il faut venir avec une longue cuillère.
>
> Proverbe

## En quelques mots

Les Corporate Venture Capitalists (CVC) sont une forme hybride de fonds d'investissement dont la vocation est de porter l'investissement de grands groupes dans les start-ups. Les premiers y voient une forme particulière d'« Open Innovation » tandis que les secondes y recherchent une accélération de leur business. Sur le papier, c'est donc le mariage idéal de l'agilité et de la puissance, la possibilité pour les uns de financer et de maîtriser leur R&D, pour les autres de combiner financement et développements technologiques et commerciaux. Quand cela fonctionne, c'est idéal. Mais sinon...

### CORPORATE VENTURE

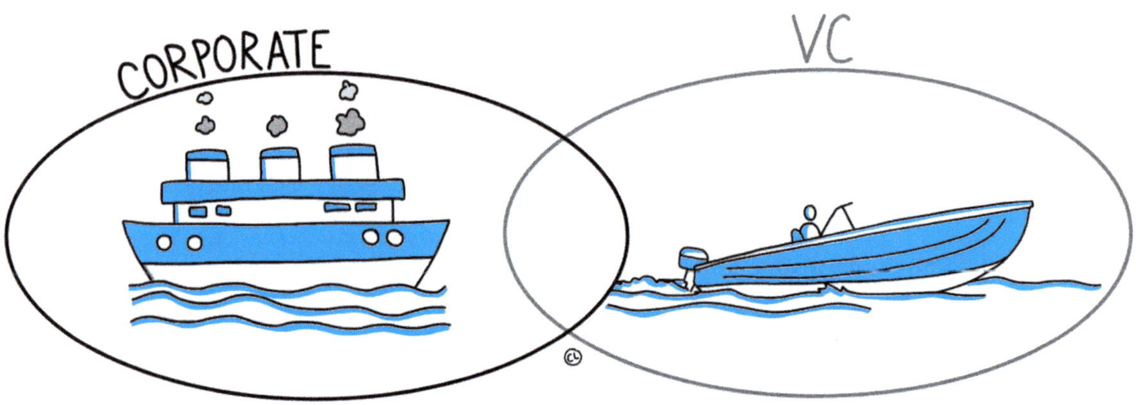

## POURQUOI L'UTILISER ?

### Contexte

On distingue plusieurs types de CVC, internalisés ou mutualisés, et avec stratégie autonome ou bien jumelée à celle de leur maison-mère. La relation sera en effet bien différente si c'est un fond multi-propriétaire qui vise prioritairement un retour financier tout en permettant à ses actionnaires Corporate de garder un œil sur le marché, ou une structure directement issue d'un groupe dont elle prolonge la stratégie.

### Objectif

Par nature, une start-up est essentiellement à la recherche d'investisseurs, de réseaux, de crédibilité, de clients, de soutiens technologiques et d'insights stratégiques. Le Corporate Venture apporte une solution tout-en-un à ce besoin. On ne saurait donc l'ignorer en tant que tel et d'ailleurs les CVC comptent aujourd'hui pour 20 à 30 % du capital-risque européen.

Pour autant « *there is no such thing as a free lunch*[1] », et ce type d'investisseur nécessite des précautions particulières.

## COMMENT L'UTILISER ?

### Étapes

1. Au lancement de la campagne de levée de fonds, consulter un CVC permet de tester l'attractivité de son projet et d'obtenir un retour souvent enrichissant sur celui-ci. On veillera à contrôler la nature des informations communiquées.

2. Si l'intérêt se confirme, la spécificité du Corporate Investing impose à l'entrepreneur des attentions complémentaires :

- Au-delà de l'apport en capital, quelles sont les synergies possibles et comment seront-elles activées ? En quoi cette alliance permettra-t-elle une accélération du projet ?
- En quoi la gouvernance de la start-up sera-t-elle influencée, positivement et/ou négativement, par des facteurs Corporate extérieurs ?
- Quels sont les risques de glissement de la propriété intellectuelle ? Quels sont les risques de monopolisation commerciale ?
- Le CVC aura-t-il la possibilité de bloquer les tours de financement ultérieurs ? Sa participation est-elle susceptible de limiter la revente de la start-up lorsque celle-ci aura atteint la maturité ?

3. Si enfin on se dirige vers un accord, il est recommandé alors :

- de négocier sous couvert d'accord de confidentialité ;
- d'écrire un Business Plan spécifique, ensemble avec le CVC ;
- de contractualiser par avance les futures relations commerciales et technologiques ;
- d'apporter un soin particulier aux clauses de sortie et notamment de prévoir à l'avance le cas où la maison-mère du fonds souhaiterait racheter la start-up.

### Méthodologie et conseils

Interroger les autres participations du fonds pour savoir comment cela se passe vraiment. Ne pas oublier que grand est le pouvoir d'un CVC seul au Board... Il sera plus équilibré s'ils sont plusieurs !

Dans CVC, il y a « Corporate » : prévoir donc un peu (!) plus de lourdeur à chaque étape de chaque processus.

**Pour aller plus loin...**

- ✓ Pour les chiffres : https://www2.deloitte.com/fr/fr/pages/services-financier/articles/corporate-venture-capitalists.html
- ✓ Pour les témoignages : https://www.franceinvest.eu/wp-content/uploads/2021/03/Livre-Blanc-Le-corporate-venture-vu-par-les-entrepreneurs-2015.pdf

1. Il n'y a pas de repas gratuit.

# Outil 27 La cartographie des fonds d'investissement

> *Tout le monde est opportuniste, mais chacun ne le sait être avec opportunité.*
>
> Maurice Chapelan, *Main courante*

## En quelques mots

Un fonds d'investissement est une société publique ou privée, qui investit des fonds récoltés auprès de souscripteurs dans d'autres sociétés. Chaque fonds suit une thématique d'investissement qui lui est propre. Certains misent sur des start-ups lors de leurs premières années de vie, il s'agit du capital-innovation ou capital-risque. D'autres investissent dans des PME ayant plusieurs années d'existence pour financer leur développement, on parle alors de capital-développement. Certains fonds encore interviennent lors des opérations de transmission (LBO ou Leverage Buy Out) ou de retournement (société en difficulté).

### PRINCIPE DE FONCTIONNEMENT DES FONDS D'INVESTISSEMENT

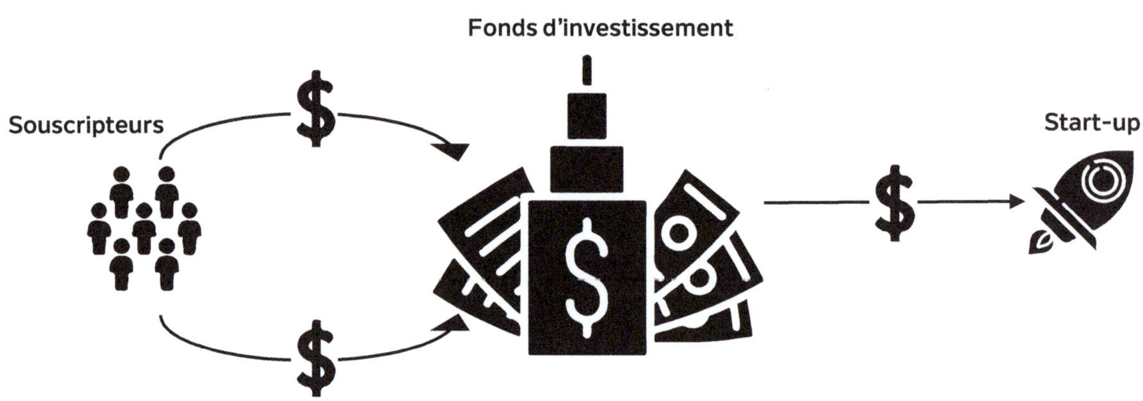

## POURQUOI L'UTILISER ?

### Contexte

Une start-up a de grandes ambitions de développement. À partir du moment où elle génère plusieurs centaines de milliers d'euros de chiffre d'affaires par an, que sa croissance est à 2 ou 3 chiffres et que sa table de capitalisation lui permet d'accueillir de nouveaux investisseurs, une levée de fonds auprès d'un fonds VC (Venture Capital) peut être pertinente.

### Objectifs

La réalisation d'une levée de fonds auprès d'un fonds d'investissement permet de :

- accélérer le développement de l'entreprise en réalisant une période de forts investissements ;
- bénéficier de conseils stratégiques de la part d'acteurs habitués à structurer des sociétés en forte croissance ;
- se donner des moyens pour saisir des opportunités futures de développement (croissance externe...) ou pour surmonter des crises ;
- pouvoir faire effet de levier pour aller chercher d'autres financements traditionnels (prêts, subventions...) par la suite ;
- favoriser une diversification du financement sans augmenter les échéances de remboursement à court et moyen terme ;
- avoir une meilleure notation financière de la part des acheteurs chez les grands donneurs d'ordre ;
- faire passer un message fort auprès des clients, partenaires, salariés, futures recrues (etc.) sur les ambitions et moyens de la société.

## COMMENT L'UTILISER ?

### Étapes

Comment identifier les fonds d'investissement correspondant au projet de développement de la société ? En répondant à ces principales questions :

1. Quelle catégorie de fonds la société est-elle susceptible d'intéresser : capital-risque, capital-développement, capital-transmission (LBO), capital-retournement ?
2. Quel est le montant des fonds propres recherchés ?
3. Quels sont les fonds d'investissement qui s'intéressent au secteur d'activité de la société ?
4. Analyser les participations des fonds ciblés : concurrents directs ? sociétés proches de l'écosystème ? potentiels partenaires ?
5. Quelles sont les thématiques spécifiques des fonds ciblés : co-investissement obligatoire, place au Board, liquidité, chiffre d'affaires minimum, modèle de revenus spécifique exigé (exemple : SaaS), montant minimum investi, etc. ?

Ce processus d'identification permet d'obtenir une liste restreinte de fonds d'investissement.

### Méthodologie et conseils

Lever des fonds revient à cohabiter avec un nouvel associé. Avant de démarrer un processus de levée de fonds, il est recommandé de se poser les questions suivantes :

- Les actionnaires actuels sont-ils prêts à être dilués ?
- Le dirigeant accepte-t-il d'avoir un représentant du fonds d'investissement au comité stratégique de l'entreprise ?
- Comment la sortie du fonds d'investissement est-elle envisagée : vente de la société, rachat des parts ?
- Le dirigeant est-il prêt à faire un reporting régulier au fonds d'investissement ?

Suite outil 27 →

**Avant de vous lancer...**

- ✓ Quelle est la thèse d'investissement du fonds ciblé ?
- ✓ Quels investissements le fonds a-t-il déjà réalisés sur le même secteur d'activité ?
- ✓ Le dirigeant est-il prêt à suivre les règles du jeu d'un fonds d'investissement, notamment la revente à 5-7 ans ?

Suite outil 27

# La cartographie des fonds d'investissement

## COMMENT ÊTRE PLUS EFFICACE ?

### Qui contacter au sein du fonds d'investissement ?

L'équipe de gestion d'un fonds est hiérarchisée, par exemple celle d'un VC peut être la suivante :

- Le Managing Director, ou Managing Partner au sommet de la pyramide.
- L'un des Partners, ou Vice-présidents, ou Directors, qui le plus souvent sont directement co-responsables des fonds qu'ils gèrent et y ont eux-mêmes investi une part de leur épargne. Ils assurent entre autres la relation avec les financeurs du fonds.
- L'un des Directeurs de participation, ou Directeur d'investissement, ou *Principals*, qui suivent et portent en direct les participations.
- L'un des chargés d'affaires, ou Associates, qui pilotent les dossiers et préparent les décisions.
- L'un des analystes, qui assurent la recherche d'informations, et souvent font la prospection et le premier tri pour assurer un *deal flow* diversifié et qualifié.

Les fonds de capital-risque prennent rarement leurs décisions seuls, quel que soit leur rang hiérarchique, à un tel point que, chez certains, les engagements doivent être adoptés à l'unanimité des comités décisionnels. Convaincre un interlocuteur au sein d'un fonds VC consiste donc moins en l'obtention d'un oui franc et définitif que dans la conversion de celui-ci en ardent ambassadeur auprès de ses pairs. Un membre de rang hiérarchique élevé a généralement une influence plus importante auprès du comité d'investissement qu'un analyste. Il est donc préférable d'avoir pour ambassadeur un Partner.

Cependant, un entrepreneur qui n'a pas de relation avec le fonds d'investissement et qui contacte directement un Partner a de grandes chances d'être renvoyé vers un analyste ou être invité à déposer son dossier sur le site Internet du fonds. Être introduit par un intermédiaire de confiance (leveur de fonds, avocat, dirigeant ayant au capital de sa société le fonds visé, etc.) auprès d'un Partner donne une chance supplémentaire d'avoir un ambassadeur influent au sein du fonds et de gagner du temps lors des premiers échanges.

### Quand les contacter ?

Les fonds d'investissement réalisent en moyenne une dizaine d'opérations pour plusieurs centaines de dossiers reçus par an. Le taux de succès d'un dossier est donc faible. Il est primordial d'adresser son dossier aux fonds d'investissement au meilleur moment, c'est-à-dire lorsque la société est en phase de croissance, lors d'une forte activité commerciale. Cette période permet aux dirigeants d'avoir davantage de pouvoir de négociation, jusqu'au point de créer un FOMO (*Fear Of Missing Out*, la peur de manquer une opportunité) auprès des différents fonds d'investissement contactés. L'objectif est de créer de la concurrence entre les investisseurs pour obtenir les meilleures conditions. À l'inverse, il faut éviter de démarrer des discussions en novembre et décembre, forte période de closing. Il en va de même pour la période estivale de juillet et août, mois particulièrement calmes.

# En pratique

## Le fonctionnement d'un fonds d'investissement

### Le principe

Plusieurs fonds peuvent être gérés par une seule société de gestion. C'est le cas de Sofimac Investment Managers qui gère Sofimac Innovation en capital-risque, Sofimac Régions en capital-développement et transmission. Sofimac Régions gère plus de 20 fonds qui ont chacun des scopes bien précis.

La multiplicité des fonds créés permet de diversifier les risques d'investissement du fonds initial et donc de réduire les risques pour les souscripteurs. Dans cette démarche, chaque fonds spécialisé créé a une durée de vie limitée qui permet aux souscripteurs de récupérer leur mise de départ plus les intérêts attendus au terme du fonds spécialisé.

Dans tous les cas, l'argent est géré par une équipe de gestion composée de salariés du fonds et intéressée aux résultats. Le modèle économique d'un fonds de capital-risque est assez standardisé. On peut le simplifier ainsi : si le souscripteur fournit 100 au fonds, 15 servent à la gestion, 85 sont investis dans plusieurs start-up. Certaines vont se développer et valoriser l'investissement à 450 voire 1 000. D'autres échoueront et l'investissement de 85 vaudra 0. À terme, les 85 investis rapporteront en moyenne 250 aux souscripteurs lors de la fermeture du fonds au bout de 5 à 7 ans comme prévu dans les statuts.

Le monde du VC est un petit milieu, assez fermé et dans lequel les acteurs se connaissent bien et sont souvent amenés à coopérer entre eux lorsqu'ils co-investissent. De la sorte, celui qui ne joue pas le jeu ou qui a perdu « le flair » est rapidement identifié et de fait mis de côté.

### Les principaux fonds d'investissement en France

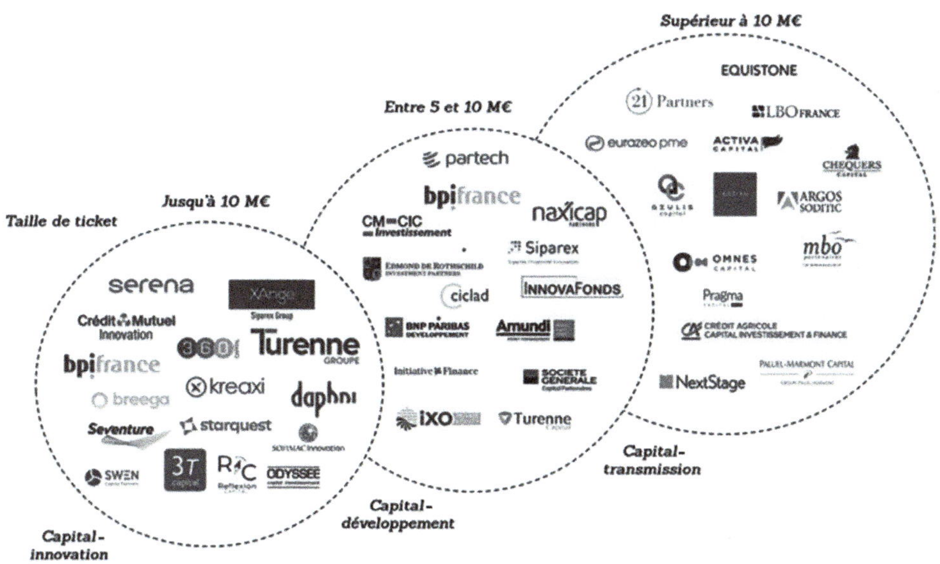


Cette cartographie est non exhaustive. Les montants sont en millions d'euros et correspondent au ticket moyen investi par les fonds. Les fonds d'investissement spécialisés sur le retournement ne sont pas identifiés dans ce graphique. Il existe environ 70 fonds de capital-risque en France (amorçage, Série A, B, C, D) et une cinquantaine de fonds dédiés au capital-développement.

# Outil 28 L'Impact Investing

> Le succès ne se mesure pas à la quantité d'argent que vous gagnez mais à l'impact que vous avez sur la vie des gens.
>
> Michelle Obama

## En quelques mots

L'Impact Investing désigne une politique d'investissement adoptée par les fonds « à impact » et qui visent un double objectif : engendrer un retour sur investissement au sens financier mais aussi en termes d'impact environnemental et sociétal.

Ces fonds s'adressent à des start-ups de tout secteur d'activité, leurs critères d'investissement s'articulant autour de la cohérence du projet à impact. Attention, ces fonds se révèlent parfois assez frileux quant aux start-ups en phase d'amorçage et se concentrent davantage sur des entreprises ayant déjà commencé à faire leurs preuves.

### LES CARACTÉRISTIQUES D'UN PROJET À IMPACT

## POURQUOI L'UTILISER ?

### Contexte

Les fonds à impact sont de plus en plus nombreux et se définissent tous de manière différente. On peut tout de même distinguer trois niveaux d'impact :

- les fonds classiques intégrant des critères ESG (environnementaux, sociaux et de gouvernance) ;
- les fonds Business First qui investissent sur des thématiques sociales ou environnementales et dont l'impact est perçu comme une plus-value du projet ;
- les fonds Impact First qui vont placer l'impact au cœur de leurs critères d'investissement.

### Objectif

Que ce soit par idéalisme ou opportunisme, l'entrepreneur peut être tenté de s'orienter vers des fonds à impact ou, au contraire, les rejeter sans savoir réellement si c'est la meilleure route à prendre. Ce qui compte c'est la cohérence du voyage ! L'objectif de cet outil est d'aider l'entrepreneur à se poser les bonnes questions pour savoir si l'itinéraire Impact Investing pourrait lui correspondre.

## COMMENT L'UTILISER ?

### Étapes

**Faire un test d'éligibilité, et pour cela, se poser les bonnes questions.** L'entrepreneur peut éventuellement noter sur une échelle 1 à 10 chacun des critères suivants :

- **La solution répond-elle à un problème social ou environnemental majeur ?** Il est possible de se référer aux ODD (objectifs de développement durable) 2030 définis par les Nations unies.
- **Le projet est-il construit autour d'un objectif environnemental ou social avec un Business Model en totale cohérence avec celui-ci ?** L'entrepreneur prend-il en compte son impact environnemental/social dans ses choix stratégiques ? Le niveau de son impact est-il lié à sa traction ?
- **Avoir un impact positif est-il au cœur des motivations de l'entrepreneur** ? Donner du sens à son projet est-il primordial pour lui ?
- **La start-up est-elle capable de mesurer clairement son impact ?** Des indicateurs de suivi à ce sujet sont-ils mis en place ou l'entrepreneur est-il en mesure d'en définir ?
- **Quelles relations la start-up a avec ses parties prenantes ?** Sont-elles impliquées au quotidien dans les choix stratégiques ? Partagent-elles les mêmes valeurs ? L'entrepreneur est-il vigilant à ce qu'elles respectent aussi les critères ESG ?
- **Existe-t-il des éléments tangibles qui prouvent que l'impact est au cœur du modèle ?** Label, concours, suis-je une entreprise à mission...

### Méthodologie et conseils

Si le score dépasse les 40, la piste de l'Impact Investing est sûrement à creuser. Cependant, il est important que cette approche de l'investissement réponde parfaitement aux valeurs de l'entrepreneur et à sa vision de l'entreprise. S'engager avec un fonds à impact, c'est aussi réaliser des reportings extra-financiers trimestriels, suivre son impact au quotidien, prendre en compte les critères ESG dans ses choix stratégiques. Si l'entrepreneur n'est pas à 100 % engagé dans cette approche, ces aspects peuvent vite représenter une contrainte et à terme une source de désaccords avec les investisseurs.

*Pour aller plus loin...*

✓ **ODD 2030 : https://www.un.org/sustainabledevelopment/fr/objectifs-de-developpement-durable/**

DOSSIER 4

# PRÉPARER SON DOSSIER ET SON ROADSHOW

“

La forme, c’est le fond qui remonte à la surface.

Victor Hugo

À ce stade, normalement, tout est prêt dans l'esprit de l'entrepreneur. Il a travaillé sa posture, il sait ce qu'il doit mettre en avant et à qui il racontera son histoire. Oui, ces étapes sont nécessaires, mais non, elles ne suffisent pas.

Un fonds VC français reçoit en moyenne 500 à 1 000 dossiers chaque année, et n'investit que dans 1 % de ceux-ci, moins d'une douzaine le plus souvent.

La levée de fonds est donc un processus à ce point sélectif que chaque détail compte :

- Le discours doit être affiné, structuré, de telle sorte qu'il soit parfaitement limpide aux yeux d'un non-spécialiste.
- Les enjeux doivent être présentés dans le bon ordre, là aussi de façon claire et synthétique, de sorte que l'investisseur perçoive chez l'entrepreneur une clairvoyance en phase avec ses propres logiques.
- La forme elle-même doit porter l'histoire : en phase avec les codes de l'entreprise et de son secteur, respectueuse du lecteur en typographie et en organisation, attrayante et sérieuse à la fois.
- Le tempo doit être documenté : les données doivent pouvoir être communiquées à la demande.

Bref, la communication financière, ça ne se bâcle pas !

Ce dossier détaille donc comment construire les principaux constituants de ce que l'on nomme couramment « un bon dossier », et tout particulièrement les quatre documents majeurs :

- L'Executive Summary, la page publicitaire envoyée avant le premier contact.
- Le Pitch Deck, pour servir de fil rouge au premier rendez-vous.
- Le mémorandum (Business Plan), véritable bible pédagogique du projet.
- Le plan financier, traduction économique du mémorandum.

Il évoque également les outils de suivi et de repérage du Roadshow : comme tout processus, la levée nécessite en effet d'être finement pilotée, ce qui requiert des indicateurs que l'on suivra comme le lait sur le feu !

On l'aura compris, pédagogie et rigueur sont à ce stade les deux maîtres mots.

## Les outils

Outil 29

# Le Funding Model Canvas

> “ *On n'est pas le meilleur quand on le croit, mais quand on le sait.*
>
> Morpheus dans *Matrix*

## En quelques mots

Le Funding Model Canvas est un outil heuristique, inspiré du fameux Business Model Canvas de Osterwalder & Pigneur. Il permet à une équipe de fondateurs de nourrir sa réflexion sur le financement de la start-up et de préparer sa stratégie de levée de fonds.
Les dirigeants pourront ainsi collectivement élaborer et s'approprier la démarche de financement, l'argumentation, le plan d'action, mais aussi vérifier la cohérence de l'ensemble et le cas échéant mener les itérations stratégiques ou opérationnelles pour y parvenir.

### LE FUNDING MODEL CANVAS

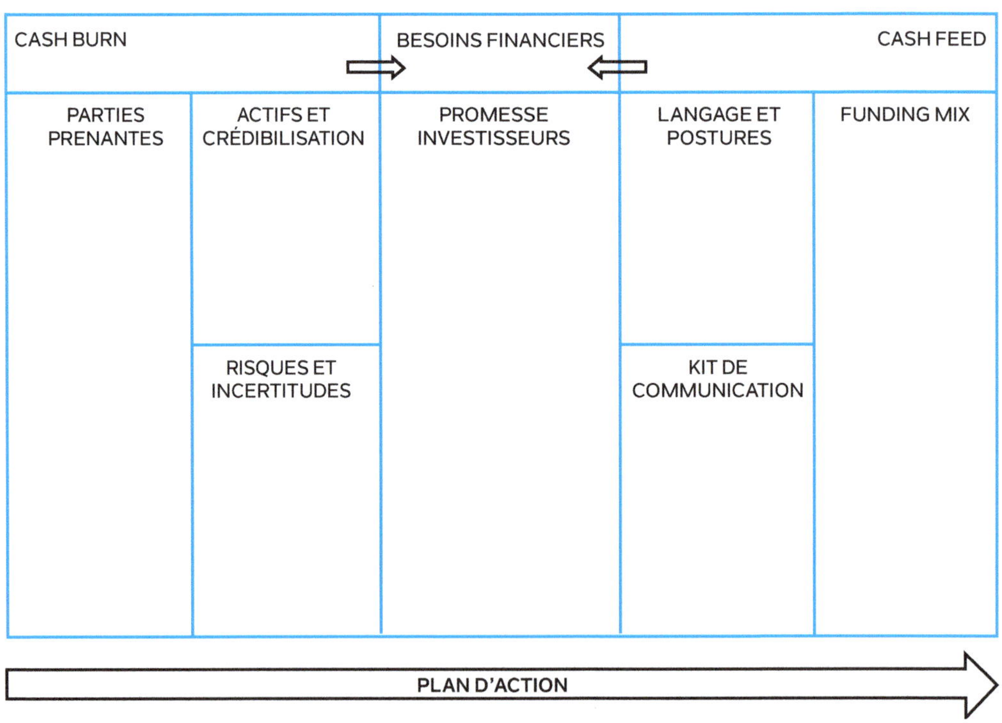

## POURQUOI L'UTILISER ?

### Contexte

Dans une start-up, il est fréquent que tout le monde ait un avis sur tout, tant la réalité de celle-ci est protéiforme.

La difficulté dans ce contexte est de se mettre d'accord sur une représentation synthétique partagée, résultat d'échanges créatifs et d'apports multiples. Le Business Model Canvas a ouvert la voie en proposant un outil d'intelligence collective permettant de travailler en équipe sur le modèle économique. Le Funding Model Canvas permet, quant à lui, de co-élaborer une politique de financement entre membres de l'équipe.

### Objectif

Passer d'une pluralité de points de vue sur la levée de fonds (au sein de l'équipe) à une représentation commune, étayée, cohérente à 2-3 ans.

## COMMENT L'UTILISER ?

### Étapes

1. **Réunir l'équipe de direction ou le Board.** Prévoir d'y consacrer deux demi-journées espacées d'une à deux semaines. Se munir de la matrice éditée en format A0, de Post-it (beaucoup) et de feutres/marqueurs de différentes couleurs.

2. **La première demi-journée est consacrée au Story Building :**

a) les parties prenantes ;

b) le Cash Burn, puis le Cash Feed (sorties et entrées d'argent), et donc au centre : le besoin financier à 2-3 ans ;

c) la promesse investisseur, au cœur du questionnement ;

d) les actifs, puis les facteurs de risque.

3. **La seconde demi-journée est consacrée au Funding Building, c'est-à-dire la préparation de la levée proprement dite :**

a) le Funding Mix ;

b) les éléments de langage et de posture ;

c) le kit de communication.

4. **Lorsque tout est posé, valider la cohérence de l'ensemble,** autrement dit le fait de disposer de la bonne histoire, racontée aux bons investisseurs avec les bons arguments, pour le bon montant. Si « ça ne colle pas » (par exemple on met alors en évidence d'un besoin de 10 millions d'euros avec une maturité de type Love Money...), il sera alors nécessaire d'itérer, de revenir sur les hypothèses du Canvas jusqu'à ce que l'ensemble paraisse homogène, équilibré et en phase avec le marché du financement.

5. **Tout le long des échanges, noter sur la ligne de temps qui figure en bas du tableau les actions à mener pour réussir sa levée.**

### Méthodologie et conseils

- Chaque Post-it doit contenir un facteur (ou une idée) et un seul, inscrit en majuscules.
- Les blocs contiennent 3 à 5 Post-it côte à côte, ce qui permet de structurer l'argumentaire ; de même on pourra utiliser des Scotch de couleur différente pour subdiviser l'espace, mettre des titres, etc.
- Inscrire cette démarche dans le cadre habituel des réunions de créativité :
  - un animateur/régulateur désigné ;
  - écoute mutuelle, jugement différé ;
  - exercice d'échauffement au démarrage.
- Le travail en deux temps espacés est essentiel. On pourra commencer la seconde demi-journée par une appréciation de chaque brique, *via* des gommettes vertes (point fort de la levée), orange (à surveiller, étayer), ou rouge (à réparer avant de lever).
- ... *in fine*, le pitch et le plan financier viendront aisément !

Suite outil 29 →

**Pour aller plus loin...**

✓ **La matrice est disponible en accès gratuit sur le site : https://www.rainmakers.fi/le-funding-model-canvas-un-outil-daccompagnement-pour-les-start-up/**

# Le Funding Model Canvas

## COMMENT ÊTRE PLUS EFFICACE ?

**On pourra notamment se poser collectivement les questions suivantes :**

### Parties prenantes

Quel est l'actionnariat ? Quels sont les engagements entre actionnaires ? Quelle est leur stratégie patrimoniale ? Quels réseaux activent-ils ? Qui siège au Board ? Existe-t-il des conflits d'intérêts potentiels ? L'actionnariat actuel est-il compatible avec une levée de fonds ? Les fondateurs ont-ils une part suffisante du capital de la start-up ? L'entreprise est-elle exagérément liée à des tiers (fournisseurs, clients, dirigeants) ?

### Cash Burn

Où se situent les principales dépenses de l'entreprise ? Quelles sont les marges de manœuvre et options ? Quels sont les investissements principaux à prévoir ?

### Cash Feed

Quels sont les financements déjà acquis ? Sont-ils engagés ou bien seulement promis ? À quel moment l'entreprise engrangera-t-elle du chiffre d'affaires ?

### Promesse investisseurs

- À quel problème « DUREX » (*cf.* Outil 7) l'entreprise répond-elle ? Comment l'aspect crucial de celui-ci est-il démontré ?
- Quelle solution offre-t-elle à ce problème ? Comment le décrire en quelques Post-it de telle sorte qu'elle soit compréhensible y compris par un candide n'appartenant pas au secteur ?
- Quel est le terrain de jeu global (TAM) ? le marché (SAM) ? le segment (SOM) ? Quelle est leur taille, évaluée en euros/dollars ? Est-ce suffisant pour permettre à la start-up de trouver sa place ? Il faut se souvenir que les investisseurs craignent qu'une niche de marché trop étroite limite le potentiel d'un investissement.
- Comment se situe la concurrence et en quoi la start-up est-elle la plus à même de gagner la compétition ? Attention, cette concurrence doit s'évaluer du point de vue du client !
- Quels sont les avantages compétitifs et quelle est leur force réelle ? Constituent-ils une barrière à l'entrée ou bien juste une avance qu'un concurrent y mettant les moyens nécessaires pourrait combler en quelques mois ?
- Comment le modèle économique et commercial de la start-up se présente-t-il ?
  - Que facture-t-elle et à quel prix ?
  - Quels sont les coûts directs induits ?
  - Quel est le coût d'acquisition des clients (modèle commercial) ?
  - Quel est le gain pour le client ? Quel est son intérêt à acheter ?
- Quel est le chemin parcouru ? Quels sont les acquis permettant de crédibiliser la capacité de l'entreprise à percer sur son marché ?
- Quels sont les jalons technologiques et commerciaux futurs ?
- Présentation de l'équipe avec arguments « Dream Team ». Chacun doit être mis en valeur dans sa propre différentiation.
- Le secteur est-il actif en matière de fusions-acquisitions ? Quelles sont les dernières opérations repérées et si possible comment ont-elles été évaluées ?

### Actifs

Quels sont les actifs incorporels qui viendront fonder la promesse investisseurs et combattre les risques et incertitudes ? Y a-t-il une propriété intellectuelle actée par des brevets ? Un savoir-faire ? Un fonds de commerce existant ?

## Risques

Où sont nos fragilités ? Nos zones d'ombre ? Ce qui pourrait nous faire échouer ? On pourra ici se livrer à l'exercice du « chapeau noir », issu de la méthode des chapeaux de Bono[1].

## Funding mix

Quels financeurs pouvons-nous solliciter compte tenu de la maturité du projet ? Pour quels montants ? Quel sera le cocktail de financement ? Et le Cash Flow dans tout cela ?

## Langage et posture

Comment décrire en quelques mots notre « mission » et notre « vision » ? Quelles sont les valeurs que nous souhaitons mettre en avant ? Quelles attitudes et postures privilégier ?

## Kit de communication

Quels seront les supports à prévoir ? Pitch en 10 slides ? Vidéo ou témoignages ? Slide Deck étendu ? Business Plan détaillé ? Prévisions financières, comptables ? Hypothèses dégradées ?

1. https://fr.wikipedia.org/wiki/M%C3%A9thode_des_six_chapeaux

# Exemple

## Un Funding Model Canvas

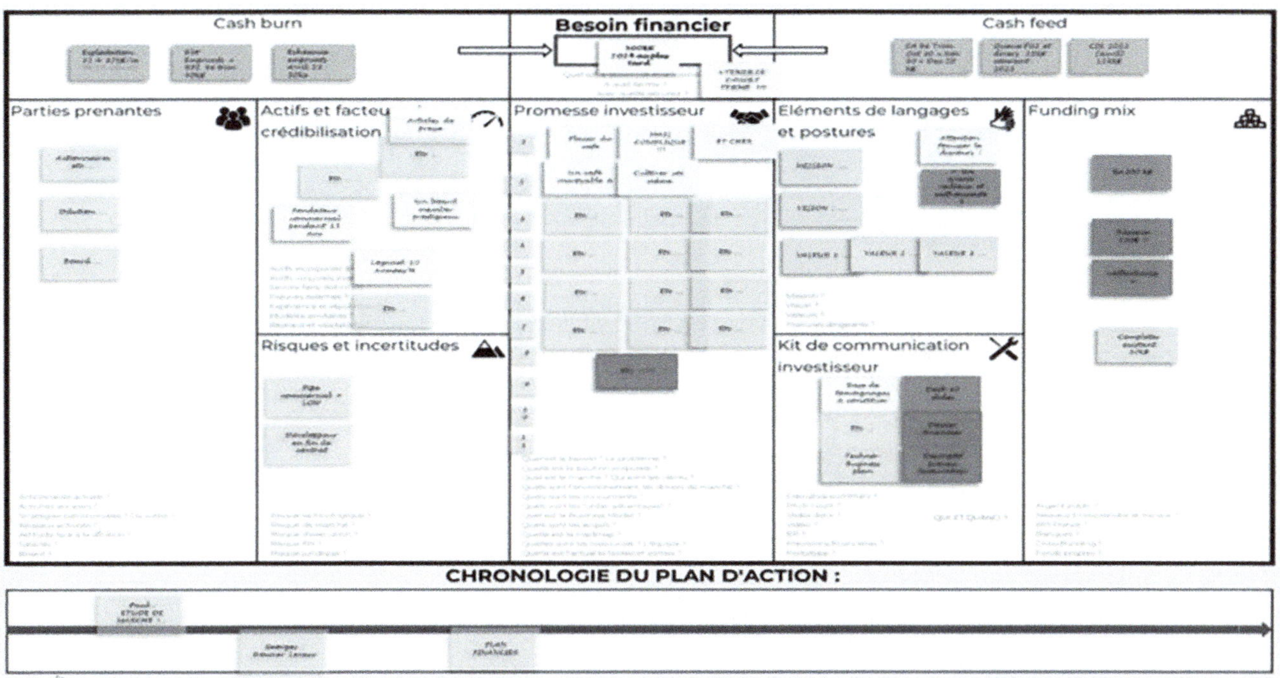

# Outil 30 La Roadmap

> “ *Tous les chemins mènent à Rome.*
>
> Proverbe d'origine latine

## En quelques mots

La Roadmap a pour but de décliner la vision de l'entrepreneur sous forme d'objectifs stratégiques à 3-5 ans sur les plans produit, business, financier et RH. Elle se présente comme des feuilles de route plus ou moins détaillées selon l'horizon temps. Communiquer sur ses Roadmaps est essentiel lors d'une levée de fonds car cela envoie plusieurs messages importants : il s'agit de faire rêver, de démontrer aux investisseurs que la vision est claire, que les ambitions sont cohérentes et que la réalisation est possible. Sans Roadmap point de crédibilité ! Et surtout point de salut financier !

### EXEMPLE DE ROADMAP BUSINESS

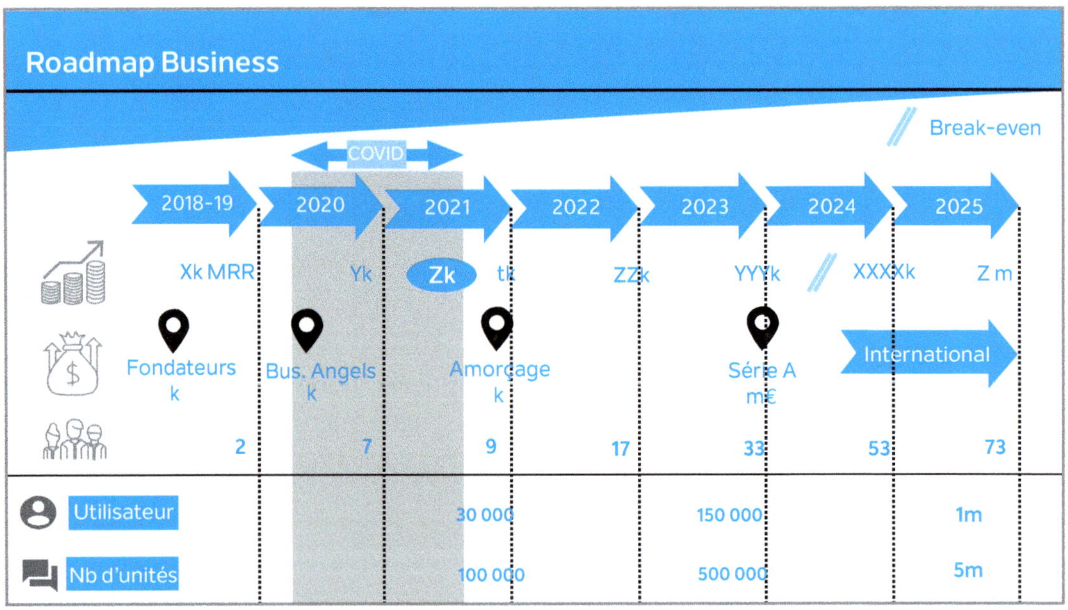

## POURQUOI L'UTILISER ?

### Contexte

La Roadmap est un des éléments du dossier de présentation. On la retrouve souvent sous forme de schémas sur une des slides du Pitch Deck lors de la présentation aux investisseurs... L'investisseur doit être convaincu de la capacité de l'équipe à réaliser avec succès les objectifs et étapes présentées dans la Roadmap. Cependant, on objectera qu'une start-up évolue dans un climat d'un tel niveau d'incertitude qu'aucune promesse de planning n'a de sens : personne n'est dupe sur les projections. Il s'agit alors d'identifier et d'anticiper les risques clés afin de les minimiser auprès des investisseurs.

### Objectif

Pour l'entrepreneur, communiquer sur sa Roadmap démontre qu'il a posé concrètement les tenants et les aboutissants de la vision stratégique qu'il propose aux investisseurs, qu'il est à même de démontrer de façon crédible, intelligible et ambitieuse sa capacité à l'exécuter avec succès, que tous les éléments sont cohérents, priorisés et réfléchis, que les moyens nécessaires ont été évalués et alloués selon des critères rationnels. La Roadmap permet de présenter facilement aux investisseurs les objectifs et étapes clés de la start-up sur une période de temps défini.

## COMMENT L'UTILISER ?

### Étapes

Ces Roadmaps se présentent souvent sous forme graphique pour positionner les principaux jalons les uns par rapport aux autres et dans le temps. Les rendre visuelles contribue aussi à les rendre plus intelligibles.
On distingue classiquement 4 thématiques pouvant être présentés sur la Roadmap :
1. **Technologique/produit :** on décrit l'évolution de l'offre, de sa mise en œuvre, de sa diversification éventuelle. Cette Roadmap est capitale pour comprendre en quoi le projet va répondre aux besoins des clients par la présentation des évolutions à venir en termes d'offres de produits, de services et de fonctionnalités, pour toucher les marchés visés.
2. **Business :** on brosse le tableau de l'évolution dans le temps du marketing et des ventes. Cette Roadmap est la matérialisation de l'ambition en termes d'accélération commerciale de l'entreprise, et le cas échéant, des moyens nécessaires pour réaliser ces ventes, ainsi que les KPI matérialisant la croissance.
3. **Finance :** on synthétise les jalons de revenus et de dépenses et on présente comment et à quel moment les éventuels écarts négatifs seront financés, comment, et à quel moment le retour à la profitabilité se réalise après la phase d'accélération.
4. **RH :** on montre comment évoluera et s'enrichira l'organigramme dans le temps, ainsi que les moyens humains mis en œuvre pour réaliser les ambitions.

### Méthodologie et conseils

Une attention toute particulière doit être portée à la cohérence entre les différentes feuilles de route. Il est aussi conseillé de définir des jalons SMART : jalons spécifiés (S), mesurables(M), traduisant l'ambition(A), structurés de façon réaliste (R) dans les 3-5 ans (T).
Une Roadmap réglementaire peut être pertinente dans des domaines comme les Biotech et Medtech. Il peut être pertinent d'y adjoindre une analyse de l'évolution de l'environnement, notamment.

### Pour aller plus loin...

- « *The Five Competitive Forces That Shape Strategy* », Michael Porter, Harvard Business Review, 2008.
- Matrice SWOT : *Boîte à outils de chef de projet*, J. Maes, F. Dubois, 3ᵉ éd., 2021, Dunod.
- Analyse PESTEL : *Boîte à outils de la stratégie*, B. Giboin, 3ᵉ éd., 2019, Dunod.

# Outil 31 Les idées reçues sur le NDA

“

*Même les paranoïaques ont de vrais ennemis.*

Roland Topor

## En quelques mots

Le NDA (*Non-Disclosure Agreement*, ou accord de confidentialité) est l'engagement par lequel un tiers – dans notre cas, le plus souvent un investisseur – s'engage à maintenir le caractère confidentiel des documents et informations qui lui seront transmis par la start-up. Pour autant, la protection qu'il confère est loin d'être absolue, et son usage peut être ressenti comme un acte de méfiance excessive propre à susciter un climat contreproductif dans la relation, quand il n'y met pas tout simplement fin. Cet outil à double tranchant mérite donc d'être manié avec précaution.

### LA DOUBLE FACE DU NDA

## POURQUOI L'UTILISER ?

### Contexte

On ne peut séduire, convaincre et rassurer des investisseurs éventuels sans dévoiler le projet. Mais d'un autre coté, la valeur d'une start-up tient notamment à sa stratégie, à ses technologies, à la nature de ses relations commerciales, industrielles. L'entrepreneur a donc le devoir de protéger les informations sensibles d'un passage dans le domaine public qui ruinerait ses actionnaires.

Parallèlement, d'autres facteurs sont également à considérer :

- Il est toujours difficile d'engager une relation sur la base de la méfiance. Demander la signature d'un NDA préalablement à un contact, c'est initier immédiatement du frottement, alors que l'entrepreneur souhaiterait au contraire créer une relation positive.
- S'entendre sur une obligation n'a de sens que si on peut faire la preuve d'un éventuel manquement. Or l'évidence d'une preuve d'une divulgation est très difficile à apporter et requiert souvent d'y mettre de grands moyens (perquisitions, saisies de mémoires informatiques, etc.), sans compter qu'il faudra aussi démontrer le préjudice.
- Tous les NDA ne se valent pas. En effet, les NDA standard contiennent classiquement des engagements contraignants plus larges que la simple non-divulgation d'information (non-concurrence, non-débauchage, etc.) qui en complexifient l'analyse et l'usage, à rebours de l'objectif initial de facilitation de la relation.

### Objectif

Une bonne gestion de la confidentialité à travers un NDA bien calibré et au bon moment permettra en principe de concilier ces contraintes.

## COMMENT L'UTILISER ?

### Étapes

1. **Éviter d'adresser des informations confidentielles à un investisseur si l'une des start-ups de son portefeuille concurrence de près ou de loin le projet.** L'entrepreneur doit se renseigner et/ou se faire accompagner avant de solliciter les financiers.
2. **Distinguer ce qui relève du confidentiel de ce qui est secret.** On peut diffuser le premier dans les échanges initiaux dès lors que l'interlocuteur est identifié comme un professionnel sérieux et éthique. Les éléments cruciaux – tours de main, brevets non publiés, portefeuille clients etc. – pourront être gardés pour plus tard.
3. **Faire signer le NDA au moment où l'investisseur entre en profondeur dans le dossier,** lors de l'audit par exemple. La pratique veut alors que les éléments communiqués soient dûment listés, afin de permettre l'ouverture d'un éventuel contentieux argumenté.
4. **Proposer un NDA adapté au profil de l'investisseur.** Ainsi, si celui-ci exerce une activité dans le secteur de l'entreprise, un VC Corporate par exemple, il convient de « blinder » la protection et d'être particulièrement vigilant sur les informations communiquées.

### Méthodologie et conseils

On s'interrogera au préalable sur les informations qui, si elles étaient divulguées à un concurrent, signeraient la mort du projet, ou, à l'inverse, sur les éléments, certes stratégiques, mais qu'un concurrent ne pourrait pas, dans les faits, utiliser directement.

*Pour aller plus loin...*

✓ **Toujours faire relire les NDA émis ou reçus par un avocat confirmé.**

# Outil 32 Le Pitch : la méthode CIA

> *Il semble que la perfection soit atteinte non quand il n'y a plus rien à ajouter, mais quand il n'y a plus rien à retrancher.*
>
> Antoine de Saint-Exupéry

## En quelques mots

Exercice de communication orale incontournable de l'entrepreneur, le Pitch est une véritable « bande-annonce » (il peut en avoir plusieurs) de l'histoire de sa start-up, sous-tendue par 10-15 slides et destinée à convaincre rapidement les investisseurs potentiels que le projet nécessite une exploration plus approfondie (c'est-à-dire un premier rendez-vous, voire une instruction plus approfondie). L'acronyme CIA est un outil mnémotechnique pour se souvenir des 3 ingrédients essentiels permettant d'obtenir l'écoute active de l'investisseur : C pour crédibilité, I pour être intelligible, A pour attractivité.

### LE DÉROULÉ TYPE D'UN PITCH

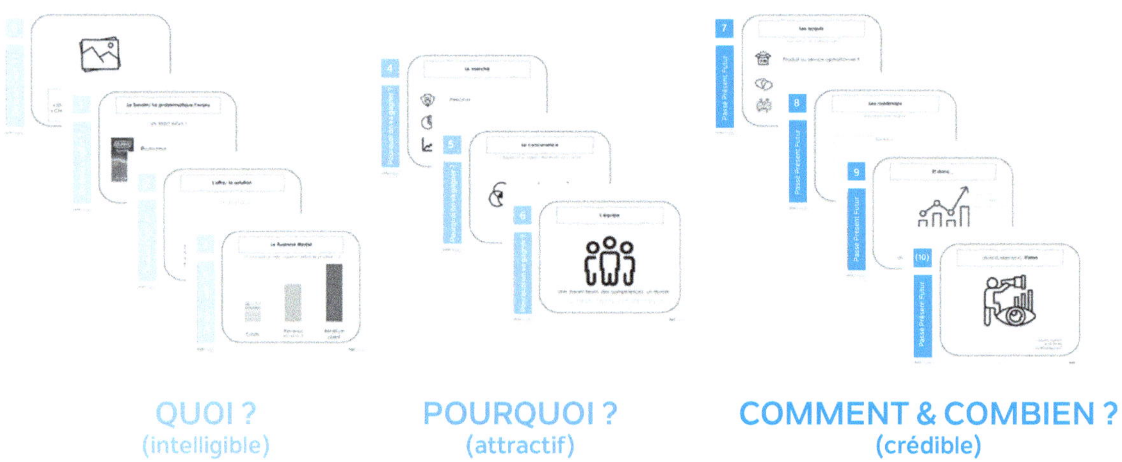

## POURQUOI L'UTILISER ?

### Contexte

3-7-10 minutes : ce sont les formats usuels de Pitch. La longueur dépend du contexte (séances collectives, concours, prise de connaissance avec un investisseur).

Si l'aisance oratoire et le design du support de présentation sont des éléments clés pour capter l'attention, il n'en reste pas moins que le contenu fera la différence. On trouve pléthore de modèles de Pitch qui ont tous comme vertu de tenter de générer la magie et l'émerveillement de l'auditoire. Le Pitch CIA – crédible, intelligible, attractif – engendre à chaque slide de la réassurance, de la compréhension et de l'envie. À l'instar d'un acte commercial, il s'agit de se mettre dans la tête de son interlocuteur en déjouant les ressorts cognitifs et psychologiques pour créer « l'évidence » pour l'investisseur.

### Objectif

Le Pitch est un exercice à la fois de pédagogie, de séduction et de réassurance. La méthode CIA propose une grille d'analyse qui permet d'évaluer, d'accompagner et de réussir simplement et efficacement son Pitch en allant plus loin que le b.a.-ba de ce que les investisseurs s'attendent à y trouver, c'est-à-dire :

- la proposition de valeur ;
- le modèle économique ;
- le marché et la concurrence ;
- l'équipe ;
- les réalisations et les prochains jalons ;
- les besoins financiers.

## COMMENT L'UTILISER ?

### Étapes

Deux aspects sont à prendre en compte :

- le texte version orale ;
- le support de présentation le plus souvent présentant peu de chiffres mais des chiffres percutants, des schémas, des graphiques et très peu de texte explicatif.

L'articulation des 2 sources d'information orale et écrite se travaille comme un exercice de jeu théâtral pour lequel on recherche une mise en résonance du texte, de l'acting, de la mise en scène, des décors pour un impact optimal.

### Méthodologie et conseils

Objectifs prioritaires dans tout ce qui est présenté :

- **Être intelligible : l'investisseur a besoin de comprendre.** L'entrepreneur dans son récit doit bannir les mots trop techniques rendant le discours indigeste. De plus, il doit proposer une logique simple et nette dans son récit. Une fois ce niveau de compréhension atteint, le second niveau d'intelligibilité à obtenir est celui de la logique dans le déroulement des slides pour obtenir ce flow naturel et logique. Maître-mot de l'intelligibilité « point trop n'en faut » ou encore élaguer le plus possible.
- **Fournir de la crédibilité : l'investisseur doit être rassuré.** Une règle cognitive de base est qu'on « achète » le futur d'une société le plus souvent en fonction de son passé. La start-up doit prouver qu'elle va réussir à travers des premiers succès déjà acquis : contrats commerciaux, traction web, démonstrateurs techniques, parrains prestigieux, etc.
- **Souligner, voire révéler, l'attractivité : ne pas oublier que l'investisseur est aussi un acteur dans un environnement concurrentiel** et que tous les investisseurs ne pourront pas entrer au capital. L'objectif est de créer chez l'investisseur une inquiétude de passer à côté d'une superbe opportunité qui va faire gagner beaucoup d'argent (le fameux FOMO, *Fear Of Missing Out*). Bannir les positionnements modestes (« projet sympa ») au profit des ambitieux (« le projet qui disrupte »).

Suite outil 32 →

**Pour aller plus loin...**

✓ ***La méthode Winning Pitch*, Eric Salomon, Éditions Télémaque, 2017.**

# Le Pitch : la méthode CIA

## COMMENT ÊTRE PLUS EFFICACE ?

### Trame type

**Slide 1 à 4 : De quoi s'agit-il ?**

1. Slide d'entrée en matière : [nom de la start-up, UIVP (*cf.* Outil 8) :
La start-up.............................................................. ***[nom]***
développe .............................................***[nommer l'offre]***
pour aider .......................................***[nommer les clients]***
à résoudre ................................***[nommer le problème]***
grâce à ..........................***[expliquer sa Magic Sauce]***

2. Le besoin/la problématique/l'enjeu du marché, voire en plus une présentation de la technologie si elle est le cœur de l'innovation. Ce besoin doit être critique, non satisfait, prouvable et récent (*momentum*). « *No pain, no gain* » (*cf.* méthode DUREX, Outil 7). Le besoin doit être un « Must Have ».

3. Présentation simple de la solution qui doit être spécifique du besoin, fonctionnelle (ou à peu près), innovante et comporter une vraie barrière à l'entrée, une différentiation, une Magic Sauce (*cf.* Outil 13). Attention l'unicité de la solution ne prouve pas son utilité ! (Ex : le fameux stylo de Muriel Robin qui siffle quand on le trempe dans le café.)

4. Expliciter son modèle économique (*cf.* Outil 12) : comment la start-up crée, délivre et capte de la valeur. On présente les grandes lignes des coûts, des revenus et des bénéfices clients.

**Slides 5 à 7 : Pourquoi la start-up va-t-elle gagner ?**

5. Le marché avec les segments pertinents, les tailles, les drivers, leurs dynamiques et tendances.

6. L'état de la concurrence au regard des drivers du marché. Présenter en quoi la solution de la start-up répond mieux au problème que les solutions des concurrents (du point de vue du client).

7. Les ressources clés, notamment humaines : une Dream Team, des compétences, un leader. Le cas échéant, un Board ou des investisseurs reconnus.

**Slides 8 à 10 (ou 11) : passé, présent, futur**

8. Les acquis « *So Far, So Good*[1] » :
- sécurisation de l'innovation (brevets, savoir-faire, recette, installations de production, etc.) ;
- sécurisation des clients ou partenaires valorisants, rassurants ;
- sécurisation du chiffre d'affaires, des indicateurs de la traction marché, du cash, etc.

9. Les prochaines étapes sous forme de Roadmaps techno/business/RH.

10. La Roadmap financière et les besoins avec d'une à trois métriques prévisionnelles (rester synthétique).

11. Éventuellement, la vision future et les pistes de sortie des investisseurs (éléments clés de la décision d'entrée au capital).

### Éléments de posture

Parmi les éléments de prise de décision de l'investisseur, la confiance qu'il accorde au projet *via* les explications est tout aussi importante que celle qu'il développe au cours de l'intervention. L'entrepreneur doit apporter des éléments qui feront que l'investisseur aura confiance. Les compétences suivantes sont des facteurs clés de succès sans pour autant être obligatoires :
- confiance en soi et en son projet ;
- charisme et leadership ;
- enthousiasme et motivation ;
- ambition et réalisme.

### En synthèse

Le Pitch alimente l'investisseur en éléments créateurs de confiance dans le projet et dans les hommes du projet tout en nourrissant ses envies rationnelles.
Cependant, tout CIA que le Pitch peut être, dans la prise de décision stratégique, il persiste des éléments qui échappent à toute rationalité.

1. Jusqu'ici, tout va bien.

# Auto-évaluation

## CHECK-LIST PITCH CIA

Le Pitch se réinvente à chaque présentation, tant sur le fond – parce que les acquis de la start-up évoluent – que sur la forme pour s'adapter à l'auditoire. La « vulgarisation » de la technologie, le détail de la chaîne de valeur, etc., peuvent être plus ou moins intenses selon que l'on s'adresse à des experts du domaine ou non.

Chaque présentation est une opportunité d'entériner une formulation qui fonctionne, un argument qui fait mouche.

En revanche, un certain nombre de fondamentaux doivent être présents et la check-list ci-dessous constitue un garde-fou contre l'enthousiasme excessif qui fait oublier le formalisme de l'exercice.

> **Avant chaque pitch, je valide mes fondamentaux :**

1. La forme est respectée (nombre de slides, ordre des idées). ❒
2. Je connais par cœur mon UVP investisseur (qui peut servir d'Elevator Pitch). ❒
3. J'ai travaillé mon storytelling et je sais raconter mon « histoire entrepreneuriale » en 1-3 minutes. ❒
4. J'ai testé ce pitch sur l'angle **intelligible** jusqu'à ce que ma famille ait pu me résumer mon projet en quelques phrases simples. ❒
5. J'ai des éléments tangibles de **crédibilité** : des métriques de traction, des preuves de mes premiers succès, des retours de mes clients, les partenariats évoqués sont signés, les leaders d'opinion cités sont réellement impliqués en temps et/ou en responsabilités. ❒
6. Tous ces éléments sont aussi à jour que possible. ❒
7. J'ai éprouvé l'**attractivité** de mon Pitch auprès de mon réseau professionnel, au point que j'ai des marques d'intérêt de leaders économiques connexes à mon secteur ou ma technologie qui souhaitent investir et dont je peux parler. ❒
8. Je suis capable de pitcher sans mes notes. ❒
9. Je tiens mon timing de Pitch : en 3 ou 7 ou 10 minutes selon mes besoins. ❒
10. Je connais l'actualité de levée de fonds de mes concurrents et les montants de transaction de mon secteur. ❒
11. Je connais la nature de mon interlocuteur (BA ou fonds) avant mon pitch. Je me suis renseigné sur le background de l'auditoire et ai adapté mon Pitch. ❒

> **Un seul élément non validé et je ne pitche pas.**
**Je prends le temps de corriger l'item !**

Outil 33

# La modélisation financière

> *Ce qu'ils veulent, ce n'est pas la vérité, voyez-vous, c'est la cohérence.*
>
> Daniel Pennac, *Monsieur Malaussène*

## En quelques mots

Le modèle financier importe plus pour sa cohérence que pour la justesse de la prévision, dont chacun sait qu'elle est de toute façon incertaine. Ce document Excel, indispensable à toute levée de fonds, doit refléter la consistance du Business Model ainsi que sa viabilité. Il s'agit alors d'expliquer de manière pédagogique et en partant d'hypothèses justifiables comment l'entrepreneur va faire de sa jeune start-up une future licorne. Le modèle financier traduit en chiffres les Roadmaps commerciales, technologiques et RH afin de rassurer et stimuler l'investisseur.

### LES ÉLÉMENTS DE LA MODÉLISATION FINANCIÈRE

**Commercial**

- Business Model
- Construction du chiffre d'affaires
- Roadmap commerciale

✓ **CA prévisionnel construit sur des hypothèses justifiées et marge brute**

**RH**

- Salaires
- Nombres de salariés
- Différents postes et services

✓ **Une Roadmap RH en cohérence avec la Roadmap produit et la Roadmap commerciale**

**Dépenses**

- Charges externes Ex: marketing et communication
- Dépenses R&D et production
- Investissements

✓ **Des dépenses courantes et des investissements cohérents avec la stratégie**

**Financier**

- Compte de résultat
- Bilan et plan de financement
- Emprunts
- Trésorerie

✓ **Des documents financiers qui reflètent la stratégie globale de l'entreprise et qui montre sa viabilité**

## POURQUOI L'UTILISER ?

### Contexte

Préparer sa levée, c'est jouer à « Des chiffres et des lettres » ! Lorsque l'entrepreneur écrit son BP et construit son Pitch, il crée : il écrit et raconte une histoire. En faire la modélisation financière revient à traduire ce discours en chiffres et vérifier la viabilité du modèle. Il s'agit alors d'intégrer tous les éléments de l'histoire dans un ensemble cohérent, crédible et ambitieux.

### Objectif

La modélisation financière est un outil (Excel) indispensable pour quiconque veut lever des fonds. Son objectif est de rassurer et de stimuler l'investisseur, d'expliquer le modèle commercial, de montrer qu'il peut être rentable et que l'investisseur va faire une belle plus-value en misant sur cette start-up. Pour cela, comme le Pitch, il se doit d'être CIA : crédible, intelligible et attractif. La modélisation permet aussi à l'entrepreneur de tester ses hypothèses.

## COMMENT L'UTILISER ?

### Étapes

Pour chacune des étapes, il faut se demander si les prévisions sont crédibles, intelligibles et attractives en elles-mêmes et dans la manière de les présenter.

1. **Commercial :** le chiffre d'affaires est-il construit sur des hypothèses crédibles et justifiables ? Celui-ci est-il attractif pour l'investisseur ? La marge brute est-elle démontrable ?
2. **RH :** la force commerciale est-elle en adéquation avec les prévisions de vente ? L'entrepreneur a-t-il prévu suffisamment de personnel technique (développeur, ingénieur, etc.) pour mener à bien le développement de son produit ? A-t-il anticipé les postes administratifs qui seront indispensables une fois sa croissance commencée (RH, comptabilité, administration des ventes... ) ?
3. **Dépenses et emprunts :** le budget R & D prévu est-il cohérent avec la Roadmap produit ? Les investissements à venir et leur financement ont-ils été anticipés (crédit-bail, emprunt, levée de fonds, subventions...) ? Le budget marketing est-il cohérent avec la stratégie ?
4. **Financier :** les éléments financiers en résultant sont-ils attractifs pour l'investisseur (seuil de rentabilité, EBIDTA[1]) ? La trésorerie est-elle suffisante pour tenir jusqu'au closing et cohérente avec les montants recherchés ? La levée de fonds inscrite au BP permet-elle de tenir plus de deux ans ?

### Méthodologie et conseils

L'entrepreneur n'est ni un as de la comptabilité ni très à l'aise avec toutes ces notions de TRI, EBIDTA ou encore BFR ? Pas de panique. De nombreux Templates existent et peuvent être utilisés. L'important reste de personnaliser le modèle, notamment sur la construction du chiffre d'affaires, de se questionner sur la manière la plus pertinente et pédagogique de le présenter (ex : vente par produit, par canal de vente, par typologie de client ) et de toujours se demander : comment justifier telle et telle hypothèse (par l'expérience terrain, par des métriques déjà suivies, par comparaison avec des entreprises similaires ou encore par des études et rapports de sources fiables).

Suite outil 33 →

1. EBIDTA : *earnings before interest, taxes, depreciation, and amortization* (bénéfices avant intérêts, impôts et amortissements).

**Pour aller plus loin...**

- ✓ **L'un des templates les plus utilisés, disponible gratuitement en ligne, est le FISY : https://www.fisy.fr/**
- ✓ **Par ailleurs, les leveurs de fonds et cabinets comptables ont souvent des outils spécifiques, en interne, pour accompagner l'entrepreneur dans sa modélisation financière.**

# La modélisation financière

## COMMENT ÊTRE PLUS EFFICACE ?

### Modéliser les éléments commerciaux

Beaucoup d'entrepreneurs se contentent d'indiquer leur CA prévisionnel de façon très sommaire, ou au mieux d'estimer le nombre de vente qu'ils vont réaliser (à l'intuition). Or ce n'est pas suffisant. Modéliser le chiffre d'affaires revient à se demander sur quels boutons la start-up doit appuyer pour générer du chiffre.

- Faut-il ajouter un vendeur, augmenter le budget marketing, faire croître le nombre de distributeurs ?
- Si oui dans quelle mesure ? Combien un vendeur rapporte-t-il de clients par mois ? Combien de temps et quelles dépenses faut-il pour acquérir un nouveau point de distribution ?

L'expression « modélisation » prend alors tout son sens. L'exercice consiste à présenter des prévisions tout aussi attractives que crédibles et justifiables. C'est le moment pour l'entrepreneur de montrer qu'il connaît son business et son plan de route.

### Modéliser le personnel

Il en est de même pour le personnel. Les postes, salaires et effectifs prévus doivent s'intégrer dans un modèle. Nous conseillons donc de créer des règles propres au secteur de la start-up et à son plan de développement. En voici quelques exemples, à personnaliser, bien sûr :

- Prévoir un chef des ventes pour 10 vendeurs (ou pour 150 clients).
- Embaucher un Customer Success tous les 1 000 clients.
- Embaucher un responsable RH à partir de 10 collaborateurs.
- Prévoir un salaire plus ou moins élevé pour les collaborateurs présents à l'international selon le pays visé.
- Anticiper environ 1 000 euros de frais de déplacement mensuel pour les commerciaux terrain.
- Embaucher X développeurs en 2022 et X en 2024, en cohérence avec la Roadmap technique.

Attention également à actualiser les salaires des dirigeants en fonction de la taille de l'entreprise. Ni trop lorsque l'entreprise démarre, ni trop peu lorsqu'elle a atteint une bonne taille.

### Modéliser les dépenses et leur financement

Anticiper les charges externes peut être complexe. De plus, ce n'est pas la partie la plus stratégique du modèle (si ce n'est le budget marketing selon la stratégie d'acquisition client choisie). Il est ainsi possible de se référer à des ratios courants en se basant sur la moyenne du secteur. En voici quelques exemples :

- Assurances : 0,25 à 1 % du CA, prévoir plus pour le bâtiment et le médical.
- Marketing : 10 % du CA en BtoC.

Concernant les investissements, il faudra cependant qu'ils soient coordonnés avec les Roadmaps. L'achat d'une machine de production au passage à l'échelle, l'installation dans de nouveaux locaux : tous ces éléments doivent être anticipés. Il en va de même pour leur financement : crédit-bail, emprunt court ou long terme, durée d'amortissement…

### Présenter les éléments financiers

Pour plus de lisibilité et d'attractivité, il est conseillé de créer un onglet de synthèse en y intégrant des graphiques et tableaux qui présentent les principales informations à retenir sur le modèle :

- Évolution du CA, de l'EBIDTA, du résultat net.
- Évolution de la marge brute.
- Évolution du BFR.
- Tableau récapitulatif de l'effectif.

# Exemple

## La construction du CA

### Contexte

**1. Clients Grands Comptes**

*1.1. Nombre de nouveaux clients par commercial*

| | |
|---|---|
| Base de calcul : 1 client | 1 |
| Nombre de jour pour offre/signature | 0,5 |
| Taux de conversion RDV commercial - signature | 80 % |
| Nombre de RDV commercial pour obtenir 1 client | 1,3 |
| Nombre de jours/RDV commercial | 1 |
| Nombre de jours passés sur RDV commercial | 1,3 |
| Taux de conversion 1er contact - RDV commercial | 15 % |
| Nombre de 1er contact lead pour obtenir nbre de RDV nécessaires | 8,3 |
| Nombre de jours/1er contact (lead) | 0,25 |
| Nombre de jours passés sur 1er contact | 2,1 |
| Nombre de jours nécessaires au vendeur pour générer un client | 5,1 |
| Nombre de jours passés sur la vente/mois/vendeur | 17 |
| **Nombre de clients générés/vendeur/mois** | 3,34 |
| | Churn mensuel 3% |

*1.2. Acquisition Clients Grands Comptes*

| | 2021 | | | | | | |
|---|---|---|---|---|---|---|---|
| | janv. 2021 | févr. 2021 | mars 2021 | avr. 2021 | mai 2021 | juin 2021 | juil. 2021 |
| Nombre total commerciaux | 1 | 1 | 3 | 3 | 3 | 1,0 | 1,0 |
| Nombre de signatures nouveaux clients | 3 | 3 | 10 | 10 | 10 | - | - |
| Nombre de clients total (churn compris) | 3 | 7 | 16 | 26 | 35 | 25 | 25 |

La start-up Alpha commercialise depuis près de 2 ans une solution logicielle de traduction. Elle prépare sa modélisation financière dans le cadre de sa levée de fonds.

### Raisonnement mené par l'entrepreneur

1. **Comment construire les ventes ?** Ici l'entrepreneur a choisi de raisonner par type de client en considérant un panier moyen sur chaque segment. Il distingue ainsi ses trois cibles : les PME, les particuliers et la cible grand compte dont la construction du CA est présentée ci-dessus.

2. **« Sur quel bouton appuyer » pour générer du chiffre d'affaires ?** Ici, c'est la présence d'un vendeur qui déclenche la vente :

- Le processus de vente est alors détaillé (étapes, temps passé sur chaque étape et taux de transformation) afin de savoir combien un vendeur déclenche de ventes par mois.
- Le temps passé sur chaque phase est défini grâce aux remontées terrain (l'expérience) des commerciaux déjà en place.
- Le taux de transformation peut être amené à s'améliorer légèrement au fil du temps par effet d'apprentissage.
- Dans ce type de modèle multicible, il est courant de remonter le cycle de vente pour chaque segment : les commerciaux ayant souvent des process et taux de conversion différents pour chaque cible.

**Point de vigilance :** intégrer une hypothèse sur le % de clients perdus (mensuellement ou annuellement), aussi appelé Churn ou taux d'attrition.

3. **Comment faire évoluer le nombre de vendeurs et d'éleveurs ?** Augmenter progressivement l'effectif en étant vigilant à trois éléments :

- Ai-je les moyens financiers d'embaucher de nouveaux collaborateurs ?
- Combien de temps vont-ils mettre pour générer du CA (temps de formation par exemple) ?
- Le nombre de nouveaux clients est-il crédible par rapport à ma cible (s'il n'existe que 250 entreprises cibles en France, il va falloir, à un moment, changer de cible ou internationaliser mon business) ?

# Outil 34 Les critères ESG

> « Dépourvue d'enjeux humains, la course à la performance et au rendement est justement ce qui nous fait échouer.
>
> Vincent Cespedes

## En quelques mots

Les critères ESG permettent de mesurer et de suivre l'impact environnemental, social et la gouvernance d'une entreprise (de la même manière que l'on suit des métriques financières). Ces critères sont déterminés par l'entreprise, en accord avec les investisseurs, et feront l'objet d'un suivi, voire d'un reporting spécifique appelé « reporting extra-financier ». Souvent mis en avant par les start-ups à impact, ils concernent pourtant toutes les start-ups et sont par ailleurs de plus en plus regardés par les investisseurs au moment de la levée de fonds et tout au long du suivi de leurs participations.

### INTÉGRER DES CRITÈRES ESG : QUEL IMPACT POUR MA START-UP ?

**Ce qu'implique la mise en place de critère ESG**

*Intégrer une démarche ESG cela demande :*

- Du temps : pour identifier les critères, les intégrer au BP et enfin les mettre en place et en assurer le suivi
- Une approche globale dans la prise de décision et une prise en compte de la performance extra-financière
- Une bonne connaissance de son modèle pour choisir les critères adaptés et ne pas alourdir la gestion de l'entreprise avec le suivi d'indicateurs trop complexes ou inadaptés

→

**Les apports d'une telle démarche**

*Améliorer son impact c'est améliorer son business*

- Créer de la valeur et améliorer l'image de marque et d'entreprise
- Atteindre de nouveaux marchés et accéder à des clientèles grands comptes qui sont eux obligés de rendre des comptes sur la démarche ESG de leurs fournisseurs
- Attirer de nouveaux talents sensibles à l'impact

## POURQUOI L'UTILISER ?

### Contexte

Depuis 2015, les fonds d'investissement sont dans l'obligation de publier des informations ESG concernant leur politique d'investissement, notamment sur la mise en place de tels indicateurs dans leurs participations. Intégrer des critères ESG dans son Business Plan constitue donc un vrai plus pour l'entrepreneur.

### Objectif

On peut distinguer différents types d'enjeux liés à la mise en place de critères ESG chez une start-up. D'une part, ces critères doivent être suivis par les fonds d'investissements ; instaurer ces indicateurs fait donc partie de la préparation de la levée. De plus, améliorer son impact permet aussi d'améliorer son business (ex : atteindre une nouvelle cible plus attentive à la RSE, attirer de nouveaux talents). La mise en place d'une stratégie ESG permet d'améliorer la performance de 13 %[1] en moyenne ainsi que sa maîtrise du risque (notamment en identifiant les menaces environnementales, sociétales et de gouvernance).

## COMMENT L'UTILISER ?

### Les étapes

L'entrepreneur doit choisir des critères pertinents au vu de son activité. Il pourra tout aussi bien mesurer l'impact de sa solution (si le bénéfice de cette dernière permet par exemple d'agir sur un problème environnemental ou social concret) ou de son entreprise de façon plus générale. Les indicateurs de suivi peuvent être quantitatifs comme qualitatifs.

Voici quelques exemples de critères ESG pouvant être mis en place :

- **Environnementaux :** bilan carbone (ex : émissions de $CO_2$), gestion des déchets (ex : pourcentage de déchets valorisés), utilisation durable des ressources (ex : suivi de la consommation d'eau et d'électricité)...
- **Sociaux :** accès à la formation (ex : nombre d'heures de formation suivies par les collaborateurs), implication des salariés (qualité de vie au travail/pourcentage de collaborateurs présents au capital...), égalité des genres (ex : absence de différence salariale à poste égal ou répartition H/F sur les postes à haute responsabilité).
- **Gouvernance :** gouvernance formalisée (mise en place d'un conseil stratégique), indépendance du conseil d'administration (ex : niveau d'autonomie du dirigeant, partage du pouvoir décisionnel), charte éthique (impliquant les fournisseurs par exemple).

### Méthodologie et conseils

Pour démarrer une démarche ESG, commencer par choisir 3 critères à mettre en place. Définir ensuite un indicateur de suivi précis à mesurer sans oublier de se fixer un objectif d'amélioration et un plan d'action permettant de l'atteindre. Il faudra aussi désigner un responsable RSE en interne et impliquer les collaborateurs avec pédagogie dans cette démarche. Des labels peuvent venir confirmer une telle démarche active et la valoriser comme argument commercial (ex : label B Corp).

1. Source : France Stratégie.

### Pour aller plus loin...

- ✓ *ISR et finance responsable*, Nicolas Mottis, Ellipses, 2014.
- ✓ Pourquoi et comment intégrer des critères ESG à ma start-up ?/Quels critères ESG intégrer à ma start-up ?
  - https://www.rainmakers.fi/2021/07/05/quels-criteres-esg-integrer-a-sa-startup/
  - https://www.rainmakers.fi/2021/04/07/pourquoi-et-comment-integrer-des-criteres-esg-dans-sa-startup%e2%80%af/
- ✓ Articles disponibles sur le blog de la levée de fonds : rainmakers.fi/le-blog-de-la-levee/

# Outil 35 Le Business Plan

> “ L’avenir ne se prévoit pas, il se prépare.
>
> Maurice Blondel

## En quelques mots

Le Business Plan est un des documents de référence utilisés dans le cadre d’une levée de fonds pour présenter aux futurs investisseurs, de façon claire et exhaustive, la Vision de l’entrepreneur : la proposition de valeur et ce qui la rend incontournable, le marché visé, le positionnement et les éléments différenciants, les clients visés et les canaux d’acquisition, le plan de développement « business », le modèle économique et les moyens humains, techniques et financiers associés. Une stratégie convaincante qui justifie les moyens investis : c’est la feuille de route qui assure la réalisation et rassure les investisseurs.

### ÉLÉMENTS DU BUSINESS PLAN : LA TABLE DES MATIÈRES

TABLE DES MATIÈRES

1. La Société
   - 1.1 Une vision et des hommes
   - 1.2 Un modèle de développement avéré et en expansion
   - 1.3 Positionnement et valeurs
   - 1.4 Une concurence...
   - 1.5 L’équipe
   - 1.6 Levée de fonds : le besoin et la table de capitalisation
2. Un marché à XXX Mds ! au cœur d’une mutation profonde
   - 2.1 Un enjeu de civilisation
   - 2.2 Des gros problèmes !
   - 2.3 Une équation impossible ?
   - 2.4 Des acteurs traditionnels inadaptés au nouveau paradigme
   - 2.5 Un marché de taille en France et en Europe
3. Une offre pour réduire les coûts, accompagner ses clients & augmenter la valeur
   - 3.1 Une solution innovante, vertueuse et performante
   - 3.2 Une offre créatrice de valeur et créant barrières à l’entrée et satisfaction client
   - 3.3 La digitalisation au cœur du dispositif
   - 3.5 L’étape d’après
4. Le plan de développement : objectif 100 M! !
   - 4.1 Ciblage, Clients...
   - 4.2 Canaux d’acquisation
   - 4.3 Accélérer le développement
   - 4.4 Internationalisation
5. Eléménts ESG
6. Eléménts financiers
   - 6.1 Le compte de résultat prévionnel
   - 6.2 Le plan de financement
   - 6.3 Le besoin
7. Annexes

   Glossaire
   Évolutions réglementaires
   Les CV des dirigeants

## POURQUOI L'UTILISER ?

### Contexte

Véritable feuille de route, le Business Plan est le document qui présente la stratégie générale pour convaincre les investisseurs d'apporter des fonds au projet. Sans BP, point de salut. Par ailleurs, il doit être un véritable outil de marketing du projet : s'il est austère ou ne comporte pas les éléments qui le rendront « attractif », il finira aux oubliettes. Montrer qu'on a les idées claires, montrer qu'il y a un énorme potentiel et guider la lecture : autant d'éléments clés qui faciliteront le succès. Il doit également anticiper et répondre au maximum aux questions que des investisseurs pourraient se poser.

### Objectif

Passage obligé pour tout entrepreneur, il est souvent une étape essentielle dans la vie du projet notamment lorsque l'on souhaite lever des fonds devant des investisseurs (ou convaincre son banquier). La rédaction de ce document oblige à se poser de nombreuses questions essentielles pour cadrer son projet, et surtout à formaliser ses éléments de réponse et à les partager avec les partenaires.

## COMMENT L'UTILISER ?

### Étapes

**Le BP se compose toujours de deux parties : une descriptive et une financière.** La première fait typiquement une trentaine de pages dans sa forme littéraire ; et peut aussi être présentée sous forme de Deck Powerpoint pour des start-ups Early Stage.
Certains éléments sont attendus *a minima* pour qu'il soit crédible, intelligible et ambitieux :

1. **Le contexte :** à quel problème DUREX (*cf.* Outil 7) les clients sont confrontés ?
2. **La solution :** véritablement innovante et différenciante : un Must have pour les clients, qui vont être prêts à payer pour ; la Magic Sauce qui la rend irremplaçable.
3. **Le modèle économique :** comment on crée, capte et délivre de la valeur ? Le bénéfice client doit être économiquement vertueux.
4. **Le marché et sa taille :** les segments clients et leur évolution ; si le marché n'est pas conséquent, cela n'intéressera pas les investisseurs.
5. **La concurrence, la différenciation, les barrières à l'entrée :** la solution proposée n'a pas son équivalent et se différencie clairement.
6. **La stratégie de développement :** les canaux marketing et commerciaux permettant l'acquisition client.
7. **La Roadmap :** quels sont les grands jalons déjà atteints et quelles sont les étapes à venir ?
8. **L'équipe :** la Dream Team pour *ce* projet a tous les ingrédients et les compétences nécessaires.
9. **Les éléments financiers clés issus de la modélisation financière**, le montant recherché et sa nature (Equity, dette).

### Méthodologie et conseils

Quelques questions à se poser :

- Plutôt passer du temps à rédiger un Business Plan ou aller chercher des clients ? Les deux, mon Capitaine !
- Est-ce que tous les éléments sont convaincants ? Clairs (ni trop simplifiés, ni trop complexes) ? Présentés de façon à faciliter la lecture ?
- Puis-je sous-traiter cette tâche ?

> **Pour aller plus loin...**
>
> ✓ **Envisager l'apport des différents partenaires, associés, salariés, investisseurs ou leveurs : conseil, appui, relecture et challenge. Avoir un Sparring Partner permet d'affiner et d'améliorer considérablement la réflexion et la lisibilité d'un tel document.**

# Outil 36 L'Executive Summary

> "Vous n'aurez jamais une deuxième chance de faire une bonne première impression.
>
> David Swanson

## *En quelques mots*

L'Executive Summary, communément appelé Exec, est le résumé en une à quatre pages d'un projet de développement ou de création d'entreprise. Ce document présente les points clés du projet sans en dévoiler les éléments trop stratégiques ou confidentiels. C'est le premier document du dossier de levée de fonds à être envoyé aux investisseurs, avant la signature d'un engagement de confidentialité. Généralement, on retrouve dans l'Executive Summary les éléments suivants : solution, proposition de valeur, marché et cible, Business Model, équipe, chiffres clés, montant recherché.

**L'EXECUTIVE SUMMARY**

## POURQUOI L'UTILISER ?

### Contexte

Les fonds d'investissement reçoivent plusieurs dizaines de dossiers par semaine pour 10 investissements par an. Un analyste prend seulement quelques minutes pour lire les dossiers et ensuite présenter ceux qu'il retient à son comité d'investissement. Un Business Angel reçoit également de nombreux dossiers qu'il va étudier après sa journée de travail.

L'Executive Summary doit donc être rédigé avec soin pour atteindre son premier objectif : susciter l'intérêt de l'investisseur et donner envie d'en savoir plus.

### Objectif

L'Executive Summary a deux intérêts principaux : susciter l'intérêt d'un investisseur pour le projet et faire gagner du temps à tous les interlocuteurs. C'est le premier document envoyé à un investisseur, il lui permet de rapidement évaluer le potentiel du projet et l'adéquation par rapport à sa propre thèse d'investissement.

## COMMENT L'UTILISER ?

### Étapes

1. **Définir les éléments essentiels du Business Plan à réutiliser dans l'Executive Summary.** *A minima*, l'Exec doit inclure une description des fondateurs, la proposition de valeur, le marché visé et la cible, le modèle de revenus, les éléments financiers clés de l'entreprise (actuels et futurs) et les paramètres généraux de la levée (montant recherché, motif de la levée, valorisation).
2. **Évaluer la confidentialité des éléments sélectionnés.** L'Executive Summary doit comporter suffisamment d'informations pour donner envie à l'investisseur de lire le dossier complet sans pour autant lui dévoiler d'informations secrètes.
3. **Choisir le format de l'Executive Summary :** document rédactionnel, Powerpoint, page web privée, vidéo.
4. **Rédiger l'Executive Summary.**
5. **Faire relire aux membres de l'équipe et à un public neutre.**
6. **Diffuser aux investisseurs.**

### Méthodologie et conseils

Il est recommandé de rédiger l'Executive Summary après le Business Plan ou le Pitch Deck, documents plus détaillés. Il ne doit pas dépasser 4 pages et doit être autoporteur car il est lu en l'absence du dirigeant. La qualité de sa rédaction est donc primordiale. L'Executive Summary conclut la phase de préparation du dossier et introduit la phase suivante : le Roadshow.

Suite outil 36 →

### Avant de vous lancer…

- ✓ Quel format correspond le mieux à la stratégie de diffusion et à l'identité du projet (document, site web privé, vidéo, flyer envoyé en complément de mes produits à tester…) ?
- ✓ La présentation de l'Executive Summary est-elle soignée ? Donne-t-elle envie de le lire ?
- ✓ L'Executive Summary incite-t-il à rencontrer les dirigeants fondateurs et à lire le Pitch/Business Plan ?
- ✓ L'Executive Summary exclut-il les éléments confidentiels et stratégiques du projet ?

Suite outil 36

# L'Executive Summary

## COMMENT ÊTRE PLUS EFFICACE ?

La préoccupation première du dirigeant doit être de donner suffisamment d'informations pour attirer l'attention de l'investisseur et permettre une première qualification, sans trop en dévoiler car aucun engagement de confidentialité n'a encore été signé et qu'il faut garder en poche de nouveaux arguments pour chaque échange avec lui. Telle une belle tenue dans un jeu de séduction, l'Exec doit donc faire comprendre l'essentiel sans dévoiler les détails. Le deuxième intérêt de l'Exec est de faire gagner du temps au lecteur du Business Plan : certains lecteurs arrivant un peu plus tard dans le processus de levée de fonds (dirigeants du fonds d'investissements par exemple) ne souhaiteront pas faire une lecture exhaustive du Business Plan.

### CIA : crédible, intelligible, attractif

Le projet présenté doit être crédible, les éléments clés du projet doivent rassurer. Citons comme exemples d'éléments rassurants le dépôt de brevets ou le fait d'avoir des clients connus. Bien qu'innovant et ambitieux, le projet de développement de la société et de financement doit être réaliste. En contre-exemple, un projet de sous-marin volant est peu crédible.

L'Executive Summary doit permettre à tout interlocuteur de comprendre le projet de création ou de développement de la start-up. Faire relire son Executive Summary à un public neutre, en dehors du milieu professionnel de la start-up, permet d'évaluer la compréhension du document. « Si ma belle-mère a compris, l'investisseur comprendra. »

Le projet doit être attractif, son fort potentiel de développement doit ressortir à travers des éléments factuels comme la taille du marché, la traction commerciale actuelle, les prévisions de chiffre d'affaires.

### La description de l'équipe

L'équipe est un des éléments essentiels du projet. La description des membres doit faire apparaître les expériences clés et les expertises de chacun. L'objectif est de montrer pourquoi cette équipe est pertinente et complémentaire pour mener avec succès le projet présenté.

### La confidentialité

Le dirigeant doit en premier lieu accepter de ne pas pouvoir communiquer toutes les informations du projet à travers ce premier document. L'Executive Summary est court (1 à 4 pages) alors que la présentation d'un projet de start-up est complexe. Par ailleurs, l'Executive Summary étant envoyé avant la signature d'un NDA, il peut fuiter. En effet, certains Business Angels travaillant en groupe peuvent être amenés à se partager des dossiers à ce stade sans prévenir les dirigeants.

### La diffusion

L'Executive Summary peut être diffusé assez largement selon la stratégie de levée de fonds définie. Il est idéal d'être introduit par une personne tierce qui a une relation privilégiée avec l'investisseur mais, dans tous les cas, il est recommandé de personnaliser le message d'accroche en fonction de l'interlocuteur. Par exemple, en faisant référence à un critère d'investissement phare de l'investisseur (exemple : MRR (revenu mensuel récurrent) supérieur à 20 000 euros exigé par l'investisseur). De plus, il vaut mieux ne pas contacter en premier l'investisseur le plus pertinent de la liste préalablement définie afin de modifier le document après les premiers retours si cela s'avère nécessaire.

# Exemple

## Un Executive Summary

Logo

**Executive Summary**

*Slogan*

INFORMATION

**Adresse**
**Site internet**
**Coordonnées contact principal : dirigeant/ leveur de fonds**

FINANCE

**Stade de maturité** (amorçage – Série A – capital-développement)
**Chiffre d'affaires** N-1
**Montant recherché**

UTILISATION DES FONDS

**XX %** Développement technologie
**XX %** Marketing communication
**XX %** Développement commercial

ÉQUIPE

**Expériences significatives de chacun des fondateurs**

**Expertises de chacun des fondateurs au sein de l'entreprise**

BOARD

**Expériences significatives de chacun des membres du Board** (sociétés créées, investissement réalisé)

### VOTRE ENTREPRISE

Brève description de votre entreprise et de l'opportunité d'investissement que vous proposez. Ce que vous faites, pourquoi et comment vous le faites.

### PROBLÈME/OPPORTUNITÉ

Quel est le besoin identifié ? En quoi ce besoin est clair, évident et important ? Quelles sont les cibles concernées par ce problème ?

### SOLUTION

Décrivez comment votre produit/service répond au besoin ou à l'opportunité décrit ci-dessus. Quelle est votre proposition de valeur et quels sont les bénéfices pour vos clients ?

### MARCHÉ

Décrire le marché :
- Taille
- Écosystème
- Évolution

### POSITIONNEMENT ET CONCCURENCE

Quel est votre positionnement sur ce marché ? Qui sont vos concurrents directs et indirects ? Donnez des chiffres clés sur le marché et ne négligez pas vos concurrents. Montrez que vous avez une très bonne connaissance du marché.

### BARRIÈRE À L'ENTRÉE

Quel est votre avantage concurrentiel ? Quelles barrières à l'entrée du marché avez-vous créées ? Il peut par exemple s'agir de brevet ou de contrats d'exclusivité.

### STRATÉGIE D'ENTRÉE/DÉVELOPPEMENT SUR LE MARCHÉ

Comment vous comptez-vous vous installer/vous développer sur votre marché ? Quels sont vos canaux de distribution ? Avez-vous des partenaires clés ?

### TRACTION SUR LES 6 DERNIERS MOIS ET PRÉVISIONNEL

Quels sont les éléments de tractions significatifs sur les 6 derniers mois ? Il peut s'agir d'un nombre d'utilisateurs, un taux de réassort, de la croissance de votre chiffre d'affaires par exemple.

| | 2021 | 2022 | 2023 | 2024 | 2025 |
|---|---|---|---|---|---|
| Produits vendus | | | | | |
| Chiffre d'affaires | | | | | |
| EBITDA | | | | | |

# Outil 37 La table de capitalisation

> « Le diable est dans les détails.
>
> Friedrich Nietzsche, *Ainsi parlait Zarathoustra*

## En quelques mots

La « Cap Table » répertorie les parts détenues par les actionnaires d'une société et leurs évolutions en fonction des opérations : création, augmentation/réduction de capital, cession de titres... Ce qui est attendu est une véritable Equity Story, qui permet aux investisseurs d'accéder à l'histoire de la société d'un point de vue capitalistique : comment on passe du capital des fondateurs, aux apports successifs, à quels moments, pour quelles valorisations, les actionnaires entrés et sortis sur chaque tour. Ces éléments en disent long sur la trajectoire passée et l'ambition future.

### EXEMPLE D'UNE TABLE DE CAPITALISATION

| | Création | | | Augmentation de capital + Exercice de BSPCE | | | |
|---|---|---|---|---|---|---|---|
| **Associés** | Nombre d'actions souscrites | Types de droit | % du capital détenu | Nombre d'actions souscrites | Types de droit | Total actions détenues | % du capital détenu |
| | | | | | **Exercice BSPCE** | | |
| Associés | 490 | Action ordinaire | 49% | 20 | BSPCE | 510 | 40,48% |
| B | 490 | Action ordinaire | 49% | 20 | BSPCE | 510 | 40,48% |
| C | 20 | Action ordinaire | 2% | | | 20 | 1,59% |
| **Investisseurs AK1** | | | | | **Levée de Fonds** | | |
| D | | | 0% | 100 | Action de préférence | 100 | 7,94% |
| E | | | 0% | 50 | Action de préférence | 50 | 3,97% |
| F | | | 0% | 50 | Action de préférence | 50 | 3,97% |
| **Salariés Clés** | | | 0% | 20 | **Exercice BSPCE** | 20 | 1,59% |
| **TOTAL** | 1000 | | 100% | 260 | | 1260 | 100 % |

## POURQUOI L'UTILISER ?

### Contexte

Raconter l'Equity Story et présenter l'avenir capitalistique est un élément marketing vis-à-vis des investisseurs au même titre que le BP, la Roadmap, le prévisionnel. En son cœur réside la mécanique de création de valeur pour les actionnaires. Les ressources financières consommées doivent engendrer un surplus de valeur qui se retrouve dans le prix à payer pour les nouveaux investisseurs.

### Objectif

La table de capitalisation à l'instant *T* permet aux partenaires (banquiers, investisseurs, BPI, administrations...) de connaître les décisionnaires ultimes ou les bénéficiaires effectifs, voire les valorisations successives. Lors de la levée de fonds, et dans le but de définir la bonne stratégie de levée, elle devient dynamique : on peut ainsi simuler, à partir d'hypothèses (valorisation, attribution d'options...) les dilutions/relutions du capital (revente de parts), les valorisations anticipées, un changement de majorité, et ce sur chaque opération prévisible (levée, cession entre associés, BSPCE[1]...).

## COMMENT L'UTILISER ?

### Étapes

1. La Cap Table est un tableau Excel qui contient les informations suivantes, pour chaque opération successive, y compris les tours futurs envisagés dans la stratégie de financement :
   - Nom de l'actionnaire.
   - Nombre d'actions acquises/cédées.
   - Pourcentage du capital détenu après l'opération.
   - Le cas échéant (confidentiel) : valorisation.
2. Dans la pratique, on ajoute souvent :
   - La catégorie d'actionnaire : fondateurs, salariés, investisseurs...
   - La catégorie d'instruments détenus : action ordinaire ou préférentielle, BSA[2], BSPCE, OC[3]...
   - Le montant investi en capital et en compte courant pour identifier fonds propres et quasi FP.
   - L'évolution à chaque opération ou exercice de clauses prévisibles : conversions de BSPCE, OC...
   - À chaque fois, à quelle date.
3. Selon l'usage, montrer soit la version « *Fully Diluted* » (après conversion des options), soit « *Non Diluted* » (à l'instant *T*).

**Exemple :**

Création de l'entreprise. Deux fondateurs mettent 10 000 € chacun pour 100 % du capital. Un an plus tard la société lève 100 000 € auprès d'un investisseur pour une valorisation pré-money de 500 000 €. La société vaudra donc 600 000 € post-money et l'investisseur en possédera 16,66 % (41,67 % chacun pour les deux fondateurs).

### Méthodologie et conseils

De nombreux Template simplifiés de table de capitalisation sont disponibles sur Internet. Si vous choisissez de les utiliser, nous vous conseillons tout de même de les adapter en y ajoutant les éléments manquants et décrits ci-dessus.

1. BSPCE : bons de souscription de parts de créateur d'entreprise.
2. BSA : bons de souscription d'actions.
3. OC : obligations convertibles.

### Pour aller plus loin

**Quelques questions à se poser :**

- ✓ La Cap Table montre-t-elle la bonne Story pour un investisseur ?
- ✓ Quels sont les scénarios possibles des prochaines levées de fonds ? Est-il pertinent de découper en plusieurs étapes pour moins diluer ?
- ✓ Les mécanismes dilutifs sont-ils bien identifiés ? Nombre d'entrepreneurs se sont retrouvés à perdre la majorité sans l'avoir anticipé après conversion d'OC/BSA/BSPCE !
- ✓ La relation entre valorisation pré/post money est-elle bien intégrée ?
- ✓ À quel moment faut-il « nettoyer sa table de capitalisation » ? Une Cap Table avec 500 noms peut avoir un effet repoussoir. Il peut être pertinent de mettre en place une holding pour les BA ou le crowdfunding.

# Outil 38 La Data Room

> “ *L'intelligence n'est pas la capacité de stocker des informations, mais de savoir où les trouver.*
>
> Albert Einstein

## En quelques mots

Une Data Room est une solution virtuelle (dans le Cloud) aux accès sécurisés, spécialement conçue pour le stockage et le partage des informations confidentielles sur l'entreprise qu'un entrepreneur souhaite diffuser à ses investisseurs ou acheteurs potentiels. L'outil numérique peut présenter des fonctionnalités diverses : du simple espace virtuel partagé et sécurisé à l'outil de traçage de la lecture de documents en passant par des permissions d'accès régulées et des fonctions de prise de notes et marque-pages. La Data Room est un trait d'union informatif entre l'entrepreneur et les investisseurs.

**LA DATA ROOM**

## POURQUOI L'UTILISER ?

### Contexte

L'utilisation de Data Room est un sujet controversé et reste relativement rare lors des premiers tours de financement puisque les start-up en amorçage, voire en Série A, sont de jeunes sociétés avec de faibles quantités d'informations juridiques et comptables. Il n'est donc pas nécessaire de monter une Data Room électronique pour communiquer un Pitch Deck, un Business Plan, deux bilans, un brevet, quelques contrats et les statuts de la société à un investisseur.

Toutefois, dans le cadre de tours ultérieurs en Série B, C et D, lorsque les sociétés sont plus matures, cumulent plusieurs années d'existence et que les enjeux financiers et juridiques sont nettement supérieurs, la Data Room peut se révéler être un outil présentant de nombreux intérêts dont celui de coordonner l'information distribuée aux investisseurs potentiels.

### Objectif

Maîtriser les usages, les bienfaits d'une Data Room tout en évaluant les risques et les contraintes liés à l'usage de cet outil dans la relation à de futurs actionnaires et dans la négociation.

## COMMENT L'UTILISER ?

### Étapes

1. **Acter la pertinence de mettre en place une Data Room avec ses conseils et investisseurs.**

2. **Sélectionner un outil qui couvre les fonctionnalités de base nécessaires.** Le premier risque de la Data Room est la fuite d'informations. D'où la nécessaire et irréprochable cybersécurité avec des fonctionnalités de base comme :

- le stockage sur des serveurs sécurisés et le cryptage des fichiers ;
- une traçabilité et des restrictions portant sur les adresses IP des utilisateurs ;
- un accès individualisé et sécurisé par double authentification ;
- une possibilité de bloquer les fonctionnalités de téléchargement et d'impression des documents affichés à l'écran (mode lecture) ;
- l'apposition d'un filigrane lors d'impression des documents visualisés à l'écran comportant la date et le nom de l'utilisateur ayant accès aux documents ;
- le téléchargement, la sauvegarde et la gestion faciles de fichiers en divers formats ;
- l'ergonomie et l'intuitivité du système restent des éléments de base d'une expérience utilisateur positive.

3. **Envisager quelques options :** de nos jours, les fournisseurs de Data Rooms mettent en place la technologie du Machine Learning dans leurs logiciels, la traduction automatique de documents ou encore l'analyse automatisée des Red flags (les points précis soulevés lors d'une Due Diligence qui mettent en péril l'investissement). Les fournisseurs étendent aussi leur offre avec des fonctionnalités pour pister, pour chaque lecteur, le temps passé sur chaque document ou page de document. Cela représente une aide précieuse à la négociation en décelant les points d'intérêt des acquéreurs ou de leurs auditeurs, et en permettant à l'entrepreneur d'anticiper les éventuelles questions ou objections qui peuvent être posées/soulevées lors des sessions de questions-réponses.

### Méthodologie et conseils

Les conseils (cabinets d'avocats ou leveurs de fonds) peuvent parfois mettre en place la Data Room, voire avoir déjà sélectionné l'outil le plus adapté.

**Pour aller plus loin...**

✓ Dans un esprit de controverse, lire Marc Suster, « Why you should never have a data room — the most counter-intuitive fund-raising advice you'll ever get », article du 19 mai 2018, sur Bothsidesofthetable.com.

# Outil 39 Le tableau de suivi des investisseurs

> Qui n'inspecte pas son appareil donne à ses anges des raisons de se préoccuper.
>
> Proverbe d'aviateur

## En quelques mots

**Le tableau de suivi des investisseurs est un outil permettant de piloter le process de levée en rendant compte de l'état d'avancement des discussions avec chacun des investisseurs. Il est actualisé à chaque fois qu'une discussion évolue avec un investisseur. Il est indispensable si l'on sollicite de nombreux financiers. Il comprend *a minima* les champs suivants :**

- Nom complet.
- Type d'investisseur : Business Angel, fonds d'investissement, Family Office, etc.
- Stade de la discussion.
- Montant d'investissement envisagé par l'investisseur.
- Commentaires : date du dernier document envoyé, raison du refus, etc.

### EXEMPLE DE TABLEAU DE SUIVI DES INVESTISSEURS

| Nom | Profil | Stade | Montant | Commentaires |
|---|---|---|---|---|
| Investisseur A | Business Angel | À contacter | | |
| Investisseur B | Fonds d'investissement | Executive Summary envoyé | | Executive Summary envoyé le 12/09 |
| Investisseur C | Family Office | Dossier complet en cours d'analyse | | NDA signé le 03/09 |
| Investisseur D | Fonds d'investissement | Rendez-vous réalisé | | Rendez-vous réalisé le 05/09 |
| Investisseur E | Fonds d'investissement | Accord de principe | 200 000 euros | Accord oral à l'issue du rendez-vous le 11/09 |
| Investisseur F | Fonds d'investissement | LOI ferme | 500 000 euros | LOI reçue le 10/09 |
| Investisseur G | Fonds d'investissement | Refus | | Refus car manque de traction commerciale |

## POURQUOI L'UTILISER ?

### Contexte

La démarche de levée de fonds peut vite devenir compliquée avec la multiplication des interlocuteurs. Il y a un risque important de manquer des rendez-vous, ne plus savoir où l'on en est. Permettant de piloter le processus de la levée, le tableau de suivi des investisseurs est créé au moment du ciblage des investisseurs et est mis à jour tout au long des négociations jusqu'à la finalisation de l'opération.

### Objectif

La mise en place et l'actualisation d'un tableau de suivi dédié aux investisseurs prennent du temps et demandent de la rigueur. Cependant, les bénéfices à en retirer sont nombreux :

- Avoir une vision globale de l'état d'avancement de la levée.
- Gagner en temps et en efficacité.
- Éviter de contacter deux fois le même investisseur et perdre en crédibilité.
- Programmer des relances.
- Communiquer facilement l'état d'avancement de l'opération aux différents intervenants sur la levée.
- Noter les raisons des refus pour recontacter les investisseurs ultérieurement avec pertinence.

## COMMENT L'UTILISER ?

### Étapes

Un tableau élaboré sur Excel peut tout à fait suffire ; cependant il peut s'avérer moins pratique que Google Sheet pour la communication entre les différentes parties prenantes de l'opération. L'utilisation d'un CRM ou d'un Trello peut également s'avérer très efficace pour gérer le suivi des échanges lors d'une levée de fonds. En effet, les investisseurs peuvent être considérés comme des clients dans le CRM et ainsi remplacer votre tableau Excel/Google Sheet.
Les champs d'information concernant l'investisseur dans un CRM sont plus étoffés : origine du contact, montant minimum et maximum que l'investisseur a l'habitude d'investir, les secteurs d'activité qui l'intéressent, les précédentes sociétés dans lesquelles il a investi, le stade de maturité auquel il investit (amorçage, série A, B, C ou capital-développement) ou encore son degré d'implication post-investissement (présence au Board obligatoire, semi-actif ou inactif). Par ailleurs, un CRM permet de garder un historique détaillé des échanges avec les différents investisseurs (mails, échanges téléphoniques, notes lors de rendez-vous) ce qui est plus complet qu'un simple champ Commentaires d'un tableau Excel.

### Méthodologie et conseils

On considère qu'il faut contacter environ 50 Business Angels pour en convaincre 5 lors d'une opération de levée de fonds en phase d'amorçage (soit 10 % de succès). Avec un tel nombre de contacts, il est indispensable d'être rigoureux dans la mise à jour de ce tableau.
Il faut également penser aux futurs tours de table où il sera pertinent de recontacter certains investisseurs ayant refusé d'investir jusqu'à maintenant pour des raisons personnelles ou business (manque de fonds à l'instant *T*, manque de traction commerciale, taux de Churn trop élevé...).

**Pour aller plus loin...**

✓ **En faisant appel à un leveur de fonds, celui-ci peut se charger de la mise en place et mise à jour du tableau de suivi, ce qui permet au dirigeant de se concentrer sur le développement de sa société. Et cela d'autant plus qu'il a probablement déjà des listes d'investisseurs potentiels !**

# Outil 40 La Due Diligence

> “
> *Mieux vaut une amère vérité qu'un doux mensonge.*
> Proverbe russe

## En quelques mots

Ça y est ! Des investisseurs ont manifesté (par écrit) leur intérêt pour le projet. La Due Diligence, quasi systématique, a pour but, pour ces derniers, de vérifier l'état de santé de la start-up avant de débourser les fonds : audit financier, légal, juridique, social, technique, commercial et stratégique Parce que la confiance n'exclut pas le contrôle ! L'objectif est donc bien, pour les investisseurs, de sécuriser leur investissement en s'assurant de la véracité des données qui leur ont été présentées par les entrepreneurs et de confirmer la valeur du projet dans lequel ils (s')investissent.

### LES ELEMENTS REGARDÉS DURANT LA DUE DILLIGENCE

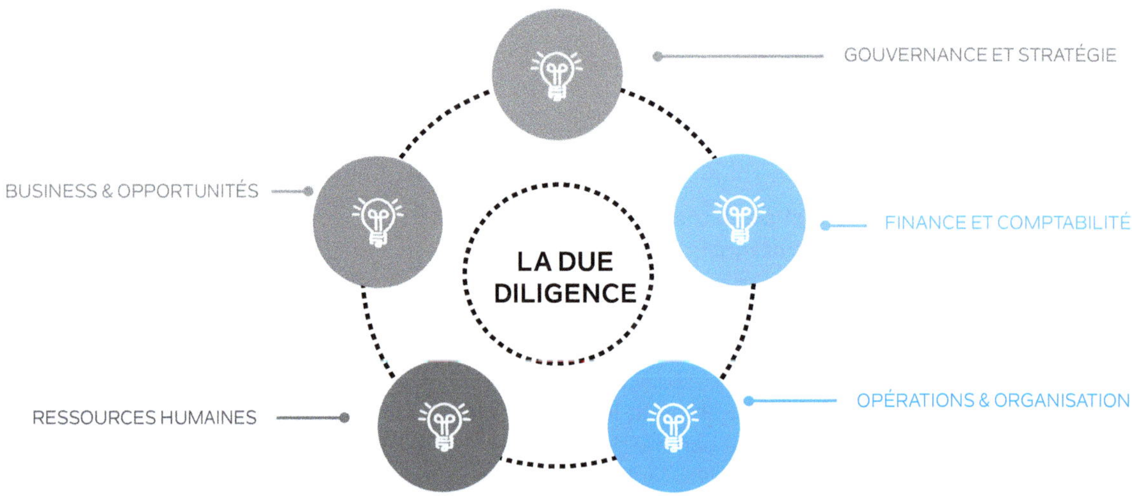

## POURQUOI L'UTILISER ?

### Contexte

Pendant les échanges en vue d'une levée de fonds, l'entrepreneur partage avec les potentiels investisseurs des informations sur le business, la technologie, les dirigeants, les équipes et des prévisions chiffrées, qui sont la base de la valorisation de l'entreprise. Lorsque les investisseurs sont convaincus, il leur faut concrétiser l'investissement sur la base d'éléments préalablement validés.

### Objectif

La Due Diligence poursuit ainsi plusieurs objectifs :

- Valider la réalité économique du projet, vérifier la crédibilité des données du BP et des indicateurs de performance.
- Minimiser les risques financiers, techniques... du projet sur la base d'éléments concrets et vérifiables

Tout cela, dans un objectif de minimiser les risques endogènes et de conforter l'investisseur dans son projet d'investissement et sa valorisation. La Due Diligence conforte ou complique la négociation, la valorisation, les clauses, etc.

## COMMENT L'UTILISER ?

### Étapes

Le temps consacré à une Due Diligence varie en fonction de l'investisseur, du montant, de la complexité technique, réglementaire ou du temps nécessaire pour obtenir les réponses.

1. **Afin de s'assurer de l'exhaustivité des informations, une liste de documents (preuves) est à fournir :**
   - documents constitutifs, de gouvernance, historiques des AG... ;
   - table de capitalisation *Fully Diluted*, levée de fonds, plans d'attributions... ;
   - historiques comptables, rapports des commissaires ;
   - contrats de prêts, crédit baux ;
   - assurances (RCP, personnes clés...) ;
   - contrats commerciaux, de partenariats, de distributions, d'apports d'affaires... ;
   - propriété intellectuelle (brevets, marques...), documentation technique ;
   - contrats de travail, effectifs, CV des dirigeants, contentieux, et tout document encadrant les relations sociales.
2. **Afin de faciliter et sécuriser le partage d'informations, les documents sont déposés dans une Data Room,** un coffre-fort numérique partagé entre dirigeants et investisseurs.
3. **S'ensuit une phase de questions/réponses, de rencontres avec les équipes.**
4. **Si besoin, les investisseurs peuvent faire appel à des spécialistes** afin de mener une partie des vérifications : technique, juridique (brevet, réglementation, audit de code du logiciel ).

Si la Due Diligence est souvent une validation, soulignant des risques identifiés, cela peut amener à une remise en question de certains termes de l'accord, voire à la mise en place de mécanismes d'ajustement de prix *a posteriori* en cas de survenance ultérieure (garantie d'actif et de passif).

### Méthodologie et conseils

Il ne faut rien cacher aux futurs investisseurs, cela ne serait que contre-productif. La mobilisation des équipes est primordiale pour répondre aux questions et démontrer réactivité et précision dans les réponses apportées. Il faut noter que la Due Diligence est souvent réalisée par des cabinets extérieurs, à la charge de la start-up. Elle peut être faite à l'initiative de la celle-ci (Vendor Due Diligence). Enfin, préparer en amont les éléments facilitera l'exécution et améliorera la confiance.

**Pour aller plus loin...**

✓ « How Do Venture Capitalists Make Decisions ? », Paul A. Gompers, Will Gornall, N. Kaplan Steven, & Ilya A. Strebulaev, (August 1, 2016), *Stanford University Graduate School of Business Research Paper* No. 16-33; *European Corporate Governance Institute* (ECGI) – *Finance Working Paper* No. 477/2016 1er août 2016, https://ssrn.com/abstract=2801385

Outil 41

# La Due Diligence inversée

> « Je ne peux rien pour qui ne se pose pas de questions.
>
> Confucius

## En quelques mots

Un investisseur est intéressé par le projet : Yeees ! Mais lever des fonds, c'est faire entrer un actionnaire, ce n'est pas rien. C'est pour cela que l'entrepreneur doit mener sa démarche de qualification et d'instruction : qualification des investisseurs, compréhension du process, alignement des attentes, etc. La Due Diligence désigne l'ensemble des vérifications que va réaliser l'investisseur lorsqu'il envisage un investissement. De même, la Due Diligence inversée, étape importante du processus, peut être définie comme la recherche d'informations que va réaliser l'entrepreneur lorsqu'il envisage un deal !

### LES QUESTIONS À SE POSER CONCERNANT L'INVESTISSEUR

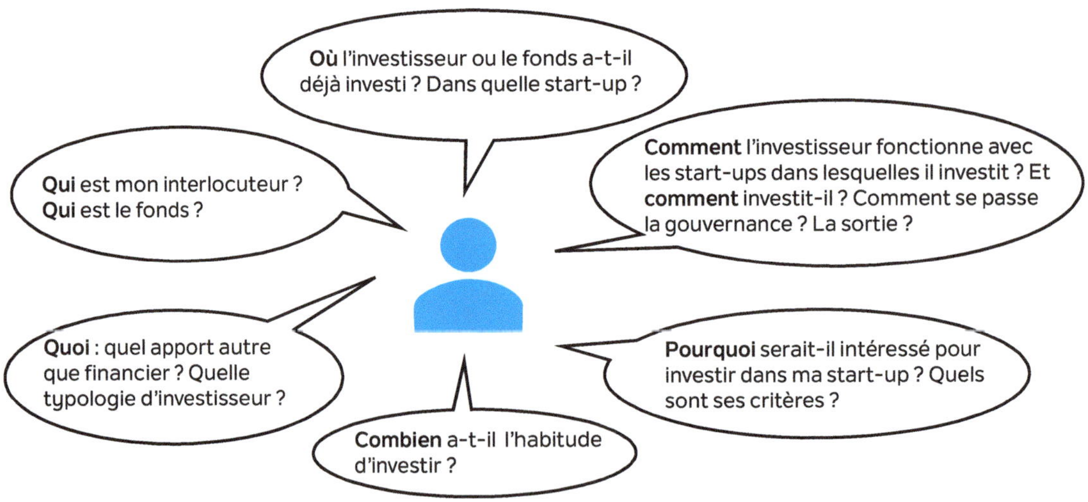

## POURQUOI L'UTILISER ?

### Contexte

La levée de fonds s'apparente à un mariage. Après la phase de rencontre et de séduction viendra la vie commune. Et comme dans tous les mariages, l'entrepreneur comme l'investisseur peuvent être confrontés à de bonnes et à de mauvaises surprises. Il est donc primordial pour l'entrepreneur de savoir s'il est compatible avec l'investisseur afin d'éviter de se faire abandonner devant l'autel ou de subir un mariage raté (stratégies et décisions bloquées car on ne regarde plus dans la même direction, refus de refinancement car désalignement des intérêts, conflits, blocage dans la gouvernance, etc.).

### Objectif

L'objectif est de permettre à l'entrepreneur d'améliorer sa compréhension du fonds et de l'investisseur pour voir si une collaboration pourrait être envisagée (qualification de l'investisseur). Cet outil permet de lister les questions que l'entrepreneur doit se poser concernant l'investisseur et le fonds d'investissement.

## COMMENT L'UTILISER ?

### Étapes

1. **À qui est-ce que je m'adresse ?**

- Quels sont les critères d'éligibilité du fonds (stade d'avancement, CA minimum, secteur d'activité...) ?
- Qui est mon interlocuteur (son expérience dans le Private Equity ? Son ancienneté dans le fonds ? Son rôle ? Ses succès passés, notamment pour un Business Angel ?) ?
- Quel apport autre que financier le fonds ou l'investisseur apporte-t-il ou non ?

2. **Avec qui l'investisseur travaille-t-il ? Comment instruit-il ses dossiers ?**

- Le fonds a-t-il investi dans des start-ups concurrentes à la mienne ? Il faut noter que les fonds d'investissement n'ont pas pour habitude d'investir dans deux start-ups concurrentes.
- Le fonds a-t-il investi dans des start-ups complémentaires à la mienne ? Exemple : si je commercialise une pièce qui permet de générer de l'électricité pour les vélos électriques et que le fonds a investi dans une start-up qui produit des vélos électriques.
- Quel est le processus de sélection et surtout qui y prend part ?
- Le fonds a-t-il l'habitude d'être leader ou suiveur ?
- Dans combien de start-ups le fonds a-t-il investi ces dernières années ? Récemment ? Quel secteur d'activité ?

3. **Comment l'investisseur gère-t-il ses participations ?**

- Comment se comporte le fonds avec ses participations (reporting, participation au Board, contrôle, entente) ?
- Combien de start-ups ont-elles été revendues ? Pour quelle valorisation ? Quels succès/échecs ?
- Comment se passe la collaboration dans les faits ? L'entrepreneur pourra, juste un peu avant de signer la LOI, demander à l'investisseur des références de participations pour les contacter et répondre à cette question.

### Conseils et méthodologie

L'entrepreneur pourra aussi questionner son leveur de fonds qui pourra utilement lui venir en aide sur cette Due Diligence inversée (ayant l'habitude de travailler avec les fonds), voire faire cette contre-instruction pour le compte de l'entrepreneur.

*Avant de se lancer...*

✓ **L'entrepreneur doit être à l'aise avec l'idée de questionner son interlocuteur ou d'autres sources d'information. Si ce n'est pas le cas, il doit mener une réflexion sur sa posture : il pourra, pour le faire, se référer à l'outil 4.**

5

DOSSIER

# NÉGOCIER UNE VALORISATION

"

Valorisation : action de valoriser.
Ex : *la valorisation de ses efforts*

Dictionnaire Le Robert

Ah « la valo » !!! Quel est le startuper qui n'y a jamais pensé ? Qui n'en a jamais rêvé la nuit ? Et c'est bien normal, car non seulement la somme en face indique s'il va devenir riche, ou aisé, ou s'il va se faire lessiver, mais elle constitue aussi une représentation de ce que vaut son travail dans l'absolu autant que par comparaison avec ses pairs.

Et quand raison et émotion s'en mêlent, il convient de faire attention.

D'autant plus que les investisseurs qui assurent la contrepartie – il n'y a pas de valorisation s'il n'y a pas de transaction entre deux parties – sont tout à la fois très techniques et créatifs, et qu'ils disposent d'une panoplie étendue d'outils pour ajuster le prix réel aux multiples paramètres en jeu : le temps, le risque, les règles fiscales, etc.

Autrement dit, la valorisation est rarement un simple chiffre posé sur un papier que l'on ferait glisser, retourné sur la table de réunion, comme dans les films. Elle résulte dans les faits d'un calcul subtil, faisant la synthèse de différentes méthodes et outils appliqués à des hypothèses multiples.

Notre cinquième dossier a vocation à éclairer les entrepreneurs sur ces différents outils :

- Comment calcule-t-on la valeur future de l'entreprise et comment la ramène-t-on à un instant *T* ?
- Comment la répartition de cette valeur peut-elle dépendre d'autres critères que le pourcentage de détention ?
- Comment la technique financière utilisée (Equity, dettes sous différentes formes) va-t-elle jouer sur la richesse future des acteurs ?
- En quoi les fondateurs et salariés ne sont-ils pas des actionnaires comme les autres ?
- Quels sont les Market Practices en fonction du stade de maturité de la start-up ?

Autant de sujets qui peuvent *a priori* paraître arides, mais qui, pour autant, ne doivent pas décourager les dirigeants. Il suffit souvent d'un bon tableur pour poser les enjeux et se préparer à ce qui sera *la* négociation.

## Les outils

Outil

# 42 La valorisation

> “ *Si l’homme n’arrive pas à valoriser l’instant présent, il lui sera impossible d’apprécier l’instant futur.*
>
> Esther Johnson

## En quelques mots

Valoriser une start-up revient à se mettre d’accord sur ce qu’elle vaut. Il s’agit d’une étape incontournable lors d’une augmentation de capital puisque de la valorisation va dépendre le nombre de parts que l’investisseur obtiendra en contrepartie de son apport. Pour autant, l’exercice est loin d’être facile. D’autant plus qu’il n’est pas possible pour une start-up de se référer au passé (contrairement aux méthodes utilisées par les experts pour la valorisation des sociétés déjà établies). On peut cependant identifier 4 pratiques de valorisation pouvant être mobilisées par les start-ups.

### MÉTHODES DE VALORISATION – PRÉ ET POST-MONEY

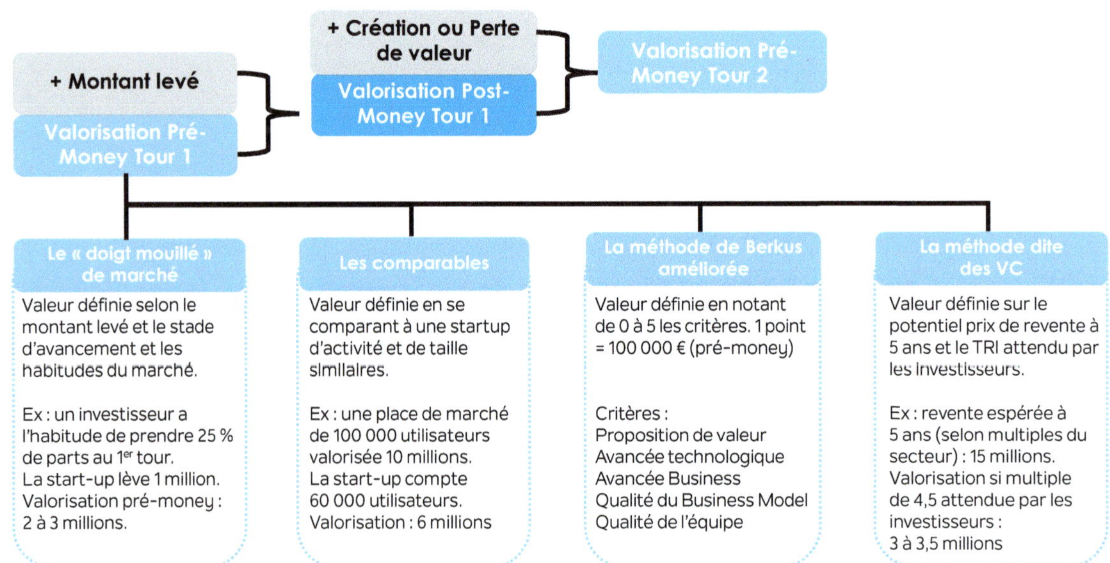

## POURQUOI L'UTILISER ?

### Contexte

Ne pouvant se baser sur le passé ou son patrimoine, la valorisation d'une start-up est loin d'être une science exacte. Dans la réalité, tout est question de négociation et de l'application de quelques principes du secteur.

### Objectif

Ici, la valorisation a pour but d'estimer la valeur de l'entreprise au moment de la levée de fonds. Avant augmentation de capital, on parlera de valeur pré-money ; dans le cas inverse de valeur post-money. L'objectif de cette valorisation est de déterminer le prix de l'action et donc le pourcentage de l'entreprise ouvert aux investisseurs.

## COMMENT L'UTILISER ?

### Étapes

1. Bien mesurer tous ses indicateurs d'activité (par exemple nombre d'abonnés, nombre de partenaires, CA, MRR...) actuels, et établir un prévisionnel d'activité sur 5 ans (sur les indicateurs d'activité et sur le compte de résultat).
2. Appliquer les méthodes de valorisation décrites page suivante. Il est conseillé de réaliser une moyenne des résultats en ne conservant que les méthodes applicables pour son cas.
3. Parfois la méthode des Cash Flow actualisés (ou Discounted Cash Flow) peut également s'appliquer pour venir contrôler si le résultat calculé en étape 2 est cohérent.

### Méthodologie et conseils

- Dans toute réflexion de valorisation, il est essentiel de bien faire la distinction entre valorisation de Cash-in (la valeur qu'un investisseur est prêt à accepter pour apporter du cash à la société) et la valorisation de Cash-out (la valeur qu'un investisseur est prêt à payer pour racheter des parts de la société à un actionnaire).
- La valorisation des tours de pré-seed et seed est stratégique pour la suite : trop basse et les fondateurs seront trop dilués par rapport aux pratiques des fonds d'investissement lors des Séries A ; trop élevée et les fondateurs pourraient être coincés pour effectuer la levée suivante en cas de moindre développement de la société...
- Attention, la valorisation ne doit pas être le seul sujet de négociation : les clauses du pacte d'actionnaires peuvent avoir un impact tout aussi important pour l'entrepreneur (comme pour l'investisseur), notamment en cas d'actions de préférence accordées à l'investisseur.
- Dans les calculs de valorisation, il est également important de tenir compte de la trésorerie nette (ou dette nette), même si celle-ci est généralement faible au regard des valeurs d'entreprise lors des premiers tours.

Suite outil 42 →

### Pour aller plus loin...


- ✓ *Finance entrepreneuriale*, Christophe Bonnet, Economica, 2012.
- ✓ *Finance d'entreprise*, Pierre Vernimmen, Pascal Quiry, Yann Lefur, Dalloz, 2020.
- ✓ *Capital-risque et financement de l'innovation*, Faycal Hafied, De Boeck, 2019.

# La valorisation

## COMMENT ÊTRE PLUS EFFICACE ?

### Le doigt mouillé

Si elle ne pose pas une base de négociation solide, cette méthode permet toutefois de donner un ordre de grandeur. Un bon outil/indicateur de valorisation peut être le pourcentage de parts attendu par les investisseurs sur un premier tour (généralement 20 à 30 % du capital ce qui permet au dirigeant de garder la majorité lors d'un prochain tour de table). Plus la start-up se développe et avance dans ses tours de financement, plus le pourcentage demandé par les fonds sera faible car plus la start-up se développe commercialement et se structure, plus le risque diminue.

### Les comparables

La méthode consiste à comparer la start-up avec des entreprises similaires dont il faudra déterminer les indicateurs comparatifs : chiffre d'affaires, résultats, nombre d'utilisateurs, etc. Les caractéristiques des start-ups rendent cet exercice difficile, notamment sur les premiers tours (CA faible, pas de concurrent avec une activité similaire si innovation de rupture par exemple, etc.).

**Notre conseil ?** Cette méthode permet aussi d'identifier les acteurs importants qui gravitent dans le secteur, en particulier les autres start-ups susceptibles de devenir des challengeurs. Pour trouver des entreprises comparables, l'entrepreneur peut faire des recherches dans la presse spécialisée (CFNews, Fusacq, etc.) ou faire appel à un leveur de fonds qui connaît le marché et a accès à des bases de données payantes.

### La méthode de Berkus améliorée

Cette méthode présente l'avantage non seulement d'objectiver le débat, mais aussi de le centrer sur le projet lui-même. On distribue 0 à 5 points par critère. Dans le cas d'un projet Early Stage chaque point vaut 100k euros, parfois plus selon le projet (pré-money) :

- **Proposition de valeur** (bonne idée) **:** la proposition de valeur répond-elle à un problème DUREX (*cf.* Outil 7) ? Propose-t-elle une réponse pertinente à ce problème ? Surpasse-t-elle les offres concurrentes ? Comporte-t-elle des barrières à l'entrée importantes ?
- **Avancée technologique :** où en est le produit en termes d'avancement technologique : idée, MVP, prototype, opérationnel et prêt à être commercialisé, déjà commercialisé et approuvé par la cible (en perfectionnement) ?
- **Avancée Business :** la solution est-elle commercialisée ? Si oui, y a-t-il de la traction ? Si non, la stratégie d'accès marché est-elle établie ?
- **Qualité du Business Model :** le BM permet-il de dégager des marges suffisantes pour attirer les investisseurs ?
- **Qualité de l'équipe :** l'équipe a-t-elle les compétences clés nécessaires à la réussite du projet ?

### La méthode VC

Le juste TRI venant couvrir le différentiel de risque entre une start-up (avec un taux de survie bien plus faible qu'une entreprise classique) et un placement non risqué est de l'ordre de 35 % par an pouvant évoluer selon la maturité de l'entreprise (*cf.* Outil 18, Les perspectives d'Exit). Les investisseurs partent donc du potentiel de prix de vente, qu'ils évaluent en se basant sur les prévisionnels fournis par l'entrepreneur et révisé par l'investisseur, auquel ils appliquent la méthode des comparables en recherchant le prix de vente d'entreprises similaires. Ils actualisent ensuite ce taux (plus ou moins divisé par 4,5 pour un TRI de 35 %) et en déduisent la valeur post-money de la start-up.

# Cas pratiques

## Valorisation par la méthode VC

| Année | 2021 | ... | 2024 | 2025 | 2026 |
|---|---|---|---|---|---|
| Post-money | 11 150 000 | | 27 400 000 = 37 000 000 / 1,35 | 37 000 000 = 50 000 000 / (1+0,35) | 50 000 000 |
| Levée de fonds | 1 000 000 | | 0 | 0 | |
| Pré-money | 10 150 000 | | 27 430 000 | 37 000 000 | |

Plus-value attendue par l'investisseur : × 4,5 sur 5 ans soit un TRI annuel de **0,35**.

## Exemple de valorisations

### Exemple avec la méthode du doigt mouillé

Un investisseur a l'habitude de prendre 25 % à 35 % des parts au 1er tour de financement. Ainsi, une start-up qui lève 1 million d'euros sera valorisée pré-money entre 2 et 3 millions d'euros (3 millions + 1 million levés, soit une valorisation post-money de 4 millions : la part de l'investisseur représente bien 25 %).

### Exemple avec la méthode des comparables

Une start-up qui a développé une place de marché spécifique pour les produits reconditionnés cherche à lever des fonds. Elle fédère à l'heure actuelle 60 000 utilisateurs. Sachant qu'une place de marché qui attire 100 000 utilisateurs réguliers a été valorisée 10 millions d'euros lors d'une opération récente, on peut alors par simple règle de trois valoriser notre start-up à 6 millions d'euros.

### Exemple avec la Berkus

- Proposition de valeur : 3.
- Avancée technologique : 1 (un MVP).
- Avancée Business : 1 (premières ventes).
- Qualité du Business Model : 2.
- Équipe : 2 (manque directeur commercial et autre poste clé par exemple).

Valorisation : 900 000 euros.

### Exemple avec la méthode VC

Suite au BP financier établi et validé avec les investisseurs, tout le monde admet la prévision selon laquelle la start-up se revendra 45 millions d'euros dans 5 ans à condition que les investisseurs injectent 4 millions d'euros en capitaux propres (nécessaires à la bonne exécution du Business Plan). La société vaut donc 45 / 4,5 soit 10 millions post-money et 6 millions pré-money. L'investissement de 4 millions représente donc 40 % du capital (4/10 de la valeur).

Outil 43

# Les actions de préférence

« Aimez-vous les uns les autres, a dit le Christ ; mais il n'a pas interdit les préférences.

Proverbe polonais

## En quelques mots

Il s'agit d'un type d'actions qui se distinguent des actions dites ordinaires du fait des droits pécuniaires ou politiques qu'elles confèrent à leurs détenteurs. Le principe est inspiré de la pratique américaine des Preferred Shares.

Ce mécanisme est régulièrement utilisé lors des levées de fonds car il permet de créer des droits sur-mesure au profit des investisseurs, auxquels les fondateurs accordent certaines garanties ou avantages sur un plan financier ou de gouvernance.

Certes frustrante pour les fondateurs, la pratique est à ce point institutionnalisée qu'il est le plus souvent vain de lutter contre.

## LES PRINCIPAUX TYPES DE PRÉFÉRENCE

| Clause | Objectif |
|---|---|
| Clause de liquidation préférentielle | Redéfinir, lors de l'Exit, le partage de la valeur financière (les liquidités) entre le dirigeant et les investisseurs |
| Dividendes prioritaires ou préciputaires | Inciter le dirigeant à trouver une solution d'Exit pour les investisseurs |
| Droits de vote multiple | Redéfinir le partage du contrôle de la société entre le dirigeant et les investisseurs |
| Droits d'information renforcée | Partager avec les investisseurs de façon régulière (annuellement a minima) des informations détaillées habituellement réservées aux dirigeants |
| Clause de conversion des actions de préférence en actions ordinaires (clause technique) | Permettre à l'investisseur de choisir si ses conditions préférentielles sont à appliquer dans certains cas ou s'il préfère revenir sur les droits des actions ordinaires |

## POURQUOI L'UTILISER ?

### Contexte

Généralement les actions de préférences sont réclamées par les fonds d'investissement (moins souvent par les Business Angels) à partir de leur arrivée dans le tour de table. S'agissant de mécaniques complexes, familières aux investisseurs professionnels mais plus rarement maîtrisées par les entrepreneurs, il est recommandé de s'y intéresser en profondeur afin de les négocier au mieux en parallèle à la valorisation et à la forme d'investissement proposée.

### Objectif

Les actions de préférence sont un levier fort de négociation avec les investisseurs puisque, au-delà de la valorisation choisie et du partage du capital, elles permettent de définir d'autres équilibres de partage des décisions et de partage des gains financiers. Les clauses et les pratiques les plus courantes sont décrites dans cet outil.

## COMMENT L'UTILISER ?

### Étapes

Un investisseur peut être amené à négocier des droits préférentiels pour compenser une valorisation qu'il aura trouvée trop élevée ou pour limiter ses risques en cas de moindre développement de la société : c'est la clause de liquidation préférentielle, (*cf.* Outil 49).

L'investisseur peut également demander des droits préférentiels pour assurer ses perspectives de sortie *via* une clause de dividendes prioritaires ou préciputaires qui inciteront le dirigeant à trouver une solution d'Exit pour les investisseurs après quelques années.

Certains investisseurs ne se satisfont pas des informations annuelles habituellement fournies aux actionnaires et souhaitent avoir accès à des informations davantage stratégiques (données de certains contrats, nombre de clients de chaque catégorie, etc.), ce qui peut faire l'objet de droits d'information renforcée.

*A contrario* le dirigeant peut négocier des droits préférentiels pour garder un contrôle supérieur sur sa société, tel Mark Zuckerberg qui a détenu moins de 15 % des actions de Facebook mais plus de 50 % des droits de vote grâce à des mécanismes de droits de vote multiples.

### Méthodologie et conseils

Les investisseurs vont habituellement négocier leurs droits préférentiels dans la Term Sheet (ou LOI). Par la suite, ces mécanismes vont être détaillés dans les statuts et dans le pacte d'associés ou d'autres contrats annexes (par exemple pour les Management Packages, *cf.* Outil 50).

La présence d'actions de préférences est également importante à préciser dans la table de capitalisation communiquée aux investisseurs lors des tours ultérieurs.

*Pour aller plus loin...*

- ✓ **La procédure de création des actions de préférence étant assez lourde et coûteuse et l'existence d'actions de préférence complexifiant le processus décisionnel au sein des sociétés émettrices, la tendance actuelle est davantage à l'émission d'actions ordinaires et à l'aménagement contractuel dans le pacte d'associés des droits spécifiques au profit des investisseurs.**

Outil 44

# Les bons de souscription d'actions (BSA)

> “ Pour gagner gros, il faut parfois savoir prendre de gros risques.
>
> Bill Gates

## En quelques mots

Le BSA, ou bon de souscription d'actions, est un titre émis par la société au profit d'un tiers donnant à ce dernier le droit de souscrire, dans un certain délai et sous certaines conditions, à un nombre d'actions dont le prix est déterminé à l'avance. Leur régime n'étant pas encadré fiscalement ils doivent être utilisés avec précaution notamment pour intéresser les salariés ou les dirigeants. Le recours aux outils plus classiques d'intéressement (BSPCE, actions gratuites, voire stock-options) sera dans certains cas préférable. Ils sont donc davantage destinés aux investisseurs.

### FONCTIONNEMENT DES BSA

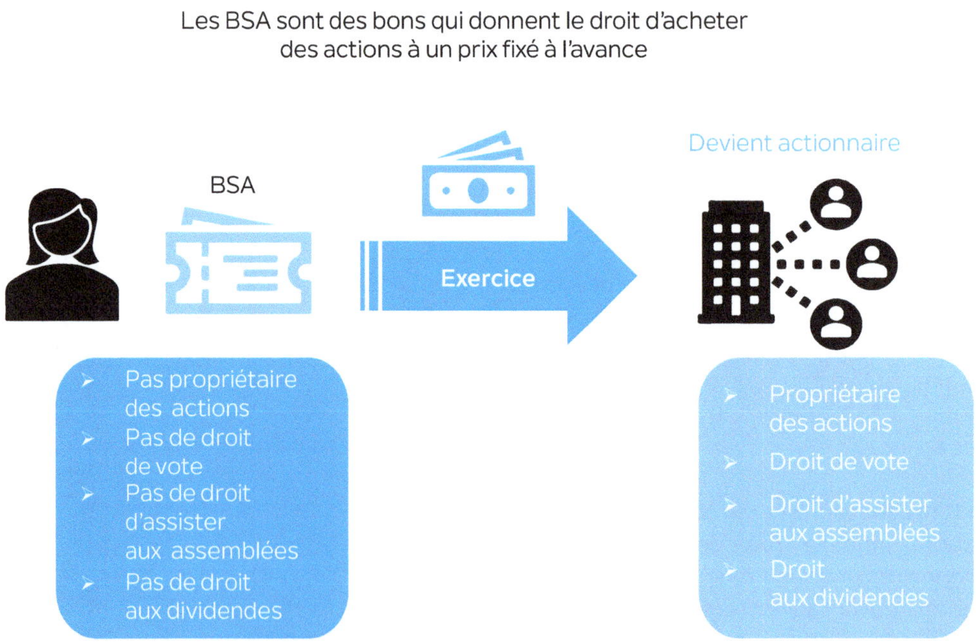

## POURQUOI L'UTILISER ?

### Contexte

Les BSA sont des outils simples dans leur mise en œuvre et pourtant remarquablement complexes quant à leur usage et leurs conséquences. Ils sont très largement utilisés dans les opérations de LBO pour intéresser les dirigeants parties prenantes de l'opération non sans risque.

Contrairement aux BSPCE, actions gratuites ou stock-options, ils peuvent être attribués à des tiers à l'entreprise. Ils sont donc fréquemment utilisés par les start-up pour intéresser les Advisors de la société au capital à moindre coût sans avoir à les payer directement. L'entreprise peut ainsi bénéficier de talents de haut vol, qu'elle ne pourrait pas s'offrir si elle devait en payer la valeur *via* des honoraires ou salaires. À l'inverse, des Top guns peuvent ainsi aider les jeunes pousses et participer au frisson entrepreneurial sans pour autant sombrer dans l'altruisme.

### Objectifs

- Permettre de générer un gain financier à terme pour le bénéficiaire.
- Récompenser des parties prenantes non salariées, sans avoir à les payer directement.
- Mettre en œuvre certains droits consentis aux investisseurs : Ratchet (*cf.* Outil 48), dilution ou relution, etc.
- Renforcer les fonds propres de l'entreprise dès la souscription.

## COMMENT L'UTILISER ?

### Étapes

- **Conditions d'attribution :** seules les sociétés par actions (SAS, SA…) peuvent émettre des BSA. Il n'existe aucune restriction concernant les bénéficiaires ni aucun plafond individuel ou collectif dans le nombre de BSA pouvant leur être attribués.
- **Prix d'exercice des BSA :** le bénéficiaire doit payer le prix des actions auxquelles les BSA donnent droit lors de l'exercice des BSA. Ce prix doit refléter la valeur de l'entreprise à la date d'attribution des BSA. Le prix de souscription des BSA ne doit pas non plus être trop faible et représenter un investissement financier réel pour le souscripteur (risque de requalification en rémunération d'une activité professionnelle).
- **Conditions d'exercice :** aucune condition n'est imposée par la loi. Elles sont librement fixées par l'assemblée générale des actionnaires. Les termes des BSA sont formalisés dans un contrat d'émission, lequel subordonne en général l'exercice des BSA à certaines conditions : présence, performance, franchissement de certains jalons, etc.
- **Fiscalité des BSA :** les BSA ne répondent à aucun régime fiscal particulier. La cession des actions obtenues sur exercice des BSA est soumise au régime de droit commun des plus-values de cession de valeurs mobilières. Ils ne portent aucune cotisation salariale ou patronale. Les BSA ne peuvent être inscrits dans un plan d'épargne en actions (PEA).

### Méthodologie et conseils

L'Administration fiscale et le Conseil d'État n'hésitent pas à requalifier le gain réalisé lors de la cession des actions sous-jacentes dans la catégorie des traitements et salaires si les BSA sont liés à l'exercice de fonctions de dirigeant ou de salarié au sein de l'entreprise. Ces outils sont donc à utiliser avec une grande prudence pour éviter des déconvenues fiscales parfois coûteuses.

**Pour aller plus loin…**

✓ **Conseil d'État, 13 juillet 2021, n°435452, n°437498 et n°428506 clarifiant le régime d'imposition des gains obtenus dans le cadre des Management Packages.**

# Outil 45 Les BSA-AIR

> *J'ai pris un cours de lecture rapide et j'ai pu lire* Guerre et Paix *en vingt minutes. Ça parle de la Russie.*
>
> Woody Allen

## En quelques mots

BSA-AIR signifie bon de souscription d'actions avec accord d'investissement rapide. Il s'agit d'une opération juridico-financière qui permet à un investisseur d'entrer au capital d'une start-up avec un minimum de formalisme et en décalant dans le temps la question de la valorisation. Cette technique est très comparable à celle des options : au lieu d'émettre des actions, l'entreprise émet ainsi un titre mobilier qui donnera le droit à son propriétaire de souscrire des actions lors de la prochaine augmentation de capital, au prix de celles-ci diminué d'un discount.

### EXEMPLE D'UNE EQUITY STORY AVEC UNE LEVÉE EN BSA-AIR

| | TOUR 0 | | | TOUR 1 BSA AIR mars 2022 | | | TOUR 2 SERIE A oct 2022 | | | TOUR 3 SERIE B 01/03/2022 | | | REVENTE 2025-27 | | |
|---|---|---|---|---|---|---|---|---|---|---|---|---|---|---|---|
| Actionnaires | **#actions** | **%** | **Valo. à T** | **#actions** | **%** | **Valo. à T** | **#actions** | **%** | **Valo. à T** | **#actions** | **%** | **Valo. à T** | **#actions** | **%** | **Valo.** |
| CEO fondateur | 5 000 | 55,6 | 5 000 | 5 000 | 47,6 | 3 328 333 | 5 000 | 37,0 | 4 166 667 | 5 000 | 33,3 | 6 665 554 | 5 000 | 33,3 | 16 |
| CMO co-fondateur | 2 000 | 22,2 | 2 000 | 2 000 | 19,0 | 1 331 333 | 2 000 | 14,8 | 1 666 667 | 2 000 | 13,3 | 2 666 222 | 2 000 | 13,3 | |
| CTO co-ondateur | 2 000 | 22,2 | 2 000 | 2 000 | 19,0 | 1 331 333 | 2 000 | 14,8 | 1 666 667 | 2 000 | 13,3 | 2 666 222 | 2 000 | 13,3 | 6 665 |
| Levée BSA AIR | | 0,0 | 0 | *1 502* | *14,3* | *1 000 000* | 1 502 | 11,1 | 1 251 878 | 1 502 | 10,0 | 2 002 670 | 1 502 | 10,0 | 6 665 |
| Fonds Série A | | 0,0 | 0 | | 0,0 | 0 | 3 000 | 22,2 | 2 500 000 | 3 000 | 20,0 | 3 999 332 | 3 000 | 20,0 | 5 006 |
| Fonds Série B | | | | | | | | | | 1 500 | 10,0 | 2 000 000 | 1 500 | 10,0 | 9 998 |
| | | | | | | | | | | | | | | | 5 000 |
| TOTAL | 9 000 | 100 % | | 10 502 | 100 % | | 13 502 | 100 % | | 15 003 | 100 % | | 15 003 | 100 % | |
| Valo. pré-money | 0 | | | 6 000 000 | | | **7 500 000** | | | **18 000 000** | | | **50 000 000** | | |
| PU tour | 1,00 € | | | 665,67 € | | | 833,33 € | | | 1 333,11 € | | | 3 332,78 € | | |
| New money | 9 000 | | | **1 000 000** | | | **2 500 000** | | | **2 000 000** | | | | | |
| Nb actions créées | 9 000 | | | 1 502 | | | 3 000 | | | 1 500 | | | | | |
| Valo. post-money | 9 000 | | | 7 000 000 | | | 10 000 000 | | | 20 000 000 | | | | | |

| Hypothèses | | | |
|---|---|---|---|
| | DISCOUNT | **20 %** | (*) |
| | CAP | **10 000 000** | |
| | FLOOR | **5 000 000** | |

*(*) le discount s'applique sur cap et le floor pré-discount*

## POURQUOI L'UTILISER ?

### Contexte

Par définition, une start-up est une entreprise qui évolue (très) rapidement. Consacrer du temps et de l'énergie aux questions de valorisation et de détails juridiques peut paraître d'autant plus improductif lors des tours d'amorçage que ces éléments seront forcément et entièrement révisés lors des tours suivants, souscrits par les fonds d'investissement.

Les BSA-AIR résultent historiquement de la transcription en droit français des SAFE Notes[1] américaines, à l'initiative en 2013 de l'accélérateur The Family et du cabinet SB Avocats. Leur principal intérêt est :

- de reporter la question de la valorisation et du pacte à la prochaine levée ;
- d'offrir aux investisseurs un incitatif à l'investissement Early Stage, *via* un discount significatif ;
- tout en sécurisant l'ensemble des parties prenantes.

### Objectif

Cet outil permet l'entrée rapide d'un investisseur au capital d'une start-up, sans se perdre en longues discussions quant à la valorisation ou aux droits et devoirs de chacun, considérant que de toute façon ces questions seront tranchées lors des tours d'investissement suivants.

## COMMENT L'UTILISER ?

### Étapes

Les BSA-AIR sont des titres mobiliers émis par l'entreprise au profit d'investisseurs, assimilables mais non équivalents à des actions. L'émission est caractérisée par quelques paramètres qui encadrent l'opération :

- **Le discount :** c'est la prime que le nouvel entrant capte en récompense de sa prise de risque avancée et de sa contribution amont au succès de l'entreprise.
- **La durée :** le BSA par nature n'est pas éternel. On prévoit donc une durée au-delà de laquelle la conversion sera automatique, si aucune levée ultérieure n'advenait.
- **Le Floor, ou plancher :** c'est la valorisation minimum pour la conversion. Elle sera appliquée si la levée de fonds ne se produit pas ou si celle-ci est mise en œuvre à un prix très en deçà des espérances. Le floor vient protéger les actionnaires existants d'une dilution trop importante.
- **Le Cap, ou plafond :** symétriquement, c'est la valorisation maximum pour la conversion, la valeur qui sera retenue si la levée de fonds se fait dans des conditions très au-delà de ce qui semblait permis.

Le contrat d'émission mentionnera en outre les principales clauses du pacte d'associés à venir lors de la levée de fonds future, ainsi que les principales obligations des parties, notamment relatives à la gestion en « bon père de famille » et à la vie commune au sein de l'entreprise.

### Méthodologie et conseils

Cet outil est surtout réservé aux investisseurs aguerris et aux start-up à fort potentiel pour lesquelles une levée de fonds est fortement prévisible à horizon 6-18 mois. Si elle permet en effet de suspendre toute discussion financière et juridique, elle reste un acte provisoire qui ne saurait perdurer dans le temps.

**Pour aller plus loin...**

✓ L'article séminal des inventeurs français du BSA AIR, avec la formule et des exemples : http://www.sbavocats.com/sb-avocats-et-thefamily-inventent-laccord-dinvestissement-rapide-air-et-vous-loffrent-en-open-source

1. Simple Agreement for Future Equity.

# Outil 46 Les obligations convertibles

> Tout homme persécute s'il ne peut convertir.
>
> Alain, *Vigiles de l'esprit*

## En quelques mots

L'obligation convertible en actions (OCA) est un titre de créance qui peut être converti en actions à la fin d'une période souvent comprise entre 4 et 8 ans. Ainsi, le souscripteur de l'OCA n'entre pas directement au capital et devient créancier de la société, *via* la souscription d'un emprunt obligataire. Les obligations convertibles sont considérées comme des quasi-fonds propres et ne viennent donc pas alourdir le ratio d'endettement. Souvent utilisé par les investisseurs, ce mécanisme de financement est aussi mobilisé dans le cas de bridge entre deux tours de financement.

### CONVERSION ET NON-CONVERSION DES OCA

Dans le cas où la conversion est décidée par le financeur (ce qui n'est pas systématiquement le cas) :

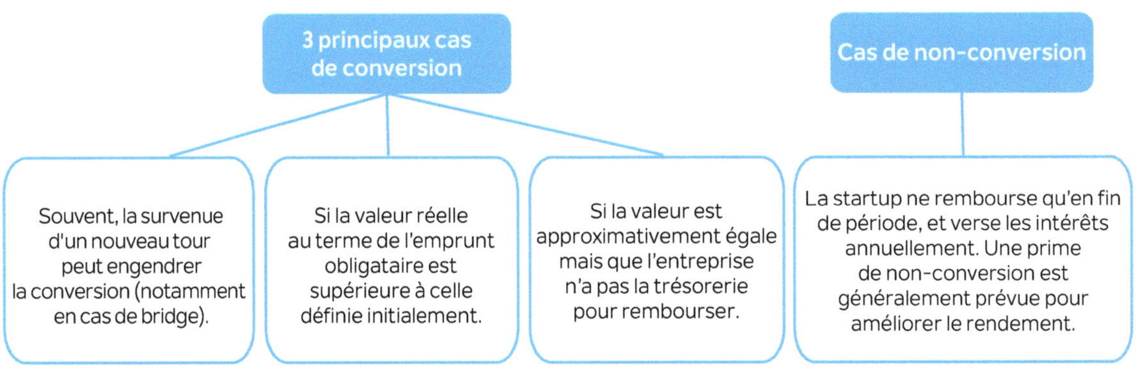

## POURQUOI L'UTILISER ?

### Contexte

La plupart du temps, l'investisseur mixe actions et OCA ce qui lui permet, entre autres, de réguler sa relation avec les fondateurs dans le sens qui l'intéresse :

- soit pour « encourager » la revente de la société en fin de période d'investissement en demandant le remboursement de l'OCA ;
- soit pour récompenser l'entrepreneur pour ses performances en limitant la conversion des OCA en cas de bons résultats et éviter de le diluer davantage.

L'OCA reste donc un outil apprécié par l'investisseur qu'il soit privé ou institutionnel, également parce qu'il lui permet de percevoir des intérêts annuels (coupons) ce qui correspond à une première forme de rétribution pour le risque pris.

### Objectif

Les OCA permettent au financier de diminuer son risque tout en maintenant la perspective d'une plus-value importante en cas de succès. Pour la start-up, cela permet de générer un effet de levier : les OCA étant considérées par les banques comme des quasi-fonds propres et non comme de la dette, le fondateur pourra ainsi solliciter d'autres emprunts ou subventions. De plus, lorsque l'option de conversion est aux mains des fondateurs (ce qui est rare), ces obligations permettent à la start-up, en cas de succès, de choisir le remboursement et donc de ne pas se faire diluer.

## COMMENT L'UTILISER ?

### Les étapes

Les OCA sont un instrument hybride : tant qu'il n'a pas converti son obligation, le souscripteur de l'OCA n'est pas actionnaire mais créancier de la société. La start-up pourra donc le rembourser à échéance soit en numéraire, soit en actions (selon la formule de conversion fixée dès le départ). La durée d'une OCA est souvent comprise entre 4 et 8 ans, mais peut être beaucoup plus courte dans le cas d'un bridge par exemple (seulement quelques mois).

La conversion est, la plupart du temps, à la main du financeur. Or, les taux associés à ces obligations (intérêt + prime de non-conversion) peuvent s'avérer très élevés (souvent > 10 % au total) ce qui, en cas de non-conversion, peut représenter une dette très chère pour la start-up !

### Méthodologie et conseils

Il est conseillé à l'entrepreneur de se poser les questions suivantes :

- Par qui et dans quel but l'obligation convertible est-elle proposée ?
- Selon quelle formule les obligations pourront-elles être converties et à quelle échéance ?
- La croissance de mon activité permettra-t-elle de supporter le taux élevé associé à l'OCA ?
- Quelles sont les conséquences pour les associés en cas de conversion ? Quel sera l'effet dilutif maximal qui pourrait être engendré par la conversion des OCA ?
- Ai-je bien pris en compte le besoin de liquidité à échéance dans mes prévisionnels en cas de non-conversion ?

**Notre conseil :** ne pas hésiter à se faire accompagner par un leveur de fonds et/ou partenaire juridique pour établir les conditions de souscriptions de ces OCA.

*Pour aller plus loin...*

✓ **Les obligations remboursables en actions (ORA) sont un autre mécanisme assez proche sans laisser la possibilité d'avoir une non-conversion.**

# Outil 47 Le Venture Loan

> “
> *Jour qui nous apporte finance, est un jour de réjouissance.*
> Proverbe français

## En quelques mots

Venture Loan, ou dette aventureuse : on dirait un oxymore...
Dans les faits, il s'agit d'un outil de financement hybride, à mi-chemin entre la dette bancaire et l'augmentation de capital. Comme toutes les dettes, elle présente l'avantage de financer l'entreprise sans diluer les actionnaires. Mais à la différence de la dette bancaire, le Venture Loan est généralement assimilé aux quasi-fonds propres et ne vient pas obérer la capacité d'endettement bancaire de l'entreprise. Cerise sur le gâteau, il permet de décaler le moment de lever des fonds, donc d'améliorer la valorisation de l'entreprise.

### VENTURE LOAN, DETTES ET FONDS PROPRES

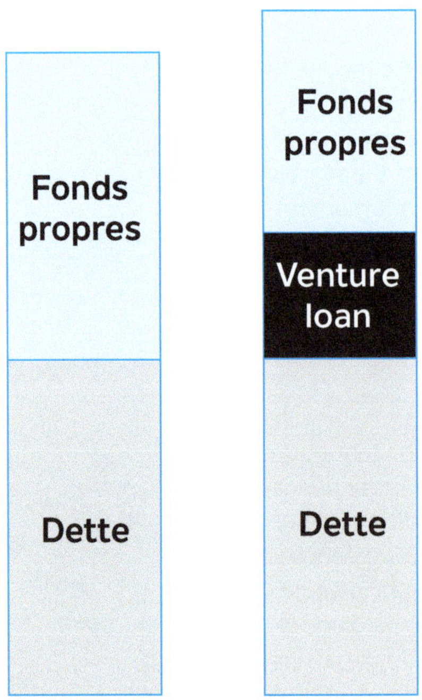

## POURQUOI L'UTILISER ?

### Contexte

S'endetter est plus difficile pour une start-up que pour d'autres entreprises parce qu'elle présente de moindres garanties, mais aussi parce que les banquiers traditionnels sont peu outillés pour prendre en compte l'économie bien particulière de ces sociétés souvent sans chiffre d'affaires ni résultats. D'où l'importance de solliciter des acteurs formés pour cela et disposant de produits *ad hoc*.

### Objectifs

Pour une start-up, l'endettement présente de nombreux avantages :

- Pas d'effet dilutif pour les actionnaires…
- … tout en apportant de l'argent frais pour nourrir le développement.
- De sorte que l'on peut ainsi franchir des jalons et améliorer la valorisation des prochaines augmentations de capital.
- Il peut aussi constituer une sorte de réserve en cas de futur impondérable, pour éviter d'avoir à solliciter en catastrophe banquiers ou actionnaires.

Avec le Venture Loan, l'entrepreneur dispose d'un outil complémentaire lui permettant de maximiser cet endettement et l'effet de levier.

## COMMENT L'UTILISER ?

### Étapes

1. Établir sa Roadmap de financement et établir le besoin de financement externe. En son sein, affecter le plus possible (au regard des pratiques de marché) aux organismes publics et aux banques, le solde devenant un besoin de fonds propres.
2. On identifiera la part du besoin en fonds propres finançable *via* Venture Loan à travers le Free Cash Flow cumulé de l'entreprise à A + 1, à A + 4 (ou A + 5) selon la formule suivante :

$VLP = FCF_{cum} \times Coeff$

Où VLP = Venture Loan Potentiel

$FCF_{cum}$ = somme des Free Cash Flow sur les 4 ou 5 ans à venir

Coeff = réduction pour tenir compte des intérêts à verser et de la marge de sécurité que requerra le prêteur. Par défaut, on peut retenir 50 à 80 % selon la durée, le projet, etc.

3. Une fois l'argumentaire projet peaufiné de la même façon que pour un VC, solliciter les quelques acteurs spécialisés dans le domaine, que ce soient les banques ou les plateformes de financement participatif.

### Méthodologie et conseils

- Les conditions d'obtention restent souvent drastiques et le prêteur potentiel analysera le projet avec la même vigilance qu'un investisseur. Il demande souvent que l'entreprise ait atteint son seuil de rentabilité ou soit en passe d'y parvenir.
- L'opération peut prendre la forme d'un contrat de prêt ou d'obligation convertible.
- La magie a un prix : les taux sont beaucoup plus élevés que la dette traditionnelle, autour de 8-12 %, et les prêteurs bénéficient parfois d'une option d'achats de titres pour une très faible part du capital, ce qui leur permet de doper leur rentabilité. De plus, certains acteurs se montrent assez exigeants en termes de garanties et/ou d'obligation de remboursement anticipé en cas de non-atteinte de certains seuils (Covenants).

*Pour aller plus loin…*

✓ **La pratique est née dans l'écosystème anglo-saxon, on trouvera plus de détails sur les sites américains, par exemple : https://www.cbinsights.com/research-what-is-venture-debt ou : https://www.ycombinator.com/library/2E-venture-debt**

# Outil 48 Le Ratchet

> Un financier, ça n'a jamais de remords. Même pas de regrets. Tout simplement la pétoche.
>
> Michel Audiard

## En quelques mots

Valeur et risque sont deux maîtres-mots en finance avec lesquels on ne plaisante pas, l'idéal étant de maintenir ou d'accroître la première tout en réduisant le second.
La clause juridique dite de Ratchet (cliquet, en français) est l'un de ces instruments créatifs permettant aux investisseurs de se protéger contre une baisse de la valeur de la société qui serait constatée lors des tours de financement suivant leur entrée au capital, et ce *via* la création d'actions nouvelles qu'ils peuvent souscrire à leur main pour se reluer à une valeur symbolique (au nominal le plus souvent).

### PRINCIPE DU RATCHET

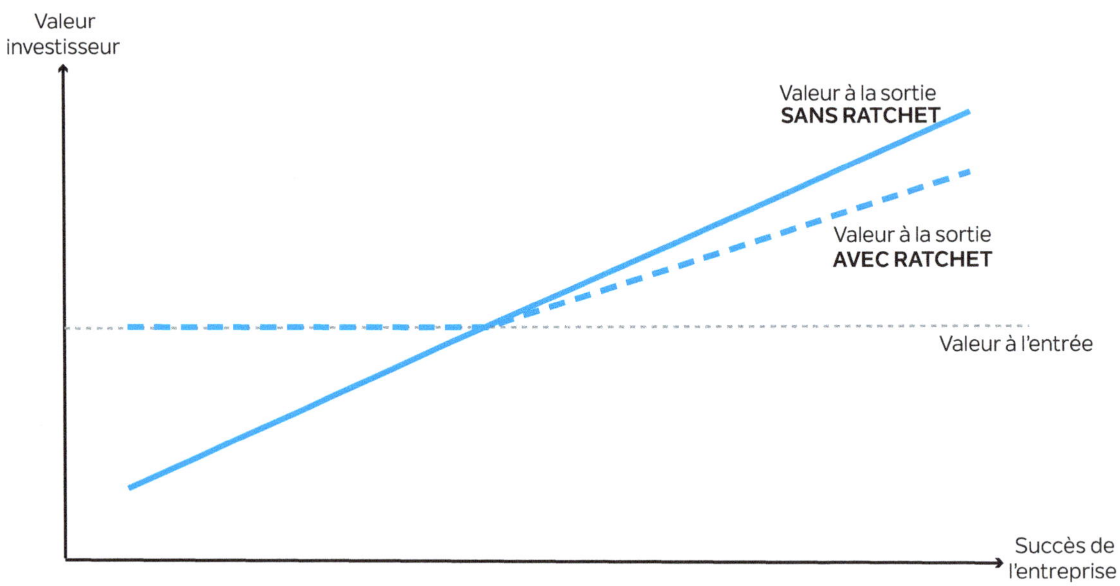

## POURQUOI L'UTILISER ?

### Contexte

Le financement des start-ups par levées de fonds successives repose sur l'hypothèse qu'un accroissement de la valeur à chaque tour viendra récompenser le franchissement par la société des différents jalons qui mènent de l'idée au succès.
Mais il faut imaginer la désillusion de financiers qui auraient investi 1 million d'euros dans une start-up, à un moment donné et sur la base d'une valorisation post-money de 3 millions d'euros, et qui seraient confrontés un an plus tard à une nouvelle levée de fonds avec une valorisation très décotée au regard de la première, 2 millions d'euros par exemple. Autrement dit, la start-up aurait perdu en un an la moitié de sa valeur, ce qui est très contrariant…
La clause de Ratchet constitue alors à leur bénéfice une forme d'assurance contre la baisse de valeur, leur relution qui en résulte venant compenser la dévalorisation unitaire de leurs titres.
**NB :** cette relution trouve sa contrepartie dans la dilution des autres actionnaires.

### Objectif

La clause de Ratchet a pour but d'établir un cliquet protecteur en cas de baisse de la valorisation de l'entreprise, au bénéfice des investisseurs.

## COMMENT L'UTILISER ?

### Étapes

1. Évoquer la question très vite lors des négociations de valorisation et de la LOI. Certains investisseurs en font un principe, notamment en Série A et suivantes, d'autres y voient la contrepartie d'une valorisation initiale jugée trop élevée. Il est donc préférable que les parties se dévoilent rapidement leurs intentions à cet égard, de sorte que celles-ci soient intégrées en amont dans l'évaluation commune de l'entreprise.
2. Bien faire le distinguo entre :
- le Full Ratchet, dont la référence est le prix du nouveau tour (très punitif pour les autres actionnaires, fortement décommandé) ;
- le Weighted-Average Ratchet, plus favorable aux associés historiques et qui se fonde sur la moyenne entre le prix du nouveau tour et le prix du tour précédent (Narrow Based) ou le prix moyen pondéré des tours précédents (Broad Based).

3. « Le diable est dans les détails » : même si le sujet paraît compliqué, prendre le temps de simuler les situations, de valider les formules avec les avocats. L'effet dilutif du Ratchet varie en fonction de celles-ci et peut être négligeable ou au contraire très important.

### Méthodologie et conseils

Le Ratchet peut être conditionné à la participation par le bénéficiaire au nouveau tour, au prorata de son engagement précédent (Pay to Play). Il peut aussi être limité dans le temps.
Les fondateurs seront tentés de contester l'aspect punitif d'une pareille clause qui de fait transfère le risque de l'investisseur vers les actionnaires historiques. Mais d'un autre point de vue, le Ratchet vient sécuriser les investisseurs qui en bénéficient, et donc il constitue un moyen pour les dirigeants de négocier une meilleure valorisation ou une relution spécifique en cas de succès. Bref, cela fait partie du jeu !

### Pour aller plus loin…

✓ **Les formules mathématiques sont couramment disponibles sur Internet**
- **https://www.gide-venture.fr/best_practice/les-clauses-de-ratchet/**
- **https://legalinsight.fr/ratchet-le/**

# Outil 49 Le Waterfall

> Tout vient à point pour qui sait attendre.
>
> Proverbe

## En quelques mots

Le Cash Waterfall traduit la façon dont le produit de la vente de la start-up sera affecté entre actionnaires selon les règles et priorités qu'ils se seront fixées dans le pacte d'actionnaires. Chaque actionnaire ne reçoit pas nécessairement sa part à Due Proportion de son investissement. Des droits spécifiques sont négociés et consistent à maximiser le revenu et/ou minimiser les risques, *via* des mécanismes sur le prix de cession : liquidation préférentielle (investisseurs remboursés en premier), Catch up… notamment en cas de cession à un prix moindre que les investissements cumulés.

### WATERFALL : EXEMPLE DE RÉPARTITION APRÈS CESSION DE LA START-UP

| Cap Table après levée | | Titre | % | € investi | | |
|---|---|---|---|---|---|---|
| | Fondateur | 75 000 | 75 % | 75 000 | Nominal | 1,00 € |
| | Investisseur | 25 000 | 25 % | 500 000 | Valeur | 5,75 € |

| Scénarios de cession | | Scénario 1 | | Scénario 2 | | Scénario 3 | |
|---|---|---|---|---|---|---|---|
| | Cession | 500 000 | | 2 000 000 | | 4 000 000 | |
| | | Répartition | +/- Value | Répartition | +/- Value | Répartition | +/- Value |
| Sans liquidation pref. | Fondateur | 375 000 | 300 000 | 1 500 000 | 1 425 000 | 3 000 000 | 2 925 000 |
| | Investisseur | 125 000 | -375 000 | 500 000 | 0 | 1 000 000 | 500 000 |
| Avec liquidation pref. | Fondateur | 75 000 | 0 | 1 143 750 | 1 068 750 | 2 643 750 | 2 568 750 |
| | Investisseur | 425 000 | -75 000 | 856 250 | 356 250 | 1 356 250 | 856 250 |
| Détails répartition | | Fond. | Inv. | Fond. | Inv. | Fond. | Inv. |
| | 1 Nominal | 75 000 | 25 000 | 75 000 | 25 000 | 75 000 | 25 000 |
| | 2 Préference | | 400 000 | | 475 000 | | 475 000 |
| | 3 Reste | | | 1 068 750 | 356 250 | 2 568 750 | 856 250 |

## POURQUOI L'UTILISER ?

### Contexte

Du fait même que l'investisseur prend des risques en investissant sur un potentiel incertain, il souhaite se protéger en cas de situation défavorable contre une perte considérée comme disproportionnée par rapport aux fondateurs. Lors de la levée de fonds, le pacte d'actionnaires instaure des droits et des règles de fonctionnement protégeant les différentes parties prenantes.

### Objectif

Ces mécanismes sont mis en place pour corriger les disparités entre les prix d'acquisition des différentes parties prenantes, les fondateurs ayant souscrit le capital à la création à la valeur nominale alors que les investisseurs ont payé des prix plus importants (primes), ce qui induit un risque financier *et* une espérance de gain inégaux entre les acteurs.

## COMMENT L'UTILISER ?

### Étapes

En pratique, le Cash Waterfall se présente comme le tableau décrivant l'enchaînement des étapes de répartition du prix de cession, ces étapes étant généralement au nombre d'au moins 3 et en prenant compte le fait qu'on ne passe à l'étape suivante que s'il reste un solde à répartir à la fin de l'étape précédente. Les données en sortie établissent les remboursements de chacun à la cession en fonction de l'ensemble des règles établies. Typiquement :

1. **Si l'exit se fait à une valeur permettant que chacun retrouve son investissement, la répartition du produit de cession se fait à due proportion des détentions de capital.** Attention, ce n'est pas systématique.

2. **Liquidation préférentielle : si la valeur d'Exit est inférieure** :

a) Chaque actionnaire récupère la valeur nominale des actions

b) Les investisseurs se remboursent leurs actions préférentielles dans un premier temps.

c) Puis, ce qui reste est réparti entre l'ensemble des actionnaires sur les actions ordinaires.

3. **Autres clauses :**

a) Carve out : une partie plus importante que la valeur nominale des actions peut être remboursée en a.

b) Catch up : mécanisme de proratisation différent en faveur de l'un ou l'autre acteur pour la répartition de ce qui reste en c.

c) Multiple : si la valeur d'entrée était très élevée, les investisseurs peuvent bénéficier d'un multiple sur leur investissement sur ce qui est remboursé en b.

d) Participation : si la valeur d'exit est au-dessus des attentes, les fondateurs peuvent bénéficier d'un mécanisme incitatif.

Si les clauses de liquidation préférentielle sont Market Practice, les mécanismes favorisant l'un ou l'autre des acteurs sont le résultat des négociations en fonction du couple risque/rendement perçu lors de la négociation sur la valorisation. Autrement dit, plus l'investisseur pense payer cher, plus il souhaite des mécanismes de protection.

### Méthodologie et conseils

On veillera à se poser quelques questions :

- Quels sont les seuils à fixer lors d'une simulation Waterfall ?
- Compte tenu de la complexité, les formules du tableur ont-elles été revérifiées ?
- Le cas échéant, les tours de financements à venir ont-ils été intégrés ?
- Qu'est-ce que le Waterfall traduit de l'équilibre entre investisseurs, et entre investisseurs et fondateurs ?

**Pour aller plus loin...**

✓ **L'exercice est minutieux et demande beaucoup de rigueur dans les formules du tableur.**

# Outil 50 Le Management Package

> Celui qui n'a pas d'objectifs ne risque pas de les atteindre.
>
> Sun-tzu

## En quelques mots

Le terme Management Package fait référence à l'ensemble des instruments financiers et juridiques qui permettent d'intéresser au capital les dirigeants/managers ou cadres supérieurs et de leur permettre d'obtenir à des conditions préférentielles (en sus d'autres avantages plus classiques : voiture de fonction, rémunération variable, bonus, etc.) des gains financiers directement indexés sur la performance de la société ou sur le rendement des investisseurs.

LE MANAGEMENT PACKAGE

## POURQUOI L'UTILISER ?

### Contexte

Fréquemment utilisés dans le cadre des opérations de Leverage Buy Out (LBO), ces outils le sont également par tout type de société, que ce soient les grands groupes cotés ou les start-ups en croissance. Le législateur a d'ailleurs favorisé leur utilisation massive par les start-ups en libérant certains verrous fiscaux et juridiques pour adapter leur usage à leurs spécificités.

### Objectifs

- Fidéliser les collaborateurs et les managers clés de l'entreprise.
- Motiver les équipes en leur permettant de retirer les fruits de leur performance à terme.
- Aligner les intérêts des dirigeants/managers avec ceux des investisseurs de la société.

## COMMENT L'UTILISER ?

### Étapes

Le Management Package peut être mis en place à différents stades de la vie de l'entreprise :

- pour des collaborateurs déjà en poste afin de renforcer leur implication et leur motivation ;
- lors du recrutement d'un nouveau talent, ces conditions préférentielles pouvant faire la différence pour qu'un talent fortement courtisé par d'autres employeurs rejoigne l'entreprise ;
- pour promouvoir un collaborateur en lui offrant une alternative aux primes ou bonus *via* un intéressement sur la performance de l'entreprise.

Il existe tout un panel d'outils à la disposition des entreprises souhaitant mettre en place un Management Package. On compte trois catégories principales d'outils[1] :

- **Les outils encadrés par le législateur** répondant chacun à un régime juridique et fiscal spécifique : stock-options, bons de souscription de parts de créateur d'entreprise (BSPCE), attribution gratuite d'actions.
- **L'émission de titres complexes :** actions à bon de souscription d'actions (BSA), obligations convertibles, bons de souscription d'actions (BSA) qui nécessitent un travail d'évaluation avant leur attribution.
- **Les mécanismes conventionnels :** promesse relutive, Earn out, rétrocession de plus-value, etc., qui adoptent une approche plus capitalistique et risquée pour le manager.

### Méthodologie et conseils

Une analyse au cas par cas est primordiale pour minimiser les risques fiscaux et sociaux. L'Administration fiscale et le Conseil d'État n'hésitent pas à requalifier en salaires les gains issus de certains Management Packages lorsqu'ils sont liés à l'exercice de fonctions salariées ou de dirigeants[1]. L'URSSAF peut également soumettre ces gains à cotisations sociales et patronales. Une attention particulière doit également être apportée aux clauses du pacte d'associés qui peuvent impacter les perspectives de gains du bénéficiaire et ses mécanismes d'intéressement.

1. Conseil d'État, décisions du 13 juillet 2021, n° 428506, n° 437498, n° 435452.

### Avant de vous lancer

- ✓ Identifier le bénéficiaire du Management Package et les outils pouvant lui être proposés.
- ✓ Définir l'objectif : recrutement, promotion, motivation, alignement d'intérêts avec les associés.
- ✓ Définir les avantages consentis et les risques financiers pris par le bénéficiaire.
- ✓ Arrêter le prix de souscription en cohérence avec la valeur de l'entreprise à la date d'attribution.
- ✓ Évaluer les conséquences.

6

DOSSIER

# NÉGOCIER LE **PACTE** D'**ACTIONNAIRES**

“

Il n'est pas de pacte loyal entre les hommes et les lions.

Homère, *L'Iliade*

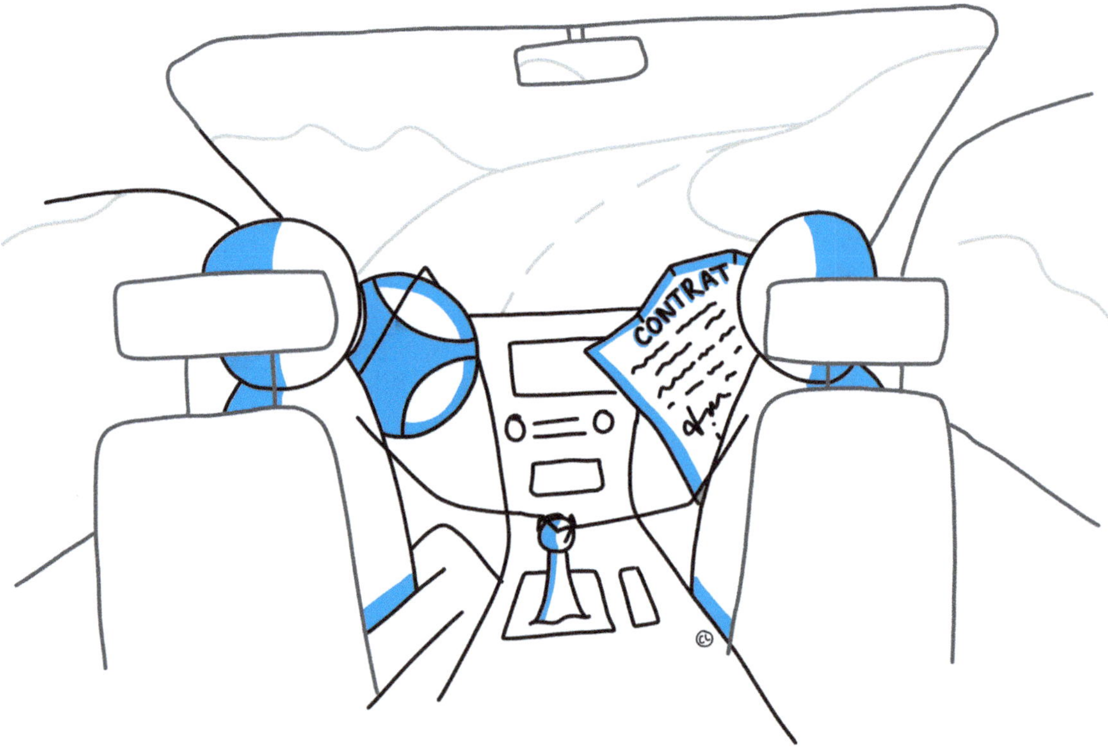

Certains s'en délectent, d'autres en deviennent fous : nous présentons dans ce sixième dossier le pacte d'actionnaires !

Au-delà des termes savants qu'il contient, et que pour les plus courants nous détaillons dans les pages qui suivent, nous abordons cette phase délicate avec à l'esprit quelques idées simples :

- Il est normal, au moment de sceller une association d'en définir les règles du jeu : le pacte est justement ce règlement privé de copropriété qui énonce les droits et devoirs de chacun, en complément des statuts qui, eux, sont publics.
- Dans les faits, il s'agit surtout de protéger les investisseurs, et cela se comprend, car ils ne sont pas « aux manettes », position qui confère un grand pouvoir ! Le pacte vient donc rééquilibrer la situation. « Entrepreneur, inutile de s'énerver ! »
- Ses grandes lignes comportent des clauses Market Practices, que nous dévoilons dans les outils de ce dossier, et en même temps des clauses résultant parfois d'une vive négociation, pour ne pas dire d'un rapport de force, entre les fondateurs et les investisseurs.
- Ce qui signifie également (même si nous ne devrions pas l'écrire) que sa mise en œuvre traduira aussi l'équilibre politique de l'actionnariat le moment venu. Le pacte d'actionnaires ressemble un peu à un contrat de mariage, et l'on sait qu'en la matière...

Il s'agit donc d'un exercice très technique, très subtil pour lequel il est conseillé de se faire assister d'un avocat expert de la levée de fonds.
Sans s'y substituer, nous vous proposons un *vade-mecum* pour les clauses les plus courantes, qui concernent :

- la gouvernance de l'entreprise ;
- la sécurisation et la stabilisation du capital ;
- les droits et devoirs du management ;
- la liquidité des investisseurs.

Dernier point d'attention pour finir : tous les associés (en principe) signent le pacte. Ils devront s'accorder à l'unanimité pour le modifier. Certains ultra-minoritaires s'en souviennent parfois...

## Les outils

# Outil 51 Les trois niveaux de la gouvernance

> Pour qu'on ne puisse abuser du pouvoir, il faut que, par la disposition des choses, le pouvoir arrête le pouvoir.
>
> Montesquieu

## En quelques mots

Selon le stade de maturité des start-ups (Early Stage, Série A ou plus) et selon la nature des investisseurs déjà actionnaires ou prêts à investir (Business Angels, fonds d'investissement en capital-risque...), la gouvernance peut s'organiser de différentes façons. Mais globalement, on distingue trois niveaux de gouvernance dans une start-up ayant levé des fonds :

1. le Management ;
2. le Board : parfois nommé comité stratégique, conseil d'administration, conseil de surveillance ou comité de direction et qui peut revêtir différents rôles et pouvoirs, du simple organe consultatif à une entité décisionnelle aux pouvoirs étendus ;
3. la collectivité des associés.

### LES TROIS NIVEAUX DE LA GOUVERNANCE

* Notons ce qu'on appelle membre indépendant : il peut être un micro-actionnaire ou en général un entrepreneur expérimenté non opérationnel dans la société avec un profil permettant de faciliter le dialogue entre les fondateurs dirigeants et les investisseurs. Il est important que son expérience et son vécu entrepreneurial soient pertinents compte tenu de l'activité et des enjeux de la société. Il doit être choisi avec attention et selon une procédure bien définie.

## POURQUOI L'UTILISER ?

### Contexte

L'exercice du pouvoir est d'autant plus difficile dans une start-up que l'avenir y est plus incertain qu'ailleurs, le rythme plus effréné et les montants investis souvent significatifs, sans parler de la charge émotionnelle.

### Objectifs

- Mettre en place les règles du jeu qui bénéficient au projet.
- Construire les outils de bonne gestion très tôt au service de l'équipe dirigeante.
- Rassurer les investisseurs et permettre aux associés de se sentir respectés.

## COMMENT L'UTILISER ?

### Étapes

Poser par écrit les principes de gouvernance permet de les exposer, les discuter à chaque niveau pour que se dégage un large consensus à cet égard. Ces éléments validés seront inscrits dans le pacte d'associés ou les statuts.

1. **Identifier les personnes, les rôles et les responsabilités :** définir la composition et les pouvoirs du Board.
2. **Définir les informations devant être communiquées au Board par les fondateurs.**
3. **Organiser le fonctionnement de cet organe clé :** fréquence des réunions, délai de convocations, etc.

### Méthodologie et conseils

- **Dans la SAS, ce sont les statuts ou le pacte d'associés qui fixent librement la composition du Board.** Les sièges sont généralement répartis entre les dirigeants, les investisseurs. Un certain équilibre doit être trouvé.

On appelle « Observers » les actionnaires qui demandent à pouvoir assister aux réunions du Board sans pour autant voter sur les décisions soumises à ce dernier. Cela est souvent le cas de certains investisseurs institutionnels ou Corporate qui souhaitent être informés de la stratégie de la société sans prendre part aux décisions de gestion.

- **Si les Business Angels ont des attentes variables en termes de reporting,** la gouvernance avec un fonds d'investissement en capital-risque est bien plus structurée, avec des obligations de reporting précises et régulières. Dans les bonnes pratiques, se retrouvent souvent :
  - Le plan de trésorerie sur plusieurs mois actualisé, pour anticiper les futurs besoins de financement.
  - L'évolution du CA et du pipe « clients » : étapes, dates, explications sur les points de blocage, identification des décideurs, positionnement/concurrence, prix...
  - Les indicateurs clés de décisions ou KPI en chiffres (réels/visés) et en deadline sur les items clés : marketing, commercial, R&D du produit ou service, logistique, résultats financiers, RH.
- **La gestion et la préparation du Board par les fondateurs est fondamentale.** Un fondateur doit connaître, avant une réunion du Board, la position de ses principaux associés ou du/des membres indépendants pour ne pas se retrouver en difficulté. Une bonne pratique consiste à envoyer par avance les éléments financiers et autres KPI convenus, de sorte que le temps collectif soit consacré aux points fondamentaux proposés à l'ordre du jour.

L'envoi d'informations financières ou de rapports sur les avancées opérationnelles permet aussi de tisser des relations privilégiées avec les membres du Board pour qu'en cas de difficultés ces derniers soient fortement impliqués afin de faire front aux côtés des fondateurs.

*Pour aller plus loin...*

✓ Mark Suster, Both Side of the Table, « Who Should Be On Your Start-up Board? » : https://bothsidesofthetable.com/who-should-be-on-your-start-up-board-c099daa7178e

Outil 52

# La clause d'anti-dilution ou de non-dilution

“

*– On partage à trois : 50/50.*
*– Mais bien sûr…*
*– 50/50 à trois ?*
*– Oui moitié, moitié, moitié.*

*La Vérité si je mens ! 3*


## En quelques mots

Un des enjeux des levées de fonds successives pour les actionnaires est la maîtrise de l'effet dilutif (ou dilution) en résultant. Lorsque de nouveaux investisseurs apportent de l'argent au capital, le nombre d'actions détenues par les anciens actionnaires n'est pas modifié mais leur quote-part dans le nouveau capital sera mathématiquement réduite : ils sont « dilués » par les nouveaux entrants. Leurs droits politiques et financiers s'en trouvent ainsi impactés. La clause anti-dilution permet aux investisseurs de limiter la dilution de leur participation.

LA CLAUSE DE NON-DILUTION

## POURQUOI L'UTILISER ?

### Contexte

La dilution ne signifie pas appauvrissement des actionnaires existants. L'actionnaire historique voit sa part du capital social réduite mais sur la base d'un ensemble plus important. L'argent apporté par les nouveaux investisseurs doit donc permettre d'accroître la valeur de l'entreprise et/ou ses bénéfices et ceux des actionnaires à terme.

Une plus faible participation au capital signifie également un pourcentage des droits de vote plus faible. L'effet dilutif peut donc impacter l'équilibre des forces entre les actionnaires et le contrôle de la société.

### Objectifs

Offrir la possibilité aux associés, en général les investisseurs, de maintenir le niveau de participation qu'ils détenaient dans le capital de la société avant la réalisation du nouveau tour de financement.

## COMMENT L'UTILISER ?

### Étapes

1. **Définir le mécanisme anti-dilution à mettre en place.** La clause anti-dilution peut consister soit en l'émission de nouvelles actions, soit en un engagement de cession d'actions des actionnaires majoritaires.

**Émission d'actions nouvelles :**
Les actionnaires historiques se voient proposer de souscrire une quotité d'actions nouvelles dans le cadre du nouveau tour à la valorisation retenue pour ce tour et en fonction de la catégorie des actions émises (ordinaire ou préférence).

**Cession d'actions :**
Les actionnaires majoritaires consentent une promesse unilatérale de vente permettant à l'actionnaire bénéficiaire d'acquérir auprès d'eux autant d'actions que nécessaire pour maintenir leur niveau de participation à l'issue du nouveau tour. Dans ce cas, les fonds propres de la société ne seront toutefois pas positivement impactés par la cession car le prix sera versé aux associés cédants[1].

2. **Rédiger avec précision la clause d'anti-dilution.** Il n'existe pas de cadre légal imposant des délais ou une procédure particulière pour la mise en œuvre d'un telle clause. La forme et les délais de notification sont généralement prévus dans la clause anti-dilution figurant au pacte d'associés ou dans les statuts. Elle doit donc être rédigée avec précision pour pouvoir être efficacement mise en œuvre et notamment :

- bien définir le champ d'application de la clause ;
- déterminer la catégorie d'actions pouvant être souscrites ou acquises ;
- prévoir des délais et modalités pour informer les actionnaires existants en amont de la levée et leur permettre d'exercer leur droit.

### Méthodologie et conseils

Pour ne pas bloquer le processus de levée de fonds, l'anticipation est clé afin de bien articuler les délais de mise en œuvre du droit anti-dilution avec le calendrier de la levée de fonds.

Suite outil 52 →

1. F. Buy, M. Lamoureux, J Mestre, JC Roda, *Les principales clauses des contrats d'affaires*, Les intégrales, LGDJ, 2e édition 2019, n° 68 p. 49.

**Avant de se lancer**

✓ Avant de signer toute LOI, il convient de vérifier si les actionnaires historiques bénéficient d'un droit anti-dilution au titre du pacte d'actionnaires existant ou des statuts.

# Clause d'anti-dilution ou de non-dilution

## COMMENT GÉRER LA CLAUSE D'ANTI-DILUTION

### Modéliser l'effet dilutif de la levée de fonds envisagée

L'impact sur le niveau de participation attendu du nouvel investisseur pourrait ne pas être neutre si un ou plusieurs actionnaires existants décident d'exercer leur droit anti-dilution.

Il est donc essentiel d'informer au plus tôt le ou les nouveaux investisseurs de l'existence d'un droit anti-dilution au profit des actionnaires historiques pouvant minorer leur participation à l'issue de l'opération.

Ainsi l'investissement sera réajusté à la hausse ou à la baisse pour tenir compte des nouvelles actions qui pourront être souscrites également par les associés historiques.

### Communiquer suffisamment en amont auprès des actionnaires existants

Pour ne pas bloquer l'opération ou ralentir le processus de levée de fonds qui répond souvent à un calendrier défini et serré, il est recommandé d'informer les actionnaires historiques suffisamment tôt de la possibilité qui leur sera offerte d'exercer leur droit anti-dilution dans le cadre du nouveau tour de financement.

L'objectif est de pouvoir obtenir leurs retours suffisamment en amont pour pouvoir prendre en compte leurs éventuelles demandes de souscription et de les mettre effectivement en mesure de pouvoir se positionner avant le lancement effectif de la phase d'établissement de la documentation juridique.

En les informant trop tardivement, le risque serait qu'ils ne puissent pas disposer d'un délai suffisant pour pouvoir étudier l'opportunité d'investissement proposée ou disposer des fonds nécessaires à leur souscription.

### Mais pas trop tôt non plus...

Pour permettre aux associés existants de pouvoir se positionner sur un éventuel réinvestissement, il est essentiel de pouvoir leur présenter les conditions juridiques et financières de celui-ci.

Il est donc préférable d'attendre que les négociations avec les nouveaux investisseurs soient suffisamment avancées pour pouvoir présenter aux associés historiques les termes et conditions quasi définitifs du nouveau tour et ainsi limiter les allers-retours sur la documentation juridique à établir.

### Bien s'entourer pour mieux avancer

La mise en œuvre des droits anti-dilutifs des actionnaires existants soulève de nombreuses questions juridiques, financières, logistiques et calendaires.

Il est essentiel que les fondateurs s'entourent de conseils (leveurs de fonds, avocats, comptables, etc.) qui maîtrisent ces problématiques et enjeux pour les aider efficacement à coordonner l'ensemble des parties prenantes et éviter des oublis ou des difficultés pouvant mener au report ou pire au blocage de la levée de fonds. Si les droits des actionnaires historiques n'ont pas été respectés par manque d'anticipation, ces derniers pourraient alors exiger le respect de leurs droits ou engager la responsabilité des dirigeants pour violation du pacte d'actionnaires.

# Cas pratique

## EXEMPLE DE MISE EN ŒUVRE D'UNE CLAUSE D'ANTI-DILUTION

Lors de la constitution d'une start-up, deux fondateurs reçoivent en contrepartie de leurs apports 4 000 et 6 000 actions.

Un investisseur investit à hauteur de 15 % du capital et reçoit 1 800 actions. Cet investisseur négocie un droit anti-dilutif lui permettant de souscrire de nouvelles actions en cas de nouvelle augmentation de capital pour maintenir le niveau de sa participation à la quote-part du capital qu'il détient.
Le capital est donc initialement composé de 11 800 actions.

Deux nouveaux investisseurs entrent au capital et reçoivent respectivement 2 000 actions en contrepartie de leur investissement.

La participation de l'investisseur 1 dans notre exemple est mécaniquement réduite à 11 % par l'effet de la dilution liée à l'entrée des deux nouveaux investisseurs. L'investisseur est donc en droit de souscrire au titre de son droit anti-dilutif un nombre d'actions nouvelles lui permettant de maintenir à sa participation à 15 % soit dans notre exemple 670 actions.

| | Constitution | | Levée de fonds | | | Mise en œuvre du droit anti-dilutif | | |
|---|---|---|---|---|---|---|---|---|
| Actionnaires | Nombre d'actions | % du capital détenu | Nombre d'actions émises | Nombre d'actions post augmentation de capital | % du capital détenu post augmentation de capital | Nombre d'actions pouvant être souscrites | Total des actions après exercice du droit anti-dilutif | % du capital détenu post exercice du droit anti-dilutif |
| **Fondateurs** | | | | | | | | |
| Fondateur 1 | 4 000 | 34 % | | 4 000 | 25,32 % | | 4 000 | 24,29 % |
| Fondateur 2 | 6 000 | 51 % | | 6 000 | 37,97 % | | 6 000 | 36,43 % |
| **Investisseurs** | | | | | | | | |
| Investisseur 1 | 1 800 | 15 % | | 1 800 | 11,39 % | 670 | 2 470 | 15,00 % |
| Investisseur 2 | | | 2 000 | 2 000 | 12,66 % | | 2 000 | 12,14 % |
| Investisseur 3 | | | 2 000 | 2 000 | 12,66 % | | 2 000 | 12,14 % |
| TOTAL | 11 800 | 100 % | 4 000 | 15 800 | 100,00 % | 670 | 16 470 | 100,00 % |

# Outil 53 Good et Bad Leaver

> “
> *Should I stay or should I go?*
> *If I go there will be trouble*
> *and if I stay it will be double.*
>
> The Clash, “Should I stay or should I go”, *Combat Rock*

## En quelques mots

La clause de Good et Bad Leaver est fréquemment prévue dans les pactes d'actionnaires. Les fondateurs s'engagent en cas de départ de la société avant une certaine durée (4/5 ans en général) à vendre leurs titres aux associés restants si ceux-ci en font la demande. Le prix de rachat varie souvent en fonction des circonstances entourant le départ :

- Départ fautif ou Bad Leaver : les titres sont rachetés à un prix décoté, voire à la valeur nominale.
- Départ non fautif ou Good Leaver : les titres sont rachetés à leur valeur de marché au jour du départ sans décote.

GOOD ET BAD LEAVER

## POURQUOI L'UTILISER ?

### Contexte

Le départ d'un fondateur est un événement qui, s'il survient de manière soudaine et non anticipée, peut fortement désorganiser la start-up, voire la mettre en péril. Il est donc primordial de prévoir des mécanismes permettant d'assurer la continuité de l'activité et de la gouvernance dans un tel cas. Les investisseurs misent avant tout sur une équipe, il est donc aussi normal que ceux-ci s'assurent de la pérennité de leur investissement en cas de départ anticipé d'un fondateur.

### Objectifs

- Compenser financièrement les investisseurs en cas de départ d'un fondateur clé sans raisons valables.
- Dissuader financièrement les fondateurs de quitter la société avant une certaine durée.
- Permettre la sortie du capital d'un fondateur devenu gênant, notamment en cas de mésentente entre fondateurs.
- Protéger la structure capitalistique de la société en cas de décès, de maladie de longue durée ou d'incapacité d'un des dirigeants. Le rachat des actions permet alors aux héritiers d'obtenir des liquidités rapidement et les actions rachetées peuvent de nouveau servir pour intéresser un nouveau dirigeant.

## COMMENT L'UTILISER ?

### Étapes

Les parties sont libres d'adapter la clause à leur guise. Toutefois pour qu'un tel mécanisme puisse aboutir au résultat escompté, le rachat forcé des actions, il est primordial de définir :

- le bénéficiaire de la clause ;
- si tout ou partie des titres sont concernés par le rachat ;
- les cas de déclenchement de l'option d'achat ;
- la durée d'application de la clause dans le temps ;
- le délai et les conditions à respecter pour lever l'option d'achat et les sanctions en cas de non-respect ;
- le prix de rachat des actions ou la formule permettant de déterminer ce prix ;
- l'application ou non d'une décote sur la valeur des titres ;
- les modalités de recours à l'expertise en cas de contestation du prix de rachat ;
- les délais et modalités pour réaliser le transfert des actions une fois l'option d'achat levée ;
- la procédure pour forcer le rachat en cas de défaillance de l'associé concerné.

### Méthodologie et conseils

Une grande vigilance doit être apportée à la rédaction de telles clauses car elles engendrent des effets pervers plus ou moins importants en fonction des choix opérés par le rédacteur : recherche d'un licenciement au lieu d'une démission par le fondateur, dilution plus importante des fondateurs restants s'ils ne peuvent participer effectivement au rachat, mise en œuvre impossible en pratique, etc.[1].

De même, il convient d'adapter la rédaction en fonction du statut de l'associé concerné. L'application d'une telle clause à un dirigeant salarié est plus sensible car les juridictions sociales analysent la validité sous l'angle du droit du travail plus strict que le droit commercial en la matière et peuvent parfois entraîner un droit à indemnisation du salarié si le prix de rachat est dérisoire ou la décote trop lourde ou encore si le motif du licenciement ayant permis la mise en jeu du Bad Leaver est requalifié sans cause réelle et sérieuse.

1. Galion Term Sheet illustrée, p.25 et 26.
https://thegalionproject.com/term-sheet-new-edition

**Avant de se lancer...**

✓ **S'interroger sur la pertinence d'une telle clause : quel est le contexte entre les associés et à quels enjeux ou objectifs répondrait-elle ?**

✓ **Rédiger avec précision la clause car le moindre doute ou flou pourrait priver les associés restants de toute possibilité de rachat.**

Outil 54

# Les clauses de liquidité

> *L'avenir est liquide, le passé est solide.*
>
> Jean-Louis Aubert, *« Le Long de l'eau »*, *Bleu Blanc Vert*

## En quelques mots

La clause de liquidité est presque systématiquement incluse dans les pactes d'actionnaires lors des levées de fonds. La liquidité, c'est-à-dire la capacité pour un investisseur à transformer son investissement en argent sonnant et trébuchant, est en effet un enjeu essentiel pour ce dernier. Par cette clause, les fondateurs s'engagent donc à faciliter la sortie au meilleur prix des investisseurs avec un horizon d'en général 5 à 7 ans, avec des contraintes plus ou moins fortes selon les modalités de la clause.

**LES CLAUSES DE LIQUIDITÉ**

| Contraintes financières | Contraintes de cession |
|---|---|
| Clause de Liquidation préférentielle | Clause de rendez-vous |
| Dividende prioritaire ou préciputaire | Mandat de vente |
| | Buy or sell |

## POURQUOI L'UTILISER ?

### Contexte

Les investisseurs en innovation (capital-risque, Business Angels) se rémunèrent quasi exclusivement au travers de la plus-value réalisée lors de la cession effective de leurs actions à défaut de toucher des dividendes lors des premières années d'existence de la start-up. Tant qu'ils restent actionnaires, et même si la société obtient de grands succès, cette rémunération n'est en effet que virtuelle.

### Objectif

Définir dès l'entrée des investisseurs les modalités qui faciliteront leur sortie en général d'ici 5 à 7 ans. Ainsi les investisseurs s'assurent de pouvoir céder leur participation ou de contraindre les fondateurs à envisager la cession de l'entreprise le moment venu.

## COMMENT L'UTILISER ?

### Étapes

La clause de liquidité peut intégrer plusieurs sous-modalités, on connaît à cet égard la créativité des avocats au service de leurs clients. Ces clauses sont en général combinées entre elles car elles reposent sur des mécanismes juridiques différents pouvant être actionnés au moment le plus opportun par les investisseurs.

- **Clause de rendez-vous :** convenir de la date à partir de laquelle débuter les discussions pour organiser le processus de cession ou d'introduction en Bourse de la société (il s'agit de la clause la moins contraignante mais actant le principe de proposer une solution le moment venu).
- **Mandat de vente :** avoir recours à un cabinet de transactions honorablement reconnu pour lancer un processus de cession de l'ensemble de la société.
- **Clauses de liquidation préférentielle :** permettre aux investisseurs de se voir attribuer une quote-part plus importante du prix de vente, cette part augmentant au fil du temps.
- **Clause de dividende prioritaire ou préciputaire :** accroître la pression financière liée à la présence des investisseurs au capital à partir d'une date proche de celle de l'exigence de liquidité.
- **Clause de Buy or Sell :** permettre à l'actionnaire le mieux disant de racheter la part des autres, et permettre aux autres de rendre liquide leur participation.
- **Clause de Drag Along/cession forcée :** permettre de forcer la main à une minorité qui refuserait de céder ses actions dans le cadre d'une opportunité de liquidité trouvée par les majoritaires.
- **Clause de Tag Along/droit de sortie conjointe :** permettre aux associés minoritaires de vendre leurs participations en même temps que les majoritaires si ceux-ci se sont assurés de la liquidité de leurs participations.

### Méthodologie et conseils

Inutile de se lancer dans une levée de fonds si la cession de l'entreprise est exclue par les fondateurs, car s'il est un point de principe non négociable, et légitime au regard des enjeux financiers, c'est bien celui-ci.
La rédaction de la/des clauses pourra laisser plus ou moins d'espace de liberté et/ou de valorisation aux fondateurs mais dans les faits, il s'avère très difficile de revendre une entreprise contre la volonté de son dirigeant.

### Pour aller plus loin...

- ✓ The Galion Project: Galion Term Sheet : https://thegalionproject.com/term-sheet-new-edition
- ✓ Voir les clauses de Drag Along et Tag Along développées dans l'Outil 58.

Outil 55

# La clause d'exclusivité et de non-concurrence

> “
> *Être fidèle,*
> *c'est bien souvent*
> *enchaîner l'autre.*
> Sacha Guitry, *Une folie*

## En quelques mots

La levée de fonds implique pour les fondateurs de s'engager à protéger les intérêts de la société ainsi qu'une certaine loyauté envers les investisseurs leur ayant accordé leur confiance. Toutefois, même si l'intelligence humaine suffit en général à maintenir cet équilibre, les investisseurs requièrent quasi systématiquement un engagement de non-concurrence et d'exclusivité de la part des fondateurs dans le pacte d'actionnaires pour acter dans le marbre les règles du jeu qu'ils ont accepté de jouer et les conséquences en cas de non-respect.

CLAUSE D'EXCLUSIVITE

## POURQUOI L'UTILISER ?

### Contexte

Tout mandataire social est tenu d'une obligation de loyauté envers la société, qui implique qu'il ne puisse lui faire concurrence directement. Toutefois, cet engagement est limité et ne s'impose au dirigeant que pendant l'exercice de ses fonctions. D'où l'intérêt (pour les investisseurs) d'engager les fondateurs dirigeants au-delà de la durée de leurs fonctions dans le cadre d'un pacte d'actionnaires.

De même, les investisseurs veulent parfois s'assurer que le dirigeant s'investira pleinement dans le développement de l'activité pour atteindre les résultats promis et lui imposent alors une exclusivité interdisant l'exercice d'autres fonctions ou activités en parallèle de la direction de la start-up.

### Objectifs

- S'assurer que les fondateurs seront à 100 % focalisés sur la création de valeur.
- Protéger la valeur de l'entreprise :
  - Éviter un détournement de l'activité vers une autre entité.
  - Protéger le savoir-faire et les informations cruciales pour la poursuite de l'activité de l'entreprise en cas de départ d'un fondateur.

## COMMENT L'UTILISER ?

### Étapes

1. **Définir le champ d'application de la clause de non-concurrence.** Pour être juridiquement valable en droit commercial, la clause de non-concurrence doit être :
- Limitée dans le temps et dans l'espace.
- Ne pas avoir pour effet d'interdire l'exercice de toute activité professionnelle dans le domaine de compétence du fondateur.
- Être justifiée au regard de l'intérêt légitime de l'entreprise à protéger.
- Ne pas être excessive.

Si en droit du travail une contrepartie financière est imposée comme condition de validité de la clause de non-concurrence, ce n'est pas le cas pour les dirigeants non salariés. Pour les dirigeants détenant un contrat de travail en sus de leur mandat social, la clause devra être rémunérée même si elle ne figure que dans le pacte d'actionnaires[1].

2. **Évaluer la pertinence d'une clause d'exclusivité.** Dans certains cas, le fondateur exerce déjà d'autres fonctions et ne peut s'engager à titre exclusif. Parfois, il exerce des activités annexes sans risque pour l'activité de la start-up (ex : enseignement, association, activité patrimoniale, etc.). Des exceptions peuvent être prévues avec par exemple une limite de temps maximale que le fondateur pourra consacrer à ces activités en sus de ses fonctions.

### Méthodologie et conseils

L'intérêt légitime de la société à protéger l'activité réellement exercée par celle-ci doit guider les rédacteurs des clauses de non-concurrence et d'exclusivité, souvent tentés de « balayer large » pour surprotéger la société, lui faisant courir le risque de se retrouver sans recours contre un fondateur déloyal.

1. *Dictionnaire des clauses ordinaires et extraordinaires des contrats de droit privé*, W. Dross, Clausier, Lexis Nexis, 3e éd., p. 503.

**Avant de se lancer**

- ✓ Analyser le statut des fondateurs qui seront soumis à la clause de non-concurrence pour en déterminer les règles de droit applicable.
- ✓ Vérifier qu'une exclusivité est compatible avec les activités déjà exercées par les fondateurs ou qu'ils pourront être amenés à exercer dans l'avenir.

Outil

56

# Le droit d'information et le droit d'audit

> "La confiance n'exclut pas le contrôle.
>
> Lénine

## En quelques mots

Un droit d'information et un droit d'audit sont fréquemment prévus dans les statuts ou pactes d'actionnaires pour renforcer le droit des associés à accéder à certaines informations relatives à la gestion de la société et l'évolution de l'activité. La combinaison des clauses statutaires, du pacte d'actionnaires et parfois d'actions de préférence permet de définir des droits sur-mesure au profit des investisseurs avides de Key Performance Indicators (ou KPI). Si une grande transparence est souhaitable, cela ne signifie pas pour autant abus et ingérence de la part des investisseurs dans la gestion.

### DROIT D'INFORMATION ET DROIT D'AUDIT

## POURQUOI L'UTILISER ?

### Contexte

Il n'est en effet pas dans l'ADN des investisseurs de laisser faire sans contrôler ni s'assurer que les fondateurs vont dans la bonne direction. Les fondateurs ont donc intérêt à mettre en place les outils permettant d'assurer la transparence et la bonne information des investisseurs pour maintenir leur confiance dans l'équipe.

Contrairement aux régimes applicables aux SARL et SA, il n'existe pas de régime légal spécifique organisant le droit d'information ou d'audit des associés dans les SAS[1]. Les statuts reprennent souvent un droit d'information minimal s'inspirant des règles applicables aux SA. C'est pourquoi, lors de l'entrée d'investisseurs au capital, ceux-ci requièrent des droits d'information renforcés dans le pacte d'actionnaires ou dans les droits attachés à leurs actions.

### Objectif

L'objectif principal est d'instaurer un cadre de confiance entre les fondateurs et les investisseurs en permettant à ces derniers de bénéficier d'un suivi plus régulier de la situation financière et des décisions de gestion de la start-up de nature à impacter leur investissement. Le droit d'information est souvent couplé avec la faculté de pouvoir procéder à leur discrétion (et souvent aux frais de la société) à un audit de la bonne gestion de la société une ou plusieurs fois par an.

## COMMENT L'UTILISER ?

### Étapes

L'enjeu de ce type de clauses réside dans le fait de trouver le juste équilibre entre la protection des intérêts et droits des investisseurs en tant qu'associés et leur immixtion intempestive et excessive dans la gestion de la société.

1. Les dispositions du Code du commerce en la matière concernant les droits des associés de SA sont écartées du régime applicable aux SAS par l'article L 227-1, al. 3 du Code du commerce.

Il est donc nécessaire d'encadrer et de préciser les modalités d'exercice de ces droits de manière spécifique, adaptée aux caractéristiques de l'activité de la start-up et à l'organisation de sa gouvernance, tout en veillant à ne pas absorber les fondateurs dans des obligations de reporting excessives au détriment de l'activité.

Aborder ces points dès la négociation de la LOI est préférable, de sorte que ces règles soient acceptées par tous pour le fonctionnement de l'association qui s'ensuivra[2].

### Méthodologie et conseils

- Limiter le droit d'information et d'audit aux associés détenant un seuil minimal du capital ou des actions de préférence.
- Limiter le nombre et la nature des informations qui pourront être communiquées autant que possible.
- Privilégier une information collective régulière au sein du Board à une information individuelle.
- Définir un représentant pour chaque groupe d'investisseurs chargé de transmettre les informations aux autres investisseurs appartenant à son groupe.
- Organiser les modalités d'exercice du droit d'audit et les plafonner les honoraires pouvant en résulter s'ils sont pris en charge par la société.

2. Voir notre article : « Pourquoi rédiger un pacte d'associés ? » https://www.legalinsight.fr/rediger-pacte-dassocies/

**Avant de vous lancer**

- ✓ **Interroger les investisseurs sur les informations dont ils ont réellement besoin pour leur suivi et la fréquence de communication (mensuelle, trimestrielle, semestrielle, etc.).**
- ✓ **Évaluer le temps que ce reporting requiert en sus du développement de l'activité pour les fondateurs.**

Outil 57

# Le droit de préemption et d'agrément

> *Je ne voudrais pas adhérer à un club qui m'accepte comme membre.*
>
> Groucho Marx

## En quelques mots

Les clauses de préemption et d'agrément sont souvent prévues dans les statuts et/ou les pactes d'actionnaires pour permettre aux associés de pouvoir soit racheter en priorité les actions d'un associé sortant, soit agréer l'entrée au capital du tiers cessionnaire. L'objectif poursuivi est de pouvoir maintenir une certaine stabilité du capital et de conserver le caractère fermé de l'entreprise en contrôlant les mouvements sur le capital. Ces clauses répondent chacune à des objectifs et à une mécanique précise qu'il convient de bien maîtriser avant de se lancer dans une levée de fonds.

DROIT DE PRÉEMPTION ET D'AGRÉMENT

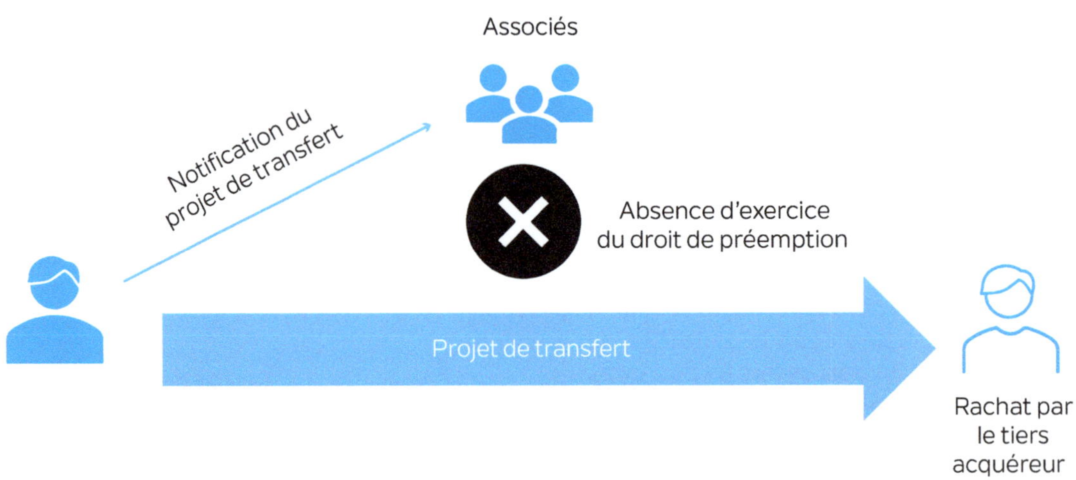

## POURQUOI L'UTILISER ?

### Contexte

Ces clauses permettent aux associés de garder la maîtrise de la composition de l'actionnariat de la société et d'éviter l'entrée au capital de concurrents ou d'acteurs qui, en devenant associés, poursuivraient en réalité un autre but que celui de financer la société et son activité. Les clauses de préemption et d'agrément peuvent donc jouer un rôle crucial dans la protection des équilibres humains et financiers gouvernant la société, ainsi que de ses perspectives de développement.

Toutefois, si la présence d'une clause d'agrément dans les statuts est d'ordinaire tolérée dans le cadre des tours de financement auprès de Business Angels, généralement soucieux de conserver le caractère *intuitu personae* de la société, elle est en revanche souvent supprimée lors de l'entrée de VC au capital car elle représente un frein à la liquidité de leur participation.

### Objectifs

Ces clauses visent notamment à :

- maintenir la stabilité du capital social ;
- garder une influence et un contrôle sur la répartition des titres de la société ;
- contrôler ou éviter l'entrée des tiers inopportuns au capital ;
- renforcer la position dominante d'un associé ou d'un groupe d'associés spécifique ou maintenir les équilibres en place.

## COMMENT L'UTILISER ?

### Étapes

Les clauses de préemption et d'agrément sont souvent utilisées en complément l'une de l'autre car elles n'aboutissent pas tout à fait au même résultat :

- **Le droit de préemption** offre un droit aux associés de se positionner en priorité sur toute cession d'actions par un autre associé.
- **Le droit d'agrément,** quant à lui, tend uniquement à obtenir l'accord préalable des autres associés pour faire entrer ou non au capital le tiers acquéreur ou pour un transfert d'actions entre associés. L'agrément intervient donc généralement en l'absence de préemption ou en cas de préemption partielle.

Les conséquences de l'absence de préemption ou d'agrément sont également différentes :

- **En l'absence d'exercice du droit de préemption,** le cédant est libre de réaliser la cession envisagée avec le cessionnaire pressenti aux conditions initialement prévues.
- **En cas de refus d'agrément,** les associés devront racheter ou faire racheter les actions de l'associé cédant au prix et conditions arrêtés avec le tiers non agréé. À défaut, l'associé cédant sera alors libre de réaliser la cession initialement prévue avec le tiers pressenti et ce malgré l'absence d'agrément.

### Méthodologie et conseils

La clause de préemption est essentielle en l'absence de clause d'agrément dans les statuts pour maîtriser les transferts d'actions et conserver un certain droit de regard sur les mouvements au sein du capital de la société.

Suite outil 57 →

*Avant de se lancer...*

✓ Vérifier la présence d'une clause d'agrément ou de préemption dans les statuts ou le pacte d'actionnaires existant avant de débuter le processus de levée de fonds ou tout projet de transfert d'actions.

Suite outil 57

# Droit de préemption et d'agrément

## COMMENT ÊTRE PLUS EFFICACE ?

### Définir avec précision le champ d'application de ces clauses

Ces clauses sont susceptibles de s'appliquer à toutes les opérations de cession ou de transfert de titres, à titre onéreux ou gratuit, réalisées de manière isolée ou engendrant la cession du contrôle de la société (succession, donation, liquidation de communauté, fusion, apport ou transmission universelle du patrimoine et même parfois émission de nouvelles actions au profit de tiers). Il est donc fondamental de définir les cas d'application avec précision pour ne pas aboutir à des transferts non soumis au droit de préemption ou d'agrément de manière involontaire.

Le droit de préemption peut être prévu au profit de tous ou certains associés ou groupes d'associés, à concurrence de leur participation au capital ou en fonction de rangs de préférence. Cela peut avoir un intérêt pour favoriser la relution de certains associés et maintenir l'équilibre entre les groupes en présence.

### Prévoir des cas de transferts libres

Il est usuel de prévoir des cas dits de transferts libres des actions qui ne pourront pas donner lieu à l'exercice du droit de préemption ou d'agrément. Ex : transfert d'actions à une holding patrimoniale, transfert d'actions entre des fonds gérés par une même société de gestion, transferts intragroupes ou intrafamiliaux.

L'objectif est alors de permettre à l'associé concerné de pouvoir optimiser sa situation patrimoniale, successorale et/ou fiscale sans pour autant que ses coassociés puissent s'y opposer, sous réserve que ledit transfert ne soit pas un moyen de contourner les droits de préemption et d'agrément et que les engagements individuels de l'associé à titre individuel au titre du pacte soient repris par la nouvelle structure ou le bénéficiaire.

### Rédiger avec précision la procédure de préemption ou d'agrément à respecter

La liberté statutaire de la SAS et contractuelle des pactes d'actionnaires implique d'apporter une grande attention à la rédaction des clauses de préemption et d'agrément afin de garantir leur efficacité juridique et la protection des droits des associés. À défaut la clause ne pourra tout simplement pas être mise en œuvre et pourrait engendrer un contentieux entre actionnaires.

Il est ainsi primordial de prévoir :

- Les modalités de notification de tout transfert aux associés.
- Qui se prononce sur l'agrément, sous quelle forme et dans quel délai ?
- Des délais raisonnables de mise en œuvre pour que l'associé cédant ne soit pas indéfiniment bloqué au capital de la société ou pour avoir la capacité de lever des financements bancaires pour pouvoir lui racheter ses actions le cas échéant.
- Le recours à dire d'expert en cas de désaccord des associés restants sur le prix de cession proposé par le tiers.

# DROIT DE PRÉEMPTION *VS* DROIT D'AGRÉMENT

## Exemple d'une mise en jeu combinée des clauses de préemption et d'agrément

Un associé décide de vendre ses titres à un tiers non associé. Les statuts prévoient un droit d'agrément et le pacte un droit de préemption au profit des autres associés.

Dans un premier temps le droit de préemption prévu au pacte va s'appliquer. L'associé cédant doit notifier le projet de cession aux autres associés qui pourront alors décider de préempter ou non les actions cédées.

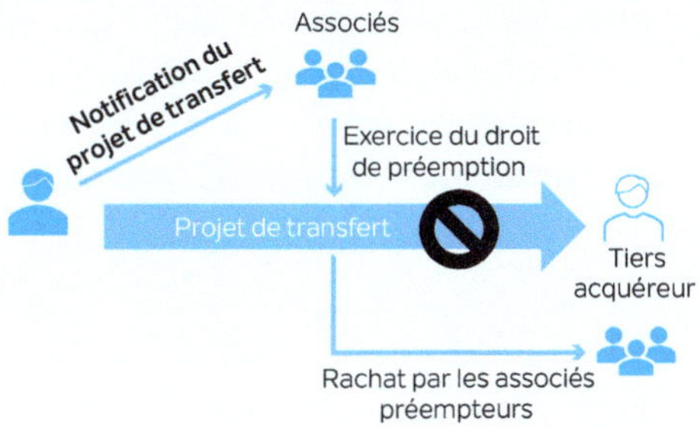


**Cas 1 :** les associés exercent leur droit de préemption. La cession des actions au profit du tiers ne pourra donc être réalisée, celle-ci s'effectuant au profit des associés ayant préempté les actions aux conditions initialement notifiées par l'associé cédant, notamment de prix.

**Cas 2 :** les associés ne préemptent pas. La cession peut donc se réaliser librement avec le tiers. Toutefois, la cession étant réalisée au profit d'un tiers, la clause d'agrément prévue dans les statuts va prendre le relais et s'appliquer.

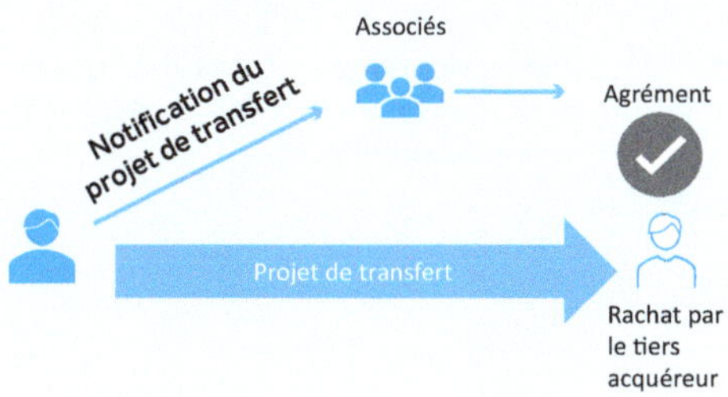


**Cas 2a :** les associés décident d'agréer le tiers en qualité de nouvel associé. La cession des actions au profit du tiers peut se réaliser librement aux conditions initialement notifiées par l'associé cédant.

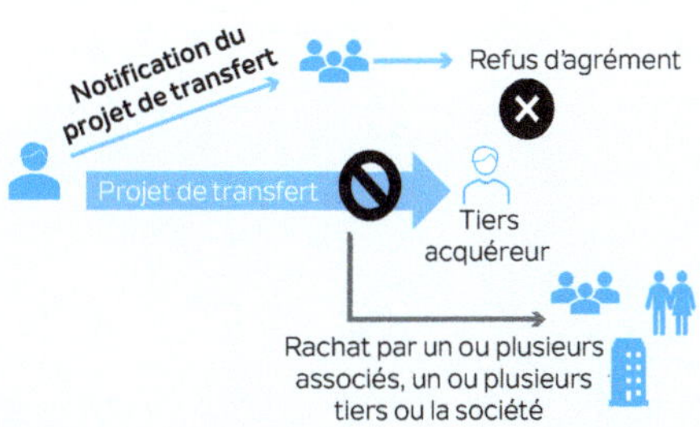


**Cas 2b :** les associés refusent d'agréer le tiers en qualité de nouvel associé. La cession ne pourra être réalisée avec le tiers et les associés ont l'obligation de racheter ou faire racheter par un tiers acquéreur (ou la société) les actions de l'associé cédant aux conditions initialement notifiées par l'associé cédant, notamment de prix.

# Outil 58 Le Drag Along et le Tag Along

> “ *Chérie, tu prends ton manteau, on s’en va.*
>
> *Les Inconnus, Les Trois Frères*

## En quelques mots

L’association au sein du capital d’une société est parfois considérée comme une forme de mariage, et comme dans les couples, les associés gardent des droits et libertés individuels. La liberté des associés de céder ou non leurs actions est un droit fondamental, mais elle peut être restreinte par des clauses (du pacte d’actionnaires ou des statuts) destinées à assurer la meilleure continuité pour la société, ce qui est le cas pour la clause de Drag Along avec son pendant le Tag Along. Ces deux mécanismes interviennent lorsque les associés majoritaires souhaitent céder leurs titres.

### LE PRINCIPE DES CLAUSES DE DRAG ALONG ET DE TAG ALONG

| Clause | Situation de déclenchement | Impact |
|---|---|---|
| Drag Along/Obligation de sortie conjointe | Des actionnaires majoritaires, détenant une part suffisante du capital, trouvent un acquéreur pour racheter 100 % du capital | Les actionnaires minoritaires ont l’obligation de vendre leurs titres à l’acquéreur dans les mêmes conditions |
| Tag Along/Droit de sortie conjointe | Des actionnaires majoritaires, détenant une part suffisante du capital, trouvent un acquéreur pour racheter leurs titres | Les actionnaires minoritaires ont le droit de vendre leurs titres dans les mêmes conditions |

## POURQUOI L'UTILISER ?

### Contexte

Ces deux clauses apportent une sécurité soit pour les fondateurs, soit pour les investisseurs minoritaires. Elles sont généralement utilisées en miroir pour équilibrer les droits des uns et des autres. La clause de Drag Along est essentielle à prévoir dans les négociations.

### Objectif

Ces deux clauses sont souvent prévues pour éviter des situations de blocage lorsque des associés majoritaires trouvent un acquéreur pour tout ou partie des titres de la société.

## COMMENT L'UTILISER ?

### Étapes

1. **Mettre en place le Drag Along (également appelé obligation de sortie conjointe ou encore droit d'entraînement)** : il vise à permettre à un associé majoritaire (ou un groupe d'associés formant une majorité) de céder ses titres à un tiers en contraignant les minoritaires à céder également leurs titres au tiers aux mêmes conditions. L'objectif est de s'assurer de pouvoir céder 100 % du capital de la société sans que les associés minoritaires ne puissent y faire échec si la vente a été acceptée par une large majorité des associés. En effet, un acquéreur souhaite en général acheter 100 % des titres d'une société et non pas 80 ou 90 %. La position de quelques associés minoritaires récalcitrants peut parfois nuire à la valeur future de la société et à la liquidité des titres de tous les associés. Pour bien définir le seuil de déclenchement de cette clause, il est primordial de connaître la table de capitalisation et les liens entre associés. En général, ce seuil est fixé à un niveau qui nécessite que les fondateurs et les investisseurs principaux aient accepté l'offre de rachat du tiers (pour éviter que les fondateurs n'exercent seuls le Drag Along).

2. **Mettre en place le Tag Along (également appelé droit de sortie conjointe)** : il permet à un associé, souvent minoritaire, de se raccrocher (Tag en anglais) à une vente d'actions en cours réalisée par un ou plusieurs associés majoritaires. En général, il faut que cette cession enclenche un changement de contrôle de la société pour que le Tag Along soit exerçable. L'objectif est d'éviter que les associés minoritaires ne soient obligés de cohabiter contre leur gré avec un nouvel associé majoritaire. Il s'agit d'une option offerte aux minoritaires et non d'une obligation de vente. Concrètement, l'associé majoritaire prend l'engagement soit d'acquérir lui-même les actions du minoritaire, soit de les faire acheter par le tiers acquéreur aux mêmes conditions.

### Méthodologie et conseils

Certains garde-fous sont parfois prévus pour éviter l'usage abusif du Drag Along par les associés majoritaires comme un prix plancher devant être proposé par le tiers ou un prix qui ne peut être inférieur à une offre de rachat précédemment faite par les fondateurs et qui aurait été refusée par les investisseurs.

La mise en œuvre de ces clauses suppose le respect d'une procédure encadrée sur la communication de l'offre d'achat à l'origine du déclenchement.

*Pour aller plus loin...*

- ✓ **Le Tag Along peut également être qualifié de proportionnel et s'appliquer lorsqu'un associé majoritaire vend une fraction de ses titres, le minoritaire pouvant alors vendre une partie de ses titres en proportion.**

# Outil 59 La clause d'inaliénabilité et de respiration

> « Moi, je m'en fous, si on me force à y retourner, je retiens ma respiration jusqu'à ce qu'on arrête de me forcer à y retourner.
>
> Gauvain, dans la série télévisée *Kaamelott*

## En quelques mots

La clause d'inaliénabilité (aussi d'incessibilité) est fréquemment prévue dans les statuts ou les pactes d'actionnaires lors de l'entrée d'investisseurs au capital. Elle vise à interdire, pendant une période donnée (entre 3 à 5 ans), la cession d'actions par les fondateurs. Elle peut être couplée à un mécanisme dit de « respiration » permettant aux fondateurs, malgré l'inaliénabilité de leurs actions, de céder un faible pourcentage de celles-ci pour réaliser une opération de Cash-out partiel.

### LA CLAUSE D'INALIÉNABILITÉ ET DE RESPIRATION

## POURQUOI L'UTILISER ?

### Contexte

Les investisseurs l'imposent lorsqu'ils veulent s'assurer que les fondateurs restent le plus longtemps possible dans l'aventure.

Pour autant, leur intérêt est également de maintenir la motivation des fondateurs dans le temps. C'est pourquoi, lorsque la société a atteint une certaine taille et une certaine croissance, en général à partir des Séries B et C, il est fréquent de prévoir un mécanisme dit de respiration permettant aux fondateurs, malgré l'inaliénabilité de leurs actions, de réaliser des opérations de cessions anticipées (Cash-out partiel).

### Objectifs

S'assurer que l'équipe dirigeante ne quittera pas la société de manière prématurée et continuera de porter le projet pendant toute la durée de la période d'investissement des investisseurs.
S'assurer que les fondateurs restent majoritaires, fortement impliqués et motivés par le projet dans le temps.

## COMMENT L'UTILISER ?

### Étapes

1. **Fixer la durée de l'inaliénabilité :** pour être valable la clause d'inaliénabilité doit être limitée dans le temps. En général, la durée requise par les investisseurs varie entre 3 et 5 ans. Dans les SAS, l'inaliénabilité ne peut légalement être supérieure à 10 ans[1] (sans prorogation ni reconduction tacite possible).
2. **Définir la quotité d'actions concernée :** l'inaliénabilité peut concerner l'intégralité ou une partie des titres du fondateur. Certaines cessions peuvent également être autorisées (cession à une holding patrimoniale, intragroupe ou intrafamiliale, etc.).
3. **Définir un mécanisme de respiration :**
   - Fixer la quotité du capital pouvant être cédé par le fondateur, en général entre 10 % et 20 %.
   - Préciser si un délai minimal doit s'écouler ou non avant que la respiration puisse être mise en œuvre.
   - Définir les modalités de fixation du prix de rachat des actions (prix de la dernière levée de fonds, formule de valorisation, etc.) et qui se portera acquéreur des actions du fondateur.

### Méthodologie et conseils

La rédaction des clauses d'inaliénabilité et du mécanisme de respiration doit être précise pour en garantir l'efficacité. Une rédaction approximative pourrait ne pas permettre d'aboutir au résultat recherché par les investisseurs ou les fondateurs et nuire à leurs intérêts.

> *Avant de se lancer…*
>
> ✓ **Vérifier l'articulation de la clause d'inaliénabilité avec d'autres clauses du pacte d'associés, tels le droit de préemption ou le droit de sortie conjointe proportionnelle, qui peuvent parfois être actionnées par les autres associés en cas de cession de titres par les fondateurs.**

1. L. 227-13 du Code du commerce. Cette disposition est d'ordre public, il ne peut donc y être dérogé dans le pacte d'actionnaires ou dans les statuts.

DOSSIER 7

# LE **CLOSING,** ET **ENSUITE**

“

Lorsqu’une porte se ferme, il y en a une qui s’ouvre.

Alexander G. Bell

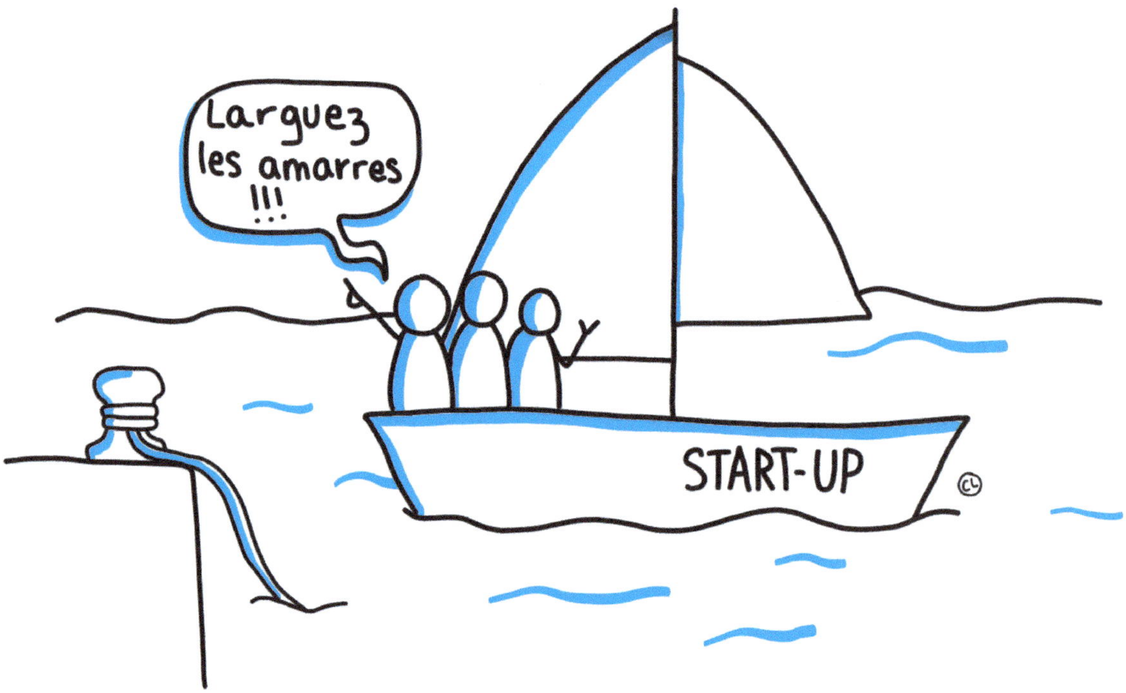

C'est la dernière étape – du moins le croit-on –, tout est prêt, il ne reste plus qu'à signer. La start-up se fait belle comme un ou une jeune marié(e) pour « le plus beau jour de sa vie » : c'est le closing.

Une période se ferme, qui a souvent duré 12 à 24 mois, passionnante mais épuisante. « Vivement qu'on en finisse pour passer à autre chose » se dit l'entrepreneur. Mais on ne le répétera jamais assez : une levée de fonds n'est terminée que lorsque les actes sont enregistrés et l'argent sur le compte ! Les chausse-trappes à ce stade sont nombreuses, il convient de rester vigilant jusqu'au dernier instant. Nous détaillons dans les pages suivantes l'ensemble des points d'attention à suivre tout particulièrement. Ensuite, seulement, on peut célébrer, et c'est important. Comme pour un mariage.

Et surtout ne pas en rester là.

La levée de fonds n'est jamais une fin en soi, toujours le moyen de mener une croissance ambitieuse, de permettre à une aventure entrepreneuriale innovante de produire de la valeur, dans un univers par nature incertain. C'est l'alliance de talents et de ressources hétérogènes, complémentaires, à laquelle il faudra donner corps mais qu'il faudra aussi nourrir, entretenir !

Car avant le closing, les fondateurs et les investisseurs sont face à face et négocient, mais après celui-ci, ils sont dans le même bateau et vont enchaîner de nouveaux rôles ensemble pendant quelques années ! Nous proposons donc quelques outils à cet égard.

Ce bateau embarque aussi un équipage, et nous détaillons également les méthodes d'intéressement propres aux start-up, les plus courantes.

Le dernier outil est consacré à l'Exit, but ultime de tout investisseur car c'est à ce moment, et à ce moment seulement, qu'il rentabilisera son investissement.

Alors, c'est l'occasion de se remémorer comment tout a commencé et, qui sait, pour l'entrepreneur, celle de réfléchir à devenir investisseur !

## Les outils

# Outil 60 Closing et célébration

> “Et puis en plus,
> je sens que ce soir,
> je vais conclure.
>
> Jean-Claude Dusse dans *Les Bronzés font du ski*

## En quelques mots

Le closing est le moment ultime de cette longue et difficile phase d'approche et de séduction qu'est la levée de fonds, celui de la fin des négociations, de la concrétisation formelle de l'ensemble des engagements réciproques et du début de l'association avec les investisseurs. Concrètement, avant 2020, investisseurs, actionnaires et dirigeants se réunissaient, le plus souvent chez l'un des avocats, afin de signer les « papiers » officialisant leurs accords et l'émission des actions au profit des investisseurs :

- procès-verbaux d'assemblées générales ;
- statuts ;
- pactes d'actionnaires ;
- bons de souscription, etc.

### LES ÉTAPES DU CLOSING

## POURQUOI L'UTILISER ?

### Contexte

Le closing est la consécration d'un travail intense de l'entrepreneur, des avocats et autres parties prenantes à l'opération souvent particulièrement chronophage, de façon croissante dans les deux mois qui précèdent, avec un pic la dernière semaine. Les négociations sont terminées, les parties prenantes se sont mises d'accord sur l'ensemble des conditions de l'investissement. Il est maintenant temps de passer aux signatures et aux versements des fonds.

### Objectif

Durant cette période, le dirigeant veillera à limiter au maximum ses autres engagements, notamment personnels quitte à repousser ses vacances, afin d'assurer le bon déroulement de cette étape ultime. Le jour du closing, les avocats et le leveur de fonds sont prêts à intervenir si un litige de dernière minute venait à surgir : demande d'aménagements de dernière minute (cela ne se fait pas vraiment, cela marche rarement ; mais certains essaient quand même), réglages de clauses ou difficultés administratives imprévues.

## COMMENT L'UTILISER ?

### Étapes

1. L'ouverture du compte capital est réalisée par le banquier. La création d'un compte capital permet de séquestrer les fonds reçus en attendant que la banque vérifie leur origine et que l'opération soit réalisée.
2. La convocation et la tenue de l'assemblée qui décidera l'augmentation de capital vont lancer la véritable période de souscription pour les investisseurs (décaissement des fonds).
3. Signature du bulletin de souscription et du pacte d'associés. Le bulletin de souscription grave dans le marbre l'engagement de l'investisseur à souscrire les actions. Le pacte d'associés signé par tous les associés contient les droits et obligations que chacun s'engage à suivre en sus des règles stipulées dans les statuts.
4. Le versement des fonds est effectué par les investisseurs. Attention, les sommes à verser ne sont pas toujours « rondes » et il convient juridiquement d'être précis au centime près.
5. Le certificat du dépositaire est émis par la banque une fois que l'ensemble des montants ont été versés sur le compte capital.
6. Le président constate la réalisation définitive de l'augmentation de capital.
7. Célébration !

### Méthodologie et conseils

Cette étape est un acte symbolique essentiel : la fin d'un processus et le début de l'association, tout en sachant que l'important se joue avant : mise en place d'une confiance réciproque, de règles du jeu mutuellement acceptées. Avec la crise sanitaire de 2020, les closings à distance sont devenus la nouvelle norme : parties prenantes réunies par visioconférence et documents validés par signature électronique. Cela enlève forcément du cachet au dernier acte du closing, le plus festif : « Champagne ! ». Rien de tel en effet pour célébrer l'événement et surtout laisser loin derrière les discussions et négociations difficiles.

**Pour aller plus loin...**

- ✓ **Il est important de distinguer le closing de la réunion de lancement des travaux communs entre fondateurs et investisseurs (pour laquelle un format séminaire est davantage préconisé).**

# Outil 61 Communiquer ou non sur sa levée de fonds

> « *Il vaut mieux se taire et passer pour un con plutôt que de parler et de ne laisser aucun doute sur le sujet.* »
>
> Pierre Desproges

## En quelques mots

Nombreuses sont les start-ups qui communiquent sur leur levée de fonds à l'issue des nombreux mois de travail et de négociation acharnés. Et pour cause : les médias traditionnels s'y intéressent de plus en plus, les montants communiqués étant de plus en plus importants. C'est d'ailleurs l'une des raisons pour laquelle la levée de fonds est à la mode et donne envie à de nombreux entrepreneurs de recourir à ce type de financement. Mais communiquer sur sa levée de fonds, que ce soit à travers la presse spécialisée ou les réseaux sociaux, n'est pas aussi anodin que cela peut le paraître !

### COMMUNIQUER SUR SA LEVEE

## POURQUOI L'UTILISER ?

### Contexte

La levée de fonds est terminée, les fonds sont versés, l'opération a été célébrée avec les investisseurs et les conseils. Les dirigeants vont pouvoir se concentrer de nouveau à 100 % sur le business, mais une question reste en suspens : faut-il communiquer sur l'opération ?

### Objectif

Éclairer l'entrepreneur sur les enjeux liés à la communication de son opération afin qu'il se questionne sur les conséquences d'une communication (ou d'une absence de communication).

## COMMENT L'UTILISER ?

### Étapes

**Pourquoi communiquer ?**

- Donner de la crédibilité à la start-up aux yeux du grand public en montrant qu'elle a réussi à convaincre des investisseurs.
- Envoyer un message fort aux concurrents et partenaires en donnant les ambitions de la start-up.
- Faire connaître la start-up auprès de la presse traditionnelle qui est de plus en plus friande des opérations de levée de fonds.
- Donner de la visibilité pour les futures levées et cessions.

**Pourquoi ne pas communiquer ?**

Communiquer revient à dévoiler une partie de sa stratégie, ce qui n'est pas dans l'intérêt de toutes les start-ups. Les opérations relayées dans la presse étant de plus en plus grosses, un communiqué sur une levée de 250 000 euros peut passer inaperçu ou, au contraire, renvoyer une image de « petite start-up ».

**Comment communiquer sur sa levée ?**

1. **Définir le contenu du communiqué de presse :**
   - le titre doit être accrocheur et original, pas uniquement « Deezer lève 100 millions d'euros » ;
   - le type d'investisseurs et éventuellement le montant (certains font le choix de communiquer un montant global incluant les financements non dilutifs, d'autres ne parlent que de la part en fonds propres) ;
   - l'histoire de la start-up et de ses fondateurs ;
   - l'activité, ce qu'elle vend, à qui et où ;
   - les ambitions, ce que les fonds levés vont permettre d'atteindre.
2. **Choisir les supports de communication :**
   - la presse spécialisée comme CFNews, Maddyness ou Fusacq ;
   - la presse traditionnelle comme *Le Figaro* ;
   - les réseaux sociaux, notamment LinkedIn ;
   - les plateaux TV comme BFM Business ou B Smart.

### Méthodologie et conseils

Demander à ses investisseurs et conseils s'ils souhaitent apparaître dans l'article : ce n'est pas la volonté de tous et divulguer leurs noms sans leur consentement serait mal démarrer une relation entre actionnaires. Si le montant de l'opération est inférieur à 1 million d'euros, donner une fourchette. Enfin, Il ne faut pas vendre la peau de l'ours avant de l'avoir tué, c'est-à-dire ne jamais communiquer si l'opération n'est pas à 100 % terminée !

**Pour aller plus loin...**

✓ https://wydden.com/les-levees-de-fonds-la-nouvelle-machine-a-clics-des-medias/

Outil 62

# Bâtir et développer la relation investisseurs-fondateurs

« *Les trop grandes promesses ne sont qu'un vent qui éteint la confiance.* »

Joseph Michel Antoine Servan

## En quelques mots

Une fois le closing réalisé, ce n'est pas la fin mais bien le début d'une aventure. Les investisseurs sont montés à bord du navire : il faut alors bâtir et développer une relation. Le Saint Graal ? La relation de confiance. D'une part, elle facilite la prise de décision, la coopération et donc la performance de l'entreprise, d'autre part, elle réduit le risque de conflits. Pour construire cette relation, il faut dans un premier temps prendre conscience des différences existantes entre fondateurs et investisseurs afin de converger vers un cadre cognitif commun.

**LES INVESTISSEURS VIENNENT DE SATURNE, LES ENTREPRENEURS DE JUPITER**

| | Entrepreneur | Investisseur |
|---|---|---|
| Pense... | Effectuation/Itératif | Processus linéaire, causal |
| Parle un langage... | Technique + Storytelling | Financier |
| Recherche... | L'autonomie, la reconnaissance, la réussite entrepreneuriale, etc. | L'assurance, le contrôle, une croissance forte, etc. |
| Souhaite... | Accomplir une vision, tester ses idées, prendre des risques et le temps d'essayer de nouvelles choses, avoir le droit de se tromper, suivre son intuition... | Un TRI élevé, réduire son risque, une plus-value qui compense le risque, des décisions prises sur des faits concrets |
| « Craint » de... | Perdre le contrôle de sa société. | Perdre son investissement. |
| Se représente l'investisseur comme... | Une ressource de réseau, une menace, quelqu'un qui peut apporter une solution concrète, une personne extérieure à qui on doit des comptes, une source de financement. | Une ressource (conseils, contacts), un point de vue externe, un retour d'expérience (plusieurs participations) |

**Alignement :**

**Confiance, coopération, meilleure prise en compte de l'avis de l'investisseur, contrôle moins élevé, risque de conflit moins élevé.**

## POURQUOI L'UTILISER ?

### Contexte

L'investisseur et l'entrepreneur s'engagent dans une relation *intuitu personae*. Ils ont tous deux des intérêts, des cultures, des représentations et des personnalités différents. Si le pacte d'actionnaire permet de définir les droits et obligations des deux parties, un autre enjeu est d'aligner les intérêts, représentations et attentes des deux parties. Pour cela, faut-il encore se comprendre et s'adapter au langage de l'autre.

### Objectifs

La confiance joue le rôle de catalyseur de la relation entrepreneur-investisseur. Elle permet entre autres de :

- échanger librement les points de vue ;
- enrichir la vision stratégique ;
- trouver des solutions répondant aux intérêts de chacun ;
- réduire le niveau de contrôle ;
- réduire le risque de réactance psychologique : lorsque l'entrepreneur va à l'encontre de son investisseur dans l'unique but de retrouver son autonomie et ce même si cela va contre les intérêts de l'entreprise ;
- augmenter la performance de l'entreprise.

## COMMENT L'UTILISER ?

### Étapes

Les questions à se poser :

1. Avons-nous établi les règles de fonctionnement de notre relation ? Fréquence et nature des échanges, transmission de l'information, pouvoir de chacun... Ces règles sont-elles établies dans le pacte d'actionnaires ?
2. Avons-nous discuté ouvertement des intérêts de chacun ?
3. Avons-nous discuté des attentes de chacun dans cette relation ? Nous sommes-nous mis d'accord sur le rôle que vont jouer l'entrepreneur et l'investisseur dans la vie quotidienne de l'entreprise ?
4. Sommes-nous en mesure de comprendre le langage de l'autre ? Sinon, avons-nous identifié une personne susceptible de faire le lien (leveur de fonds, personne au comité stratégique ) ?
5. Prenons-nous du temps pour construire et développer cette relation : échanges informels, conversations stratégiques mais aussi sur la façon dont cela se passe entre nous ?
6. Avons-nous anticipé les éventuels conflits ? En cas de désaccord ou de prise de décision, prenons-nous le temps d'expliquer nos motivations et d'argumenter notre point de vue tout en prenant en compte ceux des autres ?

### Méthodologie et conseils

La relation investisseur-fondateur peut facilement être comparée à celle d'un mariage. Après la phase de séduction et une fois les noces passées, il va falloir communiquer et faire des compromis. Avoir un représentant pour un groupe de BA peut s'avérer plus simple que de communiquer avec chaque Business Angel. De plus, s'entourer de personnes externes peut aussi faciliter la communication en cas de désaccord : le choix des personnes à intégrer à son Board est donc tout aussi important. Enfin, établir les règles dans le pacte d'actionnaires permet de poser un socle commun.

### Pour aller plus loin...

✓ ***Finance entrepreneuriale, le créateur d'entreprise et les investisseurs en capital*, Jean Rédis, de Boeck, 2009.**

✓ ***La confiance entre capital-investisseurs et dirigeants : conséquences comportementales et influence sur la performance financière*, Christophe Bonnet, Grenoble École de Management, 2005.**

Outil

# 63 Le reporting

> Le vrai génie réside dans l'aptitude à évaluer l'incertain, le hasardeux, les informations conflictuelles.
>
> Winston Churchill

## En quelques mots

Entrepreneur, sans doute faut-il être en accord avec l'affirmation de W. Churchill. Cependant, l'investisseur a besoin de comprendre sur quoi se basent les prises de décisions de l'entrepreneur et d'en suivre l'efficacité. Si l'entrepreneuriat est synonyme d'agilité et d'adaptation, les investisseurs ont tout de même besoin d'être rassurés et informés. Trimestriel et/ou annuel, cet outil de pilotage peut être de deux natures : financier ou extra-financier. L'idée reste de suivre la performance de la start-up, sur la base de métriques préalablement définies, et de fixer des objectifs mesurables.

### LE REPORTING FINANCIER ET EXTRA-FINANCIER

**Reporting Financier**

- Revenu (global, par produit, par typologie de client, par zone, par canal de vente, etc.)
- Marges
- Personnel : effectif, salaires et primes, taux absentéisme, turnover ...
- Production : coût, quantité, marge
- Résultat d'exploitation
- ...

**Objectifs**

- Évaluer et suivre la performance
- Informer les parties prenantes
- Identifier les points forts
- Identifier les points à développer
- Identifier d'éventuels risques
- Fixer de nouveaux objectifs
- Prendre des décisions stratégiques

**Reporting Extra-Financier**

- Critères environnementaux : $CO_2$, recyclage, fournisseurs locaux...
- Critères sociaux : management, égalité H/F, formation ...
- Critères gouvernance : comité indépendant, participation des salariés, etc.
- Évaluer mon impact et son évolution
- Actions menées

## POURQUOI L'UTILISER ?

### Contexte

Le reporting doit être lisible et interprétable facilement. Ce n'est pas un ensemble de données brutes regroupées dans un tableau de bord. **C'est une analyse et une présentation graphique et pédagogique des avancées de la start-up**, de sa performance et des principaux points d'amélioration, points fort et zones de risque. L'idée est donc de présenter de la bonne manière les bonnes informations. La nature des informations intégrées au reporting et la fréquence de ce dernier sont la plupart du temps prévues dans le pacte d'actionnaires.

### Objectif

Le reporting, qu'il soit financier ou extra-financier, a plusieurs fonctions :

- Suivre la performance de la start-up sur la base de métriques clés et la comparer au Business Plan initial : que ce soit sur les aspects financiers mais aussi sur les jalons techniques, RH, etc.
- Donner à l'investisseur l'accès aux informations importantes afin qu'il puisse jouer pleinement son rôle.
- Se fixer des objectifs.
- Identifier les éléments forts et les risques afin de prendre des décisions stratégiques.
- Anticiper un futur besoin en financement.
- Valoriser et communiquer sur les succès.

## COMMENT L'UTILISER ?

### Étapes

1. Se fixer des objectifs SMART (spécifiques, mesurables, atteignables, réalistes et temporels).
2. Discuter et définir avec l'équipe et les parties prenantes (notamment le Board) les métriques à suivre pour évaluer ces objectifs appelés KPI (Key Performance Indicators).
3. Mettre en place un suivi régulier (ex : tableau de bord) pour récolter les métriques. Impliquer les collaborateurs adéquats (ex : suivi financier par directeur financier, directeur commercial en charge du reporting business, un responsable RSE pour le reporting extra-financier ).
4. Analyser ces données pour les transformer en informations : extraire les chiffres clés, présenter les conclusions, les pistes d'amélioration, les principaux succès ou échecs (dans ce cas en analyser la raison).
5. Présenter ces informations pour qu'elles soient utilisables et compréhensibles par tous : tableau récapitulatif, graphiques, rapports, etc.

### Méthodologie et conseils

Le reporting est un outil qui permet d'entretenir du lien avec ses investisseurs. Si le reporting n'est pas tenu correctement (contenu et fréquence) par le dirigeant, c'est un mauvais signal envoyé à ses associés. Certains investisseurs peuvent aider le dirigeant à se structurer et mettre en place un reporting efficace. Un fonds d'investissement va généralement demander un reporting plus complet qu'un Business Angel en phase d'amorçage. Le reporting évolue tout au long de la vie de l'entreprise ! Il permet aussi à l'investisseur d'anticiper les éventuels besoins à venir et peut aider l'entrepreneur à argumenter ou expliquer une décision stratégique.

### Pour aller plus loin...

- ✓ ***Les dispositifs de pilotage de la performance en environnement innovant et incertain : étude comparative de huit start-up*, Meyssonier, Laboratoire d'Économie et de Management Nantes-Atlantique université de Nantes, 2015.**
- ✓ **https://www.ecologie.gouv.fr/rapportage-extra-financier-des-entreprises**

# Outil 64 Intéresser les équipes : l'attribution gratuite d'actions

> Les choses gratuites sont souvent celles qui ont le plus de prix...
>
> Christian Larsen, *L'échourie*

## En quelques mots

Comme leur nom l'indique, les attributions gratuites d'actions (AGA), plus communément appelées les actions gratuites, sont des titres de capital attribués gratuitement par une société par actions (SA, SCA, SAS) au profit d'un bénéficiaire désigné. Elles sont donc, comme les BSPCE, une alternative au paiement de primes ou bonus permettant aux start-ups d'« incentiver » leurs équipes ou d'attirer des talents sans avoir à décaisser de la trésorerie. Toutefois, les régimes juridique, social et fiscal des actions gratuites diffèrent, les rendant moins flexibles et plus coûteuses pour la start-up.

INTÉRESSER LES ÉQUIPES : ATTRIBUTION GRATUITE D'ACTIONS

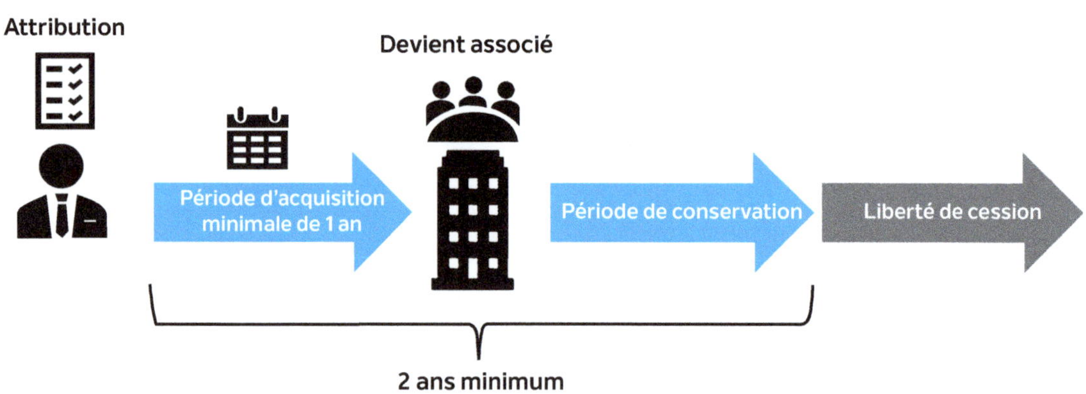

## POURQUOI L'UTILISER ?

### Contexte

Les actions gratuites sont plus coûteuses que les BSPCE (*cf.* Outil 65) car, sauf exonération, la société doit verser une contribution patronale dont le montant est difficilement prévisible[1]. Les start-ups privilégient donc les BSPCE et utilisent les actions gratuites dans des cas plus spécifiques ou lorsqu'elles ne sont plus éligibles pour pouvoir émettre des BSPCE.

### Objectif

Le bénéficiaire est directement intéressé sur la valorisation de l'entreprise. Plus la valorisation des actions augmente, et plus la plus-value potentielle sera grande à leur cession, plus son gain sera important.

## COMMENT L'UTILISER ?

### Étapes

1. **Vérifier que la start-up respecte bien les conditions d'attribution :**

- Sociétés concernées : toutes les sociétés par actions (cotées ou non).
- Bénéficiaires autorisés : salariés, mandataires sociaux dirigeants salariés et mandataires sociaux dirigeants de sociétés liées.
- Catégories d'options : options de souscription d'actions nouvelles ou options d'achat d'actions existantes.
- Plafond d'attribution :
  - > Plafond individuel : ne pas détenir plus de 10 % du capital social de la société à titre individuel au jour de l'attribution, ni au résultat de l'attribution.
  - > Plafond global : le nombre total des actions attribuées gratuitement par la société ne peut excéder 10 %[2] du capital social à la date d'attribution.
- Durée du plan d'AGA (2 ans minimum) :
  - > Période d'acquisition : durée minimale de 1 an à l'issue de laquelle le bénéficiaire devient actionnaire.
  - > Période de conservation pendant laquelle le bénéficiaire doit conserver les actions, fixée librement par l'assemblée des actionnaires.

2. **Vérifier quel sera le coût pour la start-up à la date d'acquisition et si l'attribution envisagée** respecte les conditions pour bénéficier de l'exemption de contribution patronale[3].

3. **Anticiper la fiscalité applicable** à chaque bénéficiaire et le paiement des charges suite à l'acquisition.

4. **Anticiper le niveau de réserves et de trésorerie nécessaire** pour pouvoir racheter ou émettre les actions à la date d'acquisition.

### Méthodologie et conseils

L'acquisition définitive des actions peut également être subordonnée à certaines conditions objectives (présence, performance, etc.).

En cas de nouvelle levée de fonds avant la date d'acquisition effective des actions gratuites, il conviendra de calculer l'impact de la nouvelle valorisation post-money sur le coût des actions gratuites.

---

1. La société doit s'acquitter de la contribution patronale dans le mois suivant la date d'acquisition effective des actions par le bénéficiaire (20% de la valeur des actions à la date d'acquisition).

2. Ce pourcentage maximal est porté à 30 % ou 15 % du capital dans certains cas (art. L 225-197-1, I-al. 2 du Code du commerce).

3. Les PME qui n'ont procédé à aucune distribution de dividendes depuis leur création sont exonérées de contribution patronale si l'attribution ne dépasse pas par bénéficiaire le plafond annuel de la sécurité sociale (41 136 € en 2020). À défaut, la start-up ne pourra pas bénéficier de l'exonération et la cotisation patronale sera due sur la valeur des actions gratuites à leur date d'acquisition et non d'attribution.

### Pour aller plus loin…

- ✓ **Base BOFIP de l'administration fiscale sur les actions gratuites : https://bofip.impots.gouv.fr/bofip/5614-PGP.html/identifiant=BOI-RSA-ES-20-20-20190301**
- ✓ **Articles L225-197 et suivants du Code du commerce**

Outil 65

# Intéresser les équipes et attirer des talents : les BSPCE

> *Chacun vaut ce que valent les objectifs de son effort.*
>
> Marc Aurèle

## En quelques mots

Les start-ups sont en perpétuelle recherche de talents pour innover, accélérer et rester compétitives, mais il leur est difficile de financer des salaires élevés au démarrage. Pour attirer de bons profils, elles mettent donc en place des mécanismes d'intéressement au capital qui offre aux équipes la perspective d'un gain financier important en cas de revente de leurs actions à terme. Plusieurs outils juridiques peuvent être utilisés avec leur propre régime juridique et fiscal mais les bons de souscription de parts de créateur d'entreprise (BSPCE) sont de loin les plus utilisés par les start-ups.

### LES OUTILS D'INTÉRESSEMENT DES ÉQUIPES : LES BSPCE

Les BSPCE sont des bons qui donnent le droit d'acheter des actions à un prix fixé à l'avance

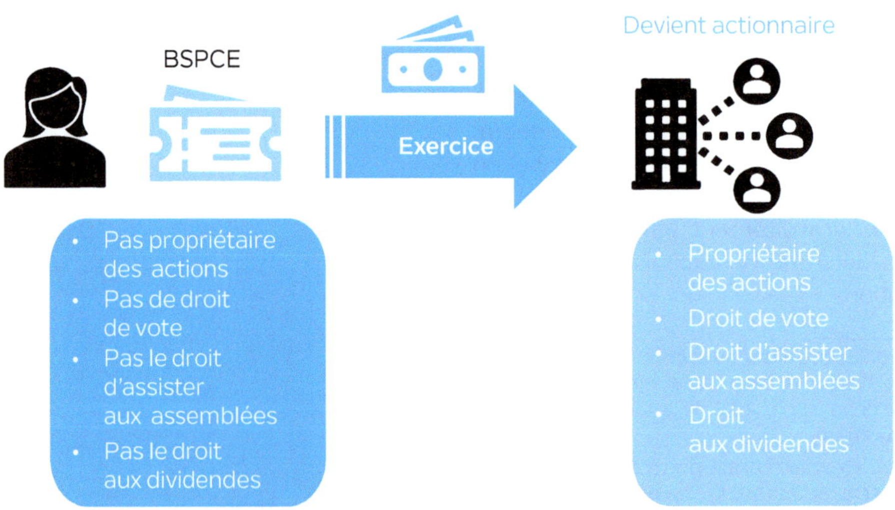

## POURQUOI L'UTILISER ?

### Contexte

Le cadre juridique, fiscal et social des BSPCE est beaucoup plus flexible et moins coûteux pour la société émettrice, comme pour le bénéficiaire, que les actions gratuites et les stock-options.

Depuis janvier 2020, l'attractivité des BSPCE s'est encore accrue car ils peuvent désormais être attribués par des sociétés étrangères au profit des salariés de leurs filiales françaises ainsi qu'à des membres du Board.

Les start-ups françaises ont donc quasi systématiquement recours aux BSPCE plutôt qu'aux stock-options ou aux actions gratuites pour intéresser leurs équipes. Par analogie, les BSPCE sont un peu à la start-up ce que les stock-options sont aux groupes cotés.

### Objectifs

- Permettre aux managers et salariés de générer un gain financier lors de la revente des actions sous-jacentes à terme ou en cas d'entrée en Bourse de la société.

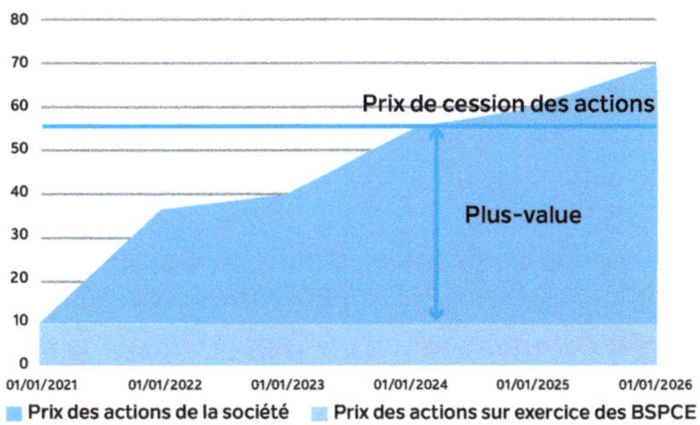


- Impliquer les équipes dans la génération de la croissance de l'entreprise.
- Fidéliser les salariés notamment grâce au mécanisme de vesting (expliqué ci-après) et à une fiscalité plus avantageuse au-delà d'une certaine ancienneté dans la société.
- En devenant actionnaire – et seulement à ce moment-là – le bénéficiaire peut bénéficier des droits attachés à la qualité d'actionnaire (vote en AG, dividendes, droits en cas de cession de titres), il est donc plus fortement impliqué dans la gouvernance de la société.

## COMMENT L'UTILISER ?

### Étapes

Lors des levées de fonds l'émission d'un pool de BSPCE est souvent prévue entre 5 et 10 % du capital en général à partir de la Série A même si cela est également possible dès la phase d'amorçage.

1. **L'assemblée des actionnaires décide du principe de l'émission du pool de BSPCE** au profit des salariés ou dirigeants éligibles aux conditions et dans les limites qu'elle aura préalablement définies.
2. **Le président (SAS) ou le conseil d'administration (SA) émet et attribue les BSPCE** individuellement à chaque bénéficiaire, dans les limites et aux conditions autorisées par l'assemblée générale. Il peut s'agir de tous les salariés ou seulement certains d'entre eux en fonction de la politique d'intéressement de la start-up.

### Méthodologie et conseils

Aligner les droits et obligations des titulaires de BSPCE sur certaines dispositions du pacte d'actionnaires conclu entre les fondateurs et les investisseurs. Usuellement, un « mini-pacte » ou « engagement contractuel » est signé par le bénéficiaire lors de l'attribution des BSPCE reprenant les principaux engagements des actionnaires en matière de cession et de conservation des titres.

Suite outil 65 →

*Pour aller plus loin...*

- ✓ Kit BSPCE – Galion Project : https://thegalionproject.com/kit-bspce#part-c-est-quoi-des-bspce
- ✓ Article 163 bis G du Code général des impôts.

# Intéresser les équipes et attirer des talents : les BSPCE

## COMMENT ÊTRE PLUS EFFICACE ?

### Quelles conditions la société doit-elle remplir pour pouvoir émettre des BSPCE ?

La société doit répondre à certaines conditions au jour où elle les attribue[1] :

- Être une société par actions : SA, SCA, SAS, SE.
- Être soumise en France à l'impôt sur les sociétés (certaines sociétés étrangères sont toutefois éligibles sous certaines conditions).
- Ne pas être cotée ou si c'est le cas, avoir une capitalisation boursière inférieure à 150 millions d'euros.
- Être immatriculée depuis moins de 15 ans.
- Être détenue, directement ou indirectement et de manière continue, par une ou des personnes physiques (minimum 25 %) ou par des personnes morales elles-mêmes détenues par des personnes physiques (minimum 75 %).
- Ne pas avoir été créée dans le cadre d'une concentration, d'une restructuration, d'une extension ou d'une reprise d'activités préexistantes, sauf si les sociétés parties prenantes respectent les conditions d'éligibilités.

Si la société cesse de remplir l'une des conditions ci-dessus, elle perd le droit d'émettre des BSPCE pour l'avenir et devra donc se tourner vers d'autres outils d'intéressement.

### À qui une start-up peut-elle attribuer des BSPCE ?

- À tous les salariés.
- Aux dirigeants appartenant au statut dit des assimilés salariés : président et directeurs généraux de SAS, président du conseil d'administration, membres du directoire de SA.
- Aux salariés et dirigeants de filiales, même à l'étranger (sous conditions).
- Aux membres du conseil d'administration ou du conseil de surveillance de SA.
- Aux membres des Boards créés dans les SAS ayant un statut équivalent à ceux des SA (organes statutaires dotés de réels pouvoirs de gestion).

Les autres mandataires sociaux, les non-salariés, les consultants ne sont pas éligibles aux BSPCE.

### Combien de BSPCE attribuer par manager ou salarié?

Concernant la répartition des BSPCE entre les différents membres de l'équipe, il n'y a pas de réels « standards » à suivre en la matière.

Le nombre de BSPCE attribués à chaque bénéficiaire dépend en effet de plusieurs critères :

- du profil recherché et s'il est courtisé par d'autres start-ups ;
- du rôle joué dans l'organigramme car un manager ou un salarié clé pourra prétendre à davantage de BSPCE ;
- de la grille de salaire existante de la start-up, les BSPCE pouvant alors permettre de compenser une plus faible rémunération par rapport au marché ;
- de la politique d'intéressement générale des équipes, certaines start-ups adoptent une approche globale en accordant des BSPCE à tous leurs salariés et d'autres une approche plus ciblée sur certains salariés clés uniquement ;
- du stade de développement où le bénéficiaire rejoint l'entreprise car les premiers salariés sont souvent moins bien payés et prennent aussi plus de risques qu'à un stade de maturité plus avancée de la start-up.

1. Article 163 bis G du Code général des impôts.

### À quel prix les actions auxquelles les BSPCE donnent droit sont-elles souscrites ?

Si les BSPCE sont en général attribués gratuitement le bénéficiaire doit toutefois payer le prix de souscription des actions auxquelles les BSPCE donnent droit au moment où il exerce ses BSPCE. Ce prix est fixé au jour de l'attribution des BSPCE et doit être cohérent avec la valeur de marché de la société à cette date (par exemple : la valeur des actions retenue lors de la dernière augmentation de capital si une telle opération a eu lieu dans les 6 mois précédents l'attribution des BSPCE) pour éviter un risque de requalification du gain financier réalisé lors de la cession des actions en salaires par l'administration fiscale.

### À quelles conditions les BSPCE peuvent-ils être exercés ?

Les conditions d'émission et d'exercice des BSPCE sont définies dans un document appelé plan ou contrat d'émission. L'exercice des BSPCE est souvent conditionné à la réalisation de conditions de performance ou à la présence au sein de la société pendant une certaine durée. Si le salarié ne les respecte pas il ne pourra pas exercer ses BSPCE et obtenir les actions auxquelles ils donnent droit.

### Quel est le régime fiscal applicable ?

Aucune cotisation ou contribution sociale à charge du salarié (sauf CSG et CRDS sur revenus du patrimoine).

Aucune contribution patronale à payer pour l'entreprise émettrice.

Suite outil 65 →

| Fiscalité à la charge du bénéficiaire* | |
|---|---|
| **Date d'attribution** | **Néant** |
| **Date d'exercice** | **Néant** |
| **Année de cession des actions acquises par exercice des BSPCE**<br><br>**(Imposition à l'IR comme plus-value de cession valeurs mobilières)** | **<u>Si ancienneté > 3 ans</u> :**<br><br>**Imposition à l'impôt sur le revenu au taux de :**<br>**Prélèvement forfaitaire unique 12,8 % + 17,2 % prélèvements sociaux = 30 %**<br><br>**Option possible pour barème de droit commun**<br><br>**<u>Si ancienneté < 3 ans</u> :**<br><br>**Imposition à l'impôt sur le revenu au taux de :**<br>**Taux fixe de 30 % + 17,2 % prélèvement sociaux = 47,20 %** |

*Régime des BSPCE attribués depuis le 1er janvier 2018

# Suite outil 65 Intéresser les équipes et attirer des talents : les BSPCE

## Cas pratique

### ILLUSTRATION D'UN MÉCANISME DE VESTING

Pour pouvoir bénéficier du régime fiscal de faveur des BSPCE, le salarié bénéficiaire doit avoir été employé au sein de la société pendant au moins 3 ans au jour où il cède les actions obtenues sur exercice des BSPCE. Cela est déjà une première incitation fiscale à rester en fonction pour le salarié.

Un mécanisme dit de Vesting, *i.e.* d'exercice conditionné au temps qui passe ou la réalisation de certaines conditions, est souvent prévu pour inciter le salarié à rester au-delà de 3 années. Ce calendrier d'exercice est défini par la société émettrice selon ses besoins et en fonction des perspectives de sortie à terme.

#### Exemple de vesting basé sur la présence du salarié au sein de l'entreprise

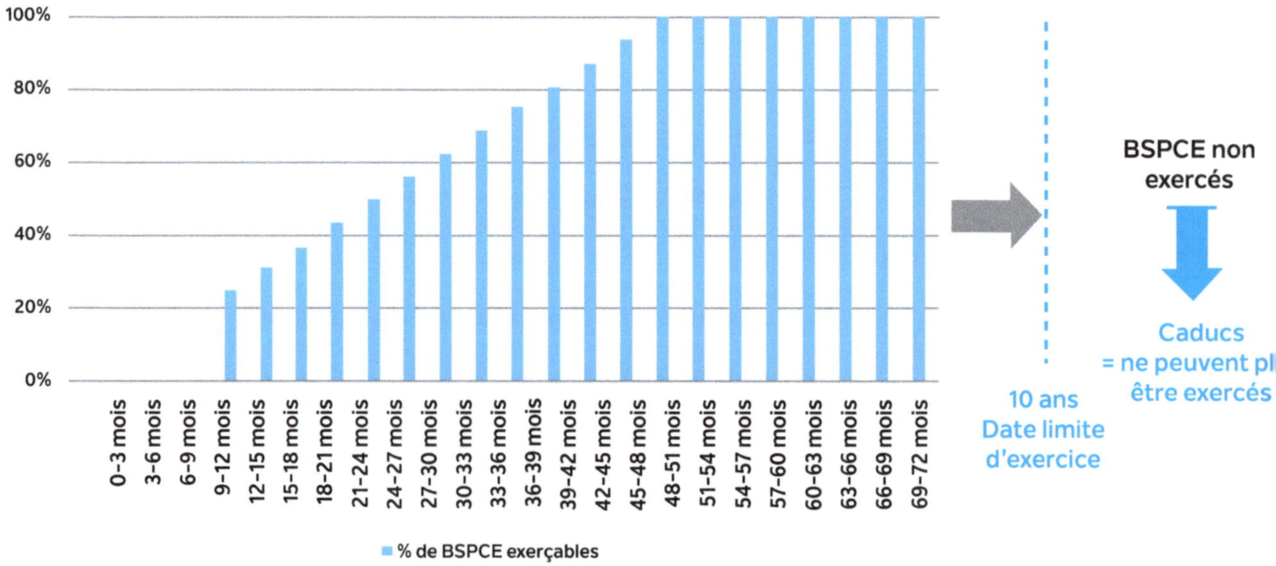

Dans cet exemple, le bénéficiaire pourra exercer 25 % de ses BSPCE au bout de 12 mois à compter de leur attribution (c'est ce que l'on appelle le « Cliff »), puis tous les trimestres de nouveau une quote-part additionnelle de BSPCE deviendra exerçable jusqu'à 48 mois où le bénéficiaire sera en droit d'exercer 100 % de ses BSPCE.

Que se passe-t-il si 100 % du capital de la société est cédé ?
Le repreneur peut vouloir conserver les BSPCE en place ; parfois les bénéficiaires sont autorisés à exercer l'intégralité de leurs BSPCE (même non encore exerçables à la date de cession) juste avant la cession de 100 % du capital en même temps que les autres associés, on parle alors « d'accélération » du vesting.
Cette pratique n'est toutefois pas systématique car pour certains cela engendrerait un surcoût pour l'acheteur potentiel contraint de financer l'émission de nouveaux outils d'intéressement pour fidéliser les salariés et donc une diminution corrélative de la valeur de la start-up cible[1].

1. Jean-Baptiste Rudelle, « Kit BSPCE Galion » : https://thegalionproject.com/kit-bspce#part-c-est-quoi-des-bspce

## Exemple d'accélération du calendrier d'exercice

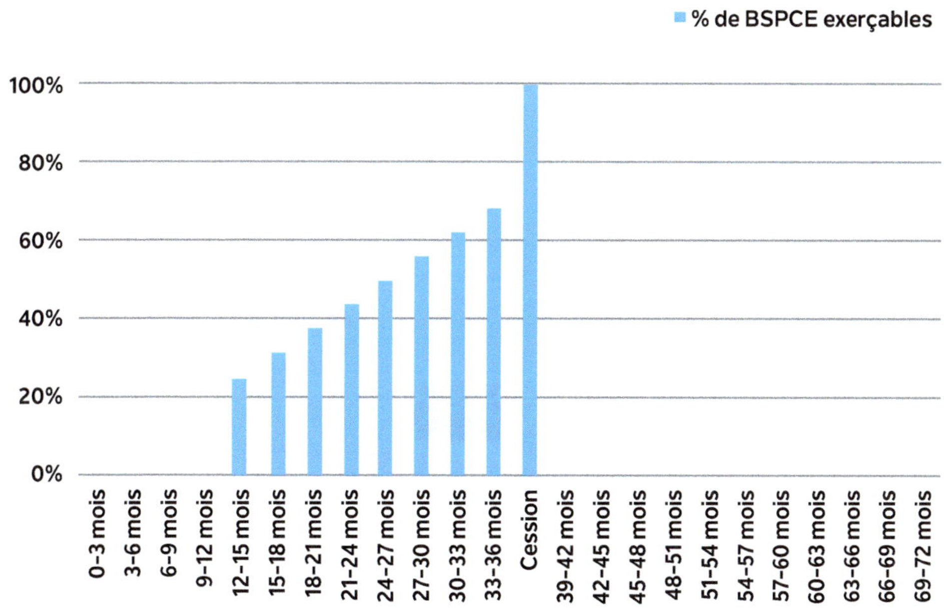

Outil 66

# Intéresser les équipes : les stock-options

> Bonne tenue et bon langage apportent toujours bons dividendes.
>
> Guy-Marc Fournier

## En quelques mots

Les options de souscription ou d'achat d'actions, plus connues sous leur nom anglo-saxon de stock-options, sont au même titre que les BSPCE ou que les actions gratuites, un mécanisme d'intéressement des salariés et dirigeants des sociétés par actions. Elles permettent de souscrire ou d'acheter des actions à un prix fixé à l'avance au jour de l'attribution des options. Elles sont davantage utilisées par les grandes entreprises cotées ou celles ne remplissant plus les conditions pour attribuer des BSPCE[1] et peu par les start-ups.

1. *Cf.* Outil 65.

### LA VIE D'UNE STOCK-OPTION

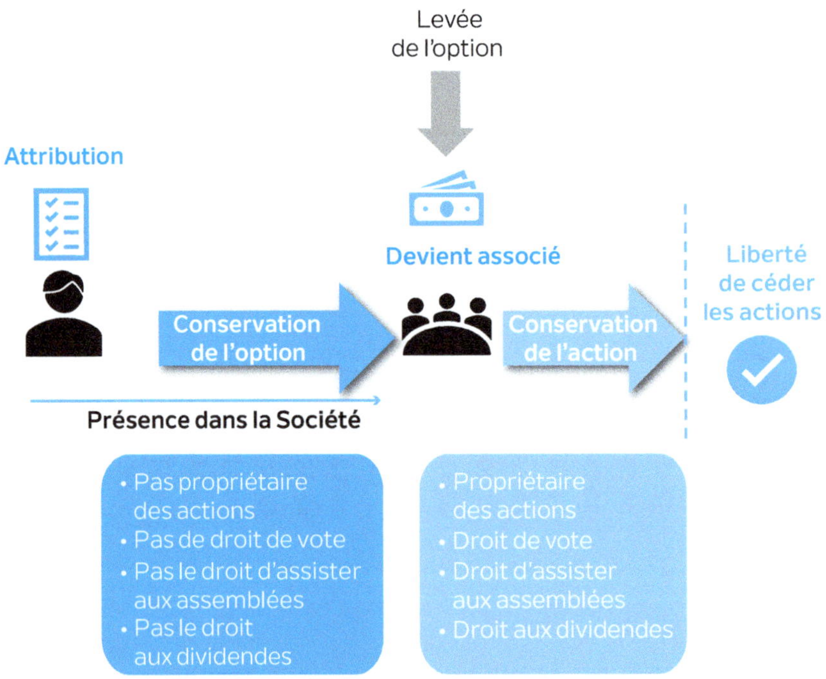

## POURQUOI L'UTILISER ?

### Contexte

Les stock-options bénéficient d'une certaine aura car elles ont largement contribué à faire la fortune des salariés des start-ups de la Silicon Valley. En France, le mécanisme des options datant des années 1970 a perdu de son attractivité au fil des réformes fiscales pour les start-ups et reste un outil d'intéressement plutôt utilisé par les grandes entreprises et groupes non éligibles aux BSPCE.

### Objectifs

- Permettre aux managers et salariés clés de l'entreprise de générer un gain financier.
- Intégrer l'espérance de gain dans la politique de rémunération de l'entreprise.
- Fidéliser et motiver des salariés en les intéressant aux résultats.

## COMMENT L'UTILISER ?

### Étapes

- **Prix d'exercice des options :** le bénéficiaire doit payer le prix des actions auxquelles ses stock-options donnent droit lors de la levée de l'option. Ce prix est fixé au jour de l'attribution. Il doit être cohérent avec la valeur de marché de la société à cette date (société non cotée) ou avec le cours de Bourse des actions à la date d'attribution (société cotée) pour éviter un risque de requalification en salaire (un rabais est toutefois possible dans la limite de 80 % de la moyenne des cours de bourse sur les 20 dernières séances).
- **Conditions de levée des options :** les conditions d'exercice et de la durée maximale pour lever les options sont fixées par l'assemblée générale des actionnaires. Le plan de stock-options subordonne en général la levée de l'option à certaines conditions : présence, performance, objectifs économiques, etc. Les options sont incessibles jusqu'à ce que l'option ait été exercée.
- **Conditions d'attribution**

| | |
|---|---|
| Sociétés concernées | Toutes les sociétés par actions (cotées ou non). |
| Bénéficiaires autorisés | – Salariés.<br>– Dirigeants mandataires sociaux.<br>– Salariés et dirigeants.mandataires des sociétés liées. |
| Catégories d'options | – Options de souscriptions d'actions nouvelles.<br>– Options d'achat d'actions existantes. |
| Limites d'attribution | – Individuelle : ne pas détenir plus de 10 % du capital social de la société à titre individuel au jour de l'attribution.<br>– Globale : le nombre total des stock-options attribuées non encore exercées est limité à 33 % du capital social pour les options de souscription d'actions ou 10 % du capital social du capital social pour les options d'achat d'actions. |
| Durée du plan d'options | Période d'indisponibilité de 4 ans à compter de la date d'attribution[1]. |

### Conseils et méthodologie

Le régime fiscal des stock-options est complexe et varie selon la date d'attribution des options. La fiscalité applicable aux stock-options est plus lourde que celle applicable aux BSPCE pour le bénéficiaire. Certains mécanismes permettent toutefois d'en diminuer le coût (versement des actions souscrites dans un plan d'épargne d'entreprise). Les stock-options ne peuvent être logées dans un PEA.

1. Options attribuées depuis le 29 septembre 2012.

*Pour aller plus loin...*

- ✓ **Base BOFIP de l'administration fiscale sur les stock-options : BOI-RSA-ES-20-10 https://bofip.impots.gouv.fr/bofip/5657-PGP.html/identifiant=BOI-RSA-ES-20-10-20140812**
- ✓ **Articles L225-177 à L225-186-1 du Code du commerce.**

Outil

# 67 Les formes d'Exit

> “Que vos choix soient le reflet de vos espoirs, et non de vos peurs.
>
> Nelson Mandela

## En quelques mots

La sortie des investisseurs peut être partielle ou totale et intervenir à différents stades de la vie de la start-up. La revente des actions peut se faire :

- à un autre investisseur de même nature (Growth Equity) lors d'un tour ultérieur de financement ;
- à un des actionnaires historiques souhaitant se reluer, souvent un ou plusieurs des managers clés ou fondateurs (LBO-OBO) ;
- à un grand acteur Corporate qui cherche à acquérir de nouvelles parts de marché ou une technologie en acquérant souvent 100 % du capital (cession) ;
- *via* une introduction en Bourse (IPO) en cotant tout ou partie des actions de l'entreprise en Bourse.

LES DIFFÉRENTES FORMES D'EXIT

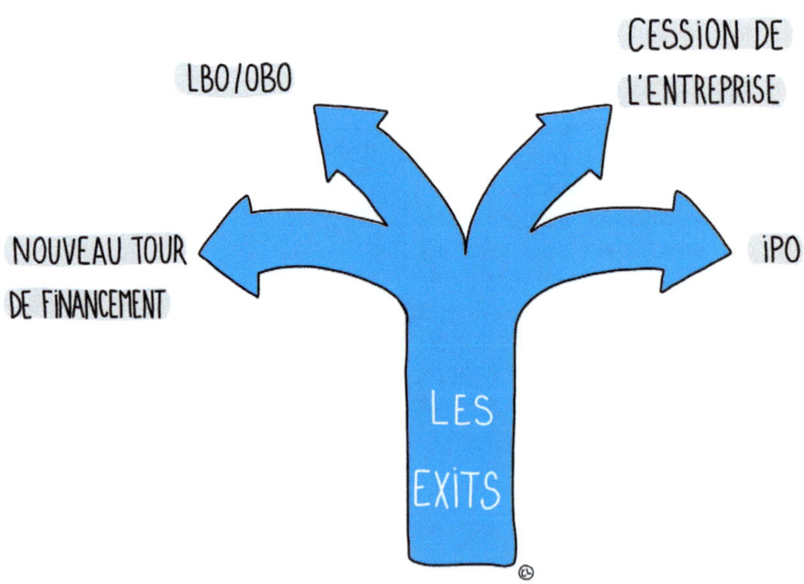

## POURQUOI L'UTILISER ?

### Contexte

Les clauses organisant la sortie des investisseurs font partie de celles qui sont les plus âprement négociées par ces derniers dans les pactes d'actionnaires. Il n'est pas rare que certains investisseurs demandent à pouvoir forcer un Exit au-delà d'un certain horizon d'investissement si les fondateurs n'ont pas eux-mêmes enclenché un processus de sortie à cette date, ou qu'ils requièrent la mise en place de mécanismes financiers visant à fortement inciter les fondateurs à « sortir » les investisseurs comme les clauses de garantie de dividendes.
Le marché de l'Exit reste toutefois compliqué en France. Les licornes vendues ou cotées à une valorisation dépassant plusieurs milliards d'euros sont loin d'être une généralité dans l'Hexagone. La taille des Exits se situe plutôt entre 50 et 200 millions d'euros pour la majorité des cas, voire plusieurs centaines de millions d'euros pour les meilleurs deals, et ne dépasse que rarement 1 milliard, contrairement au marché américain. Toutefois, depuis 2021, on assiste à l'émergence de nouvelles licornes françaises pouvant laisser espérer une évolution du marché français des sorties.

### Objectif

Se poser les bonnes questions pour préparer les Exits et les discussions avec les investisseurs est aussi une des clés de réussite de sa levée de fonds.

## COMMENT L'UTILISER ?

### Étapes

**Se poser les bonnes questions dès le départ :**

- Les fondateurs sont-ils à l'aise avec la notion d'Exit rapide ?
- Quel est l'horizon d'investissement des actionnaires et comment leur assurer la liquidité de leur participation ?
- Des Exits partiels sont-ils envisageables ?
- Qui sont les acheteurs potentiels de la start-up ?
- Les fondateurs ont-ils envisagé tous les scénarios d'Exits, notamment avec les autres actionnaires avant de signer le prochain closing ?
- Compte tenu du marché sur lequel évolue la société et de sa croissance, quel type d'Exit semble le plus plausible ?
- Comment bien préparer la structure et les équipes à un projet de cession ?
- À quel moment devient-il intéressant de répondre aux sollicitations d'acquéreurs potentiels ?
- Comment et par qui puis-je me faire bien accompagner dans la structuration financière et juridique de l'opération de sortie ?

### Conseils et méthodologie

La meilleure façon de réussir un Exit est avant tout de réussir son projet entrepreneurial et de créer les conditions favorables au sein de la société en termes organisationnels et humains, pour rassurer les acquéreurs potentiels et susciter des sollicitations de ces derniers. Il est donc préférable d'anticiper et de définir en amont une ou deux stratégies d'Exit plausibles sur lesquelles se concentrer pour s'y préparer au mieux et tenter d'obtenir plusieurs offres. Certains leveurs de fonds proposent un Dual track, qui consiste à chercher simultanément des investisseurs et des repreneurs, afin d'optimiser les chances de valorisation en multipliant les opportunités.

*Pour aller plus loin...*

- ✓ « Exit : quel est le meilleur moment pour sortir ? » Bpifrance, 10 janvier 2019 : https://medium.com/@F3a/9-exit-quel-est-le-meilleur-moment-pour-sortir-a611ae821c5a
- ✓ Podcast Equity 101 : David Salabi (Cambon Partners), comment préparer un Exit ?

# Postface

Lever de l'argent peut être une chose formidable.

Cela peut vous permettre de réaliser vos ambitions aux côtés d'investisseurs talentueux qui vous poussent en permanence à vous dépasser, à voir plus grand.

Lever peut aussi se faire très rapidement, quand on a le parfait triptyque « équipe/traction/investisseurs » et que l'on est préparé : j'ai vu des Seeds de plusieurs millions se conclure en quelques heures. Des séries B à des centaines de millions en moins d'une semaine.

Le petit souci, c'est que la levée de fonds est aussi un sport dangereux.

La première fois que mon compte en banque pro a dépassé les 200 000 euros, je me suis mis à faire n'importe quoi :

- À me dire que si quelqu'un n'était pas très efficace, on pouvait le garder, après tout on avait de l'argent.
- Je ne surveillais plus les dépenses de logiciels, après tout on avait de l'argent.
- Je ne relançais plus nos clients qui tardaient à payer, après tout on avait de l'argent.
- Je me suis mis à tolérer des choses intolérables, jusqu'à risquer la banqueroute.

Et cet argent, je l'avais gagné. Cet effet pervers est décuplé si on reçoit plusieurs millions de la part d'investisseurs.
J'ai vu des entrepreneurs perdre le sens des réalités. Se mettre à dépenser de la pire façon qui soit, pour s'exploser en vol. (Ça fait de beaux feux d'artifice cela dit !)

Ce qui m'amène à vous donner 3 conseils :

1. **Ne levez que si vous avez déjà monté un business rentable auparavant.** Cela peut être une petite boîte, dans le service ou autre. Mais cela vous donnera de bons réflexes pour la suite. Cela vous permettra aussi de lever plus facilement, et dans de meilleures conditions.
2. **Ne levez que si vous en avez besoin et que vous y êtes prêt.** Je vois trop d'entrepreneurs qui lèvent parce que c'est pour eux un marqueur de succès, alors même que leur projet n'est pas adapté à une levée. Bilan ? Ils y passent beaucoup de temps et attirent des investisseurs de 3e division.
3. Si vous devez lever, faites-le pour un projet avec une ambition énorme, sur un marché immense et une équipe incroyable à vos côtés.
4. **N'écoutez pas les conseils que l'on vous donne.** En fait si : écoutez-les, gardez-les en tête, mais agissez toujours selon ce qui vous semble le meilleur pour vous et votre projet. Un entrepreneur, c'est quelqu'un qui sait faire appel aux experts... et qui sait aussi ne pas respecter les règles.

Grégoire Gambatto

CEO de Germinal, Grégoire Gambatto a mis en place une stratégie de croissance ambitieuse pour plus de 200 entreprises (Ornikar, Frichti, Cityscoot, L'Oréal, LVMH, La Poste, etc.). Il est également TEDx speaker, intervenant chez HEC et à l'X. Il figure dans le top 20 français des influenceurs LinkedIn.

# Glossaire

**Actions *vs* parts sociales :** les actions et parts sociales sont des titres représentant une fraction du capital d'une société. Les actions sont émises par les sociétés dites de capitaux (SA, SCA ou SAS) alors que les parts sociales sont émises par des sociétés dites de personnes société civiles (SNC, EURL et SARL).

**Audit :** procédure de contrôle des données financières, juridiques, comptables, commerciales, de la gestion de la technologie, des processus, etc. d'une entreprise aboutissant à un état des lieux et à une analyse de la bonne tenue et des risques éventuels. Pour les auditeurs, un bon audit est un audit à charge ... alors : attention !

**B2B/B2C/B2B2C/B2G/C2C :** clientèle directe d'entreprises (BtoB = Business to Business) ou de particuliers (BtoC = Business to Consumer) ou de structures publiques (BtoG = Business to Governement), voire mixtes (ex : CtoC pour les plateformes entre particuliers, ou BtoBtoC pour des produits destinés à des particuliers mais revendus par des intermédiaires professionnels).

**BFR :** besoin en fond de roulement. Peut se résumer comme la somme des décalages de trésorerie liés à l'activité de la start-up. BFR = Créances clients + Stock – Dettes fournisseurs. Ainsi, plus les clients payent avec des délais importants, plus il faut de stocks, plus les fournisseurs sont payés vite ... plus la start-up aura besoin de financement.

**Bootstrapping :** développement d'une activité sans avoir recours à des fonds propres extérieurs. Fait référence à la languette des bottes de cowboy qui permettrait de s'élever seul. Eh oui !

**Bridge :** levée de fonds intermédiaire, souvent réalisée auprès des investisseurs historiques, permettant de combler un manque temporaire de trésorerie dans l'attente d'un nouveau tour de financement.

**CAC :** acronyme signifiant « coût d'acquisition client ». C'est le montant dépensé pour acquérir un nouveau client sur l'ensemble du processus de vente.

**Cash Burn :** montant des dépenses d'une start-up. Lorsqu'il est mesuré par mois, on parle de Cash Burn mensuel.

**Cash-out :** opération de cession réalisée par les fondateurs sur une (faible) quotité de leurs actions lors d'une levée de fonds ou d'une IPO pour convertir une partie de leurs actions en cash et pouvoir financer leur train de vie et épargne personnels.

**Churn :** part de clients perdus ; métrique souvent utilisée par les SaaS qui fonctionnent par abonnement. On parle aussi de taux d'attrition.

**Comptes courants d'associés :** comptes au nom des associés ou dirigeants permettant à ceux-ci de réaliser des avances de fonds pour financer le développement ou pallier un manque de trésorerie. Ces avances peuvent donner lieu à intérêts ou non.

**CRM :** acronyme anglais signifiant Customer Relationship Management, gestion de la relation client, en français. Fait référence à un logiciel permettant de rassembler et réutiliser les informations clients. Très utile pour communiquer des métriques aux investisseurs lors de la levée de fonds.

**Deal Flow :** flux de transactions potentielles en cours. Les fonds d'investissement ont un Deal Flow continue leur permettant d'analyser régulièrement de nouvelles opportunités d'investissement.

**Deal-breaker :** condition non négociable qui, si elle n'est pas acceptée par les fondateurs ou les investisseurs, mettra fin aux discussions et à la levée de fonds.

**Deck :** présentation PowerPoint d'une start-up et de son projet de levée de fonds.

**Driver :** facteur déterminant ou moteur d'achat chez une typologie de clients (le prix, le caractère novateur, l'impact environnemental...).

**EBIDTA :** *Earning Before Interest, Taxes, Depreciation and Amortization.* Cet agrégat couramment utilisé dans le monde anglo-saxon est assez proche de l'excédent brut d'exploitation du Plan comptable français. Il témoigne de la profitabilité opérationnelle de l'entreprise avant prise en compte des capitaux mis en œuvre, mais après prise en compte de toutes les charges directement liées à l'exploitation.

**Effet waouh** ou « wow », ou « wahou » : lorsque la proposition de valeur engendre chez le prospect, le client une stupéfaction positive, un émerveillement qui incite immédiatement au passage à l'acte d'achat. C'est le Graal en termes de marketing !

**Elevator Pitch :** discours ultra-condensé qui décrit en moins d'une minute (le temps d'un trajet en ascenseur, d'où son nom) ce que fait la start-up et pourquoi elle va réussir.

**Equity :** capital détenu par les actionnaires.

**Filiale :** entité détenue ou contrôlée par une autre société.

**Financement dilutif/non dilutif :** dilutif pour le financement qui entraîne une modification du capital et le plus souvent une dilution des actionnaires historiques (levée de fonds, distribution de valeurs mobilières (BSA, actions gratuites, BSPCE, etc.).

**Garantie actif passif :** la GAP engage les dirigeants à indemniser des investisseurs si des causes antérieures à l'investissement et affectant la valorisation surviennent après l'investissement.

**KPI :** acronyme anglais signifiant Key Performance Indicators et faisant référence aux différentes données chiffrées clés permettant de mesurer la performance de l'entreprise.

**LBO :** *Leveraged Buy Out.* Opération financière qui consiste à financer l'acquisition d'une société *via* un montage comprenant capital et dette, cette dernière étant remboursée par tout ou partie des profits que générera cette même société. On peut également parler d'acquisition avec effet de levier.

**Mandataire social :** personne physique ou morale détenant un mandat social au sein d'une société, *i.e.* nommée pour exercer un pouvoir de gestion, direction et de représentation vis-à-vis des tiers dans les conditions définies par la loi pour chaque type de société (ex : président, directeurs généraux, gérant, président du conseil d'administration ou du directoire de SA, administrateurs de CA, etc.).

**Market Access, ou accès au marché :** indique à qui et comment la start-up va vendre des produits/services.

**Minorité de blocage :** pourcentage des droits de vote nécessaire pour pouvoir bloquer une prise de décision par les associés majoritaires lors des assemblées générales.

**Pitch Deck :** présentation PowerPoint d'une quinzaine de slides qui reprend les éléments essentiels du projet et qui sera remis aux investisseurs potentiels. Parfois appelé aussi Slide Show.

**Pivot :** le pivot constitue une modification de la stratégie initiale d'une start-up quand la réussite tarde à venir et que la croissance n'est pas en phase avec les projections.

**Relution :** mécanisme visant à reluer un actionnaire, c'est-à-dire à lui attribuer des titres lui permettant d'accroître immédiatement ou de manière différée sa participation au capital de la société.

**Roadshow :** tournée qu'une entreprise en levée effectue auprès d'investisseurs potentiels pour les convaincre d'investir.

**SA, SCA, SAS, SE :** société anonyme, société en commandite par actions, société par actions simplifiée et société européenne.

**Scalabilité :** la scalabilité signifie pour une start-up qu'elle peut réaliser des économies d'échelle avec la croissance de son activité.

**Template :** modèle d'un document pouvant être réutilisé dans des situations ou cas similaires.

**Storytelling :** outil de communication à la mode, le storytelling reste une valeur sûre qui invite l'auditeur au voyage. La méthode CIA s'inscrit très facilement dans la forme de présentation CIA car l'art de raconter des histoires puise dans notre âme enfantine, stimule la simplification des propos (I), la matérialisation du contexte (C) et l'envie d'aller au bout de l'histoire (A).

**Track record :** historique et succès d'une start-up prouvant qu'elle a des acquis.

**Valeur nominale :** valeur unitaire d'une action définie dans les statuts décorrélée de la valeur réelle de la société. Valeur nominale = capital social/nombre total d'actions.

**Valeur mobiliaire :** titre financier négociable émis par des personnes morales, publiques ou privées, conférant à leur titulaire un droit de détention d'une fraction du capital ou un droit de créance (actions, BSA, BSPCE, obligations, OC, OPCVM, etc.).

# Les auteurs

**Didier Bernard**, diplômé d'HEC, est le fondateur de RAINMAKERS & Partners, équipe de leveurs spécialisés dans l'accompagnement des start-ups avant, pendant et après leurs levées de fonds. Son riche parcours professionnel l'a amené à occuper à un moment ou un autre chacun des rôles de la levée de fonds : leveur de fonds, coach, mais aussi startupper, Business Angel, responsable de participation, board-member.

**Céline Tremblais** est avocate en Private Equity et M&A et fondatrice du cabinet d'avocats Legal Insight, cabinet d'avocats dédié à l'accompagnement des entrepreneurs et sociétés innovantes. De par sa double formation en droit des affaires et à l'ESSEC Business School, elle décide d'orienter sa pratique vers l'accompagnement des entrepreneurs, notamment pour leurs opérations de levées de fonds. Elle a participé et organisé plusieurs « start-ups weekends » sur le sillon alpin, donne régulièrement des conférences sur la levée de fonds et la création d'entreprise auprès d'incubateurs et d'accélérateurs et a participé à la création d'un tiers lieu dédié à l'entrepreneuriat et l'innovation en Savoie.

**Aurélien Magnin** est consultant en M&A et en levée de fonds, au sein du cabinet MG Consulting qu'il a créé. Il conseille des dirigeants dans l'exécution de leurs levées de fonds au stade de l'amorçage comme du développement. Son profil d'ingénieur (École Centrale Lyon) l'amène à avoir une prédilection pour les projets techniques. Avec ses équipes, il apporte une attention particulière aux analyses financières et à l'adéquation entre les expériences des investisseurs et les besoins des fondateurs. Il coache régulièrement des entrepreneurs lors d'événements tels que les « start-ups weekends ».

**Élodie Maureau** est consultante senior chez RAINMAKERS & Partners. Son parcours lui a notamment offert des connaissances solides en accompagnement et modélisation financières. Formée aux enjeux de la RSE et critères ESG, elle développe aujourd'hui la verticale Impact Investing au sein de RAINMAKERS & Partners. Actuellement doctorante en entrepreneuriat, elle prépare en parallèle une thèse sur la thématique de la relation investisseurs/dirigeants.

**Guy Barbier**, diplômé de l'ESCP Europe, est partner de RAINMAKERS & Partners au sein duquel il accompagne les start-ups avant, pendant et après leurs levées de fonds. Tour à tour entrepreneur, COO/CFO de start-ups, opérateur en salle des marchés, COO d'une ligne métier en salle des marchés, Guy est passionné d'intra- et entrepreneuriat et est féru d'innovation. Il est également mentor de start-up sur leur proposition de valeur, leur stratégie et leur BP, leur go-to-market et la structuration de leur organisation dans les phases de forte croissance.

**Anne-Sophie Gouzy** est docteur en médecine vétérinaire et diplômée de L'Executive MBA de L'EMLyon. Durant 2 ans, elle a été consultante associée du cabinet RAINMAKERS & Partners et a enseigné l'entrepreneuriat à l'IAE de Saint-Étienne. Depuis plus de 15 ans, elle accompagne des équipes dirigeantes d'entreprises innovantes dans la HealthTech et le PetBusiness. Sa maîtrise des métiers réglementés (médecin, pharmacien, vétérinaire...) lui confère une expertise rare sur les volets de Market Access et de positionnement pour les secteurs singuliers de la santé humaine et de la santé et du bien-être animal.

**Romain Dupuis** est consultant en gestion et développement d'entreprise. Il conseille et accompagne des dirigeants dès les prémices de leurs projets, dans leur recherche de financements et dans la gestion de leur entreprise. Durant 4 ans, il a été consultant en levée de fonds chez MG Consulting, ce qui lui a permis de développer une solide expertise dans la stratégie de financements dilutifs et non dilutifs pour les start-ups. Dans les opérations de levée de fonds que Romain réalise, il accorde une importance particulière à la construction des dossiers, notamment à la création des prévisionnels financiers ainsi qu'à l'union créée entre le dirigeant et les investisseurs.

# La Boîte à outils

## DES OUTILS OPÉRATIONNELS TOUT DE SUITE

### Méga Boîte à outils

**Agilité – 100 outils**
Coordonnée par N. Van Laethem
**Manager leader – 100 outils**
Coordonnée par P. Bélorgey, N. Van Laethem
**Digital en entreprise – 100 outils**
Coordonnée par C. Lejealle

### Petite Boîte à outils

**Génération de Leads**
P. Gastaud
**Instagram**
C. Pellerin
**LinkedIn**
J. Pibourret
**Management à distance**
S. Levillain
**Podcast**
V. Béjot
**Télétravail**
G. Epitalon, F. Gault, C. Rabineau

### MÉTIERS

**Acheteur, 3^e^ éd.**
S. Canonne, Ph. Petit
**Auditeur financier, 2^e^ éd.**
S. Boccon-Gibod, É. Vilmint
**Chef de projet, 3^e^ éd.**
J. Maes, F. Debois
**Chief Digital Officer**
E. Métais-Wiersch, D. Autissier
**Chief Happiness Officer**
A. Motte, S. Larabi, S. Boutet
**Coaching, 3^e^ éd.**
B. Ammiar, O. Kohneh-Chahri
**Commercial, 3^e^ éd.**
P. Bélorgey, S. Mercier
**Communication, 4^e^ éd.**
B. Jézéquel, Ph. Gérard
**Community Manager, 2^e^ éd.**
C. Pellerin
**Comptabilité, 3^e^ éd.**
B. Bachy
**Consultant, 2^e^ éd.**
P. Stern, J.-M. Schoettl
**Contrôle de gestion**
C. Selmer
**Création d'entreprise, 2021**
C. Léger-Jarniou, G. Kalousis
**CSE**
A.-L. Smaguine
**E-commerce, 2^e^ éd.**
C. Delabre
**Expérience client 3^e^ éd.**
L. Chabry, F. Gillet-Goinard, R. Jourdan
**Formateurs, 4^e^ éd.**
F. Bouchut, F. Cuisiniez, I. Cauden
**Freelance**
S. Moran
**Inbound marketing et growth hacking**
S. Truphème, Ph. Gastaud
**Libraire**
C. Meneghetti, J.-C. Millois
**Management, 2^e^ éd.**
P. Stern, J.-M. Schoettl
**Manager de managers**
A. Hamayon, J. Isoré, J.-P. Testa
**Marketing, 3^e^ éd.**
N. Van Laethem, B. Durand-Mégret
**Marketing digital, 2^e^ éd.**
S. Truphème, Ph. Gastaud
**Négociation, 2^e^ éd.**
P. Stern, J. Mouton
**Qualité, 4^e^ éd.**
F. Gillet-Goinard, B. Seno
**Responsable financier, 3^e^ éd.**
C. Selmer
**Ressources Humaines, 3^e^ éd.**
A. Haegel
**Speaker-conférencier**
C. Morlet, B. Deloupy
**TPE**
G. Ducret

### COMPÉTENCES TRANSVERSALES

**Accompagnement professionnel**
M.-L. Barthélémy, H. Le Pennec
**Améliorer sa mémoire et sa concentration**
X. Delengaigne, C. Maitre
**Analyse des données**
C. Coron
**Animer vos réunions**
F. Gillet-Goinard, L. Maimi
**Conduite du changement et de la transformation, 2^e^ éd.**
D. Autissier, J.M. Moutot, K. Johnson, E. Métais
**Créativité, 3^e^ éd.**
F. Debois, A. Groff, E. Chenevier
**Design management**
B. Szostak, F. Lenfant
**Design thinking**
E. Brunet
**Développement durable et RSE**
V. Maymo, G. Murat
**Dialogue en entreprise**
A. Stimec, A. Benitah
**Écrire pour le Web**
M. Gani
**Écrits professionnels**
V. Le Broussois
**Efficacité professionnelle, 2^e^ éd.**
P. Bélorgey
**Facilitation**
E. Brunet, A. Monot
**Gamification**
A. Duarté, S. Bru
**Gestion des conflits, 2^e^ éd.**
J. Salzer, A. Stimec
**Innovation, 2^e^ éd.**
G. Benoit-Cervantes
**Innovation managériale**
D. Autissier, É. Métais, J.-M. Peretti
**Intelligence collective, 2^e^ éd.**
B. Arnaud, S. Cahn
**Intelligence économique**
C. Deschamps, N. Moinet
**Lean, 2^e^ éd.**
R. Demetrescoux
**Leadership, 2^e^ éd.**
J.-P. Testa, J. Lafargue, V. Tilhet-Coartet
**Management à distance**
S. Levillain
**Management transversal, 2^e^ éd.**
J.-P. Testa, B. Déroulède
**Marketing vidéo**
T. Gasio
**Micro-entrepreneur, 2^e^ éd.**
C. Selmer, J. Hellart
**Mind mapping, 2^e^ éd.**
X. Delengaigne, M.-R. Delengaigne
**Mon parcours professionnel**
F. Gillet-Goinard, B. Seno
**Organisation, 3^e^ éd.**
B. Pommeret
**Orthographe**
A. Ponsonnet
**Pensée visuelle**
C. Tsiang, B. Lhuillier
**Prendre la parole en public**
A. Leibovitz
**Santé - Sécurité - Environnement, 4^e^ éd.**
F. Gillet-Goinard, C. Monar
**Réseaux sociaux, 4^e^ éd.**
C. Bladier
**Sécurité économique**
N. Moinet
**SEO**
B. Thiers
**Soft skills**
N. Van Laethem, J-M Josset
**Stratégie, 3^e^ éd.**
B. Giboin
**Stratégie Big Data**
R. Rissoan, R. Jouin
**Stratégie digitale omnicanale**
C. Headley, C. Lejealle
**Supply chain**
A. Perrot, Ph. Villemus

### DÉVELOPPEMENT PERSONNEL

**Améliorer sa mémoire**
X. Delengaigne, C. Maitre, F. Masucci
**Bien-être au travail, 2^e^ éd.**
C. Huet, G. Rohou, L. Thomas
**Confiance en soi**
A. Leibovitz
**Développement personnel**
L. Lagarde
**Gestion du stress**
G. du Penhoat
**Gestion du temps, 2^e^ éd.**
P. Bélorgey
**Intelligence émotionnelle, 2^e^ éd.**
C. Peres-Court, M.-E. Launet
**Personal Branding**
S. Moran, N. Van Laethem
**Motivation**
S. Micheau-Thomazeau, L. Thomas
**Pleine conscience au travail**
S. Labouesse, N. Van Laethem
**Psychologie positive au travail**
B. Arnaud, E. Mellet
**Relaxation**
L. Histel-Barontini
**Santé au travail**
C. Vasey

83371 - (III) - OSB 90° - P2995U - BPE - CMU
Dépôt légal : mars 2023 - Suite du tirage : mai 2024

Achevé d'imprimer par Dupliprint à Domont (95)
N° d'impression : 2024042673
www.dupliprint.fr

*Imprimé en France*